港口深水航道全流程安全监测预警理论与技术

周 立 著

科 学 出 版 社

北 京

内 容 简 介

本书分别从基本原理、技术方法和开发平台等方面对大型港口深水航道全流程安全监测预警理论与关键技术进行全面阐述。书中首先简述港口航道安全基本知识，以及港口航道安全监测预警研究目标、内容和关键技术。然后系统地详述陆海一体化港口航道安全监测高精度三维空间基准框架、港口航道区域地质结构稳定性监测技术、港口航道全息扫描安全监测技术、港口航道声纹扫描安全监测技术等港口航道全流程安全监测预警理论与关键技术研究，包括新一代智能无人艇监测和人工智能识别预警航道边坡失稳滑塌等创新理论与技术体系。在此基础上详细介绍港口航道全流程安全预警信息化平台设计与开发技术等。

本书可以作为从事港口航道安全监测的科研人员的专业书，也可以作为港口航道与海岸工程、海洋工程与技术、测绘工程、地理信息技术等相关专业人员和学生的参考书。

图书在版编目（CIP）数据

港口深水航道全流程安全监测预警理论与技术 / 周立著. —北京：科学出版社，2023.3

ISBN 978-7-03-075168-3

Ⅰ. ①港… Ⅱ. ①周… Ⅲ. ①港口-深水航道-安全监测-监测预报-研究 Ⅳ. ①U612.32

中国国家版本馆 CIP 数据核字（2023）第 043519 号

责任编辑：董 墨 白 丹 / 责任校对：郝甜甜
责任印制：吴兆东 / 封面设计：无极书装

科 学 出 版 社 出版
北京东黄城根北街 16 号
邮政编码：100717
http://www.sciencep.com

北京中科印刷有限公司 印刷
科学出版社发行 各地新华书店经销

*

2023 年 3 月第 一 版　开本：787×1092 1/16
2023 年 3 月第 一 次印刷　印张：15 1/2
字数：370 000

定价：160.00 元
（如有印装质量问题，我社负责调换）

前　言

港口航道是国家重要基础设施。港口作为国家和地区经济贸易的桥头堡，是供应链上货物最集中的区域，港口经济发展是一个国家经济发展的重要组成部分。经济全球化是当代世界经济发展的重要趋势，港口经济在未来国际经济发展中必然占据越来越重要的地位。因此，研究港口航道安全不仅顺应时代发展趋势，为国家的整体经济发展做好保障，同时也为促进港口自身经济的发展、适应经济全球化发展做出贡献。

随着世界海运船舶大型化发展，深水航道通航安全显得越来越重要。大型深水航道边坡稳定性和航道疏浚施工造成的港口设施及区域形变安全隐患成为建设深水大港的主要问题之一。例如，连云港港 30 万 t 级航道是迄今为止国内外开挖厚度最大的人工航道，疏浚工程量大，而边坡工程量占整个疏浚工程量的 20%～30%，边坡坡度的确定不仅关系到航道边坡稳定和航道的正常营运，而且关系到疏浚工程量和工程投资的大小。边坡的优化一直是许多专家关心的主要问题之一，而稳定边坡与航道地质结构、水动力条件和开挖尺度因素有关，由于水文、地形、地质等自然因素和动力过程等多种复杂因素叠加，及其地质条件的复杂性和变形机制的多样性，使得对边坡稳定性及其支护效果进行准确预测和判断存在着很大的难度，导致航道施工存在动态环境不清的情况，难以保证有效安全施工。航道工程全流程性能安全监测与预警是解决航道施工边坡稳定性和港口设施及区域安全问题的技术基础和前提条件。

应对自然灾害是人类生存与可持续发展不可回避的问题之一。进入 21 世纪以来，在全球范围内发生的一系列重大自然灾害事件，警示我们加强自然灾害风险管理和预警工作，这在减灾领域乃至对实现人类千年发展目标具有突出意义。航道是港口的重要基础设施，其在强地震动场、强极端风暴潮灾害性气候动力以及船舶碰撞、航道施工清淤等人为因素的作用和影响下，存在不可避免的动力灾变安全问题。始终做到居安思危、防患未然，是港口航道减灾和灾害风险管理的基本点和出发点。本书从港口航道规划设计、施工管理到运营维护全生命周期对航道安全性能展开全流程监测与预警需求分析，论述了航道及其敏感影响区域建设和营运全周期监测的关键技术，基于机器学习分析研究航道回淤、形变修改等空间位置及内部形态随时间的变化特征，以及智能化海底航道变形预报预警系统建设，使读者掌握分析和评价港口深水航道等重要生产基础设施（建筑物）的安全状态、验证设计参数、反馈设计施工质量等系统的理论和方法，保障航道通航安全。

本书采用理论分析、模型试验、系统集成、现场实测和数值模拟等研究手段，发挥海洋科学、地球科学、数理科学、工程与材料科学和信息科学等多学科交叉创新的优势。

研究传感网络支持下的智能化、自动化、高精度的港口深水航道性能安全监测关键技术集成创新，实现港口深水航道重要基础设施全流程性能安全监测与预警，并率先以连云港港 30 万 t 航道为示范，对港口重大工程的动力灾变过程从简单监测效应分析到传感网多效应耦合的全过程分析预测。重点利用多源传感网、全球卫星定位、遥感、地理信息系统等技术在高精度新型传感器集成监测关键技术方面跨越创新和理论升华，形成面向全国港口产业化的国内领先水平成果转化方案，在我国重大工程防灾减灾关键技术研究与传感网应用中起到引领作用。研究在海洋工程建设、港口减灾防灾、航道航行安全等方面具有重要的学术价值和实际应用价值。

全书共分 7 章，较全面地论述了港口航道全流程安全监测预警理论和关键技术，主要包括陆海一体化港口航道安全监测高精度三维空间基准框架、港口航道区域地质结构稳定性监测技术、港口航道全息扫描安全监测技术、港口航道声纹扫描安全监测技术以及港口航道全流程安全预警技术等。

本书具有如下几个特点：

（1）成熟理论方法与前沿科技相结合。本书的内容一方面考虑了工程监测的成熟技术，另一方面又考虑了以物联网、人工智能为代表的新一代信息技术与该领域国际最新的研究成果的结合。本书不仅对于工程技术员具有指导作用，而且对于科研工作者了解港口航道安全监测预警研究进展和开展进一步理论技术创新具有一定的参考意义。

（2）声、光、电等多传感器监测感知与智能无人平台、人工智能安全预警融合，开展港口航道全流程安全监测预警。本书对高精度卫星连续运行基准服务网络、智能无人艇声学全息扫描监测、海底航道声纹扫描识别、航道边坡失稳滑塌相似模型实验以及港口航道全流程安全预警决策支撑系统等相关创新理论与关键技术描述得非常详细和全面。

（3）理论与实践相结合。本书非常注重描述创新理论，对每一种监测预警理论都进行了详细描述，同时也通过对连云港港特大型 30 万 t 级深水航道大量的探索与实践，对这些创新理论进行了对比与分析，论证了这些关键技术方法的实用性，为广大科研和工程技术人员提供了理论和实际应用保障。

本书是江苏海洋大学江苏省海洋科学技术优势学科海洋动力过程信息技术团队近十年来在港口航道安全监测预警理论与方法方面研究工作的阶段总结，主要研究成果获得中国卫星导航定位科技进步奖。本书总结的研究成果先后得到了国家重点研发计划"海洋环境安全保障"重点专项：海气界面观测多智能体载体平台技术（2018YFC1405702）、江苏省科技支撑计划（工业）项目：基于传感网的港口深水航道全流程安全监测预警关键技术与示范（BE2010125）、江苏省重点研发计划项目：淤泥质海底航道失稳滑塌全周期声纹识别与预警技术研究（BE2018676）等多年持续的支持，在此一并致谢。

港口航道安全与灾害风险管理是涉及自然科学、管理科学和社会科学等多种学科的边缘学科，是一项需要长期研究、发展和建设的任务，需要随着社会的进步和科学技术的发展不断创新、发展和提高。希望本书能为推动港口航道安全与灾害监测预警研究、促进我国港口航道安全生产与航运事业可持续发展做出贡献。

　　由于港口航道安全监测预警涉及范围比较广泛，其理论和方法尚在不断完善与发展中，加之作者水平有限，本书难免有不妥之处，敬请专家、学者和读者批评指正。

著　者

2022 年 5 月第 14 个全国防灾减灾日

于江海园

目　　录

第1章　港口航道与安全

1.1　港口与航道

1.1.1　港口航道功能定位

港口是位于海、江、河沿岸，具有水陆联运条件以供船舶安全进出和停泊的运输枢纽，是水陆交通的集结点和枢纽处。它是区域内外贸易物资的集散地，也是船舶停泊、装卸货物、上下旅客、补充给养的场所。航道是指在海、江、河等水域中，为船舶航行所规定或设置的船舶航行通道。航道设置航行标志，以保证船舶安全航行。有港必有道，港口与航道从空间结构上将码头、港池、航道、锚地融合为一体，港口航道工程成为重要的交通基础设施。港口航道是国民经济发展的重要基础性设施，是整个交通运输体系不可或缺的重要组成部分，是重要的交通运输节点和枢纽，是同世界进行贸易和联系的重要窗口，在我国经济发展过程中起到了举足轻重的作用，它刺激和带动了我国经济的长足发展，所以港口航道在我国的经济地位十分重要。

航道是以组织水上运输为目的，在江河、湖泊、港湾等水域供规定船舶航行的水上通道。简单地说，航道是水路运输的通道。航道只是河流、港湾等水域中能满足船舶航行要求的一部分，通常用航标在宽阔的水面上标示其范围和位置。航道可分为天然航道和人工航道两类。天然航道是指自然形成的江、河、湖、海等天然水域中的航道，按照航道经过区域的不同，天然航道又分为海上航道、潮汐河口航道、河流航道等，具有自然的水文特性，通航条件多受到航道地形、水文特性等自然条件约束。人工航道是指人工开挖的航道，包括人工开辟或开凿的运河和其他通航渠道，主要作用是沟通不同河流、湖泊或海洋，将航道连接成航道网，综合利用水资源。海上航道指中高潮位时，海岸水线或内河航道与海域的分界线，与领海外侧边界之间的水域。航道按限制条件的有无和大小分为单行航道、双行航道和限制性航道。单行航道，即在同一时间内，只能供船舶一个方向行驶，不容许船（队）对驶、并行或超越的航道。双行航道，即在同一时间内，允许船舶对驶、并行或超越的航道。限制性航道，即由于水面狭窄、断面系数小等，对船舶的航行速度进行明显限制的航道。限制性航道的断面形状一般采用梯形或复合形，断面尺度小，形状比较规则，为防止船行波对航道岸坡的冲刷破坏作用，限制性航道的岸坡一般均需要护坡。当海港设置有防波堤时，以防波堤为界，位于防波堤内侧的称为港内航道，位于防波堤外侧的称为港外航道。

航道在设计时应当考虑如下因素：航道转弯段具有合适的转弯半径，直线段具有合理的航道宽度；足够的航道水深；与跨越、穿越航道的障碍物保持安全距离；合理设置导、助航设施等。而这些因素受到船速、舵角、船舶操纵性能、风、浪、潮汐等外界条件和操纵人员技能等各项指标互相关联作用的影响。航道的平面尺度是航道有效宽度，通常是指航槽断面设计水深处两底边线之间的宽度，而设计水深一般是依据边坡或按照安全航行所需而确定的。

伴随世界经济贸易的全球化趋势以及区域经济规模的扩大，港口作为水陆运输的重要节点，是运输链上货物最集中的地方、海运行业的重要枢纽、国家和地区经济贸易的参与者和组成部分，对航运业的发展具有重要的影响，已成为重要的对外港口经济的窗口，港口货运量成为衡量一个国家经济发展水平的重要指标。港口在全球经济发展中起到的作用举足轻重，为国家经济建设和对外贸易的发展提供基础性支撑。

港口航道在综合交通运输体系中发挥着重要的枢纽作用，是国民经济发展和参与全球经济一体化进程的重要战略资源。作为水路运输的起点和终点，港口是整个运输链上最大的货物集结点和最佳的生产要素结合点，在沿江沿海进行生产、贸易，具有规模经济效益、最大产出效益及较低成本优势。港口对国民经济发展的促进作用越来越明显。港口作为连接海陆运输的枢纽，是船舶、航海、内陆运输、通信、商务贸易和沿海工业的汇集点，也是沿江沿海区域经济发展的主要增长点。港口作为交通运输枢纽，在庞大复杂的国民经济物流体系中起着"泵站"的转运作用。

港口作为国家和地区经济贸易的桥头堡，是供应链上货物最集中的区域，对经济的发展具有重要的影响。海上运输以其低廉的运输成本和大宗的运输能力，在货物运输特别是国际货物运输中占据着绝对的优势地位。据统计（王茂清，2012），我国水路运输承担了93%的外贸运输量重任，港口接卸了95%的进口原油和99%的进口铁矿石。据统计，2021年全国港口集装箱吞吐量累计完成2.83亿TEU；油船、散货船、杂货船等各类船舶的吞吐量总体上也呈现快速上升趋势。港口作为水路运输的连接点，成了国家海洋战略发展和实现物流业振兴规划的重要交通资源。港口航道已成为国家经济和物流行业发展的重要基础，中国主要港口在世界港口中占据重要地位，在世界港口的排名不断靠前，其集装箱吞吐量已连续多年位居世界第一，成为世界上港口吞吐量和集装箱吞吐量最多、增长速度最快的国家。

在经济全球化趋势的推动下，以资本和技术为主要形式的产业转移在世界范围内兴起。经济和对外贸易的快速发展推动了港口运输业的发展。港口在国民经济中的地位进一步提升，港口功能不断拓展，已从传统的运输节点转为国际贸易的中心。作为本地区与外界物资和信息交换的重要载体，港口经济已经成为推动区域经济发展的重要力量，因此，研究港口对区域经济的影响具有重要的现实意义。我国沿海地区面临亚洲和太平洋地区，是经济发展最活跃、海洋运输最繁忙、世界经济核心城市分布最密集的地区之一，这为我国沿海地区利用本区域的港口优势，发挥港口具有的辐射带动作用，更深层次地参与国际产业分工，利用国际资源发展区域经济，创造了得天独厚的条件。从我国经济发展的进程看，我国沿海地区的迅速繁荣与港口经济的促进作用密不可分。因此，港口也是港口城市功能的重要组成部分。以港兴市、港城联动的发展模式促使城市不断建设港口、扩大港口规模、建设临港产业等，港口的功能和服务能力不断拓展和提高。

统计表明，全球 35 个国际化大城市中，有 31 个是依靠港口经济发展成为国际化大城市。港口的发展必将带动城市以及整个地区经济的稳定协调发展。国外港口的实践经验证明，港口作为外向型经济的主要载体，在区域经济资源配置中具有极其重要的作用，主要表现为吸引外国公司资源在港区后方陆域配置，形成国际性、区域性加工基地和配送中心；吸引国内优良资源在港区后方汇聚，形成新的连接内陆的经济增长点；吸引城市优势资源向临港地带集中，形成面向国内外的新兴产业群；通过枢纽的辐射和集疏运网络布局，推动港口所在城市产业资源向腹地配置。

现代交通运输系统是由铁路、公路、水路、管道和航空集中运输方式有机结合在一起组成的统一综合运输网。港口作为交通运输枢纽、水陆联运的咽喉，通常是铁路、公路、水路和管道集中运输方式的汇集点。随着全球经济的一体化，各国经济的发展日益依赖于对外贸易和国际的商品交流，而国际贸易量的 90%是通过水路运输和港口完成的，港口活动产生于贸易和运输，从这个意义上来讲，港口已成为国际运输链和国际生产贸易体系活跃的参与者和组成部分。发展港口经济有利于资源的优化配置和统一市场的形成，促进商品的流通，提高我国参与国际贸易和国际分工的能力；有利于降低生产成本，且能带动相关行业的发展、改善投资环境、吸引外资、增加就业机会等。

在港口建设发展和运营过程中必然会不断改变港口岸线、消耗水域和生物等资源，对自然环境造成不利影响，港口的开发就是人类改造自然环境的过程。我们的每一项活动、每一个动作都有可能给港口环境资源带来不可估量的影响。例如，为建设码头而进行的填海造地等行为会剥夺海洋生物、鸟类以及鱼类等生物的栖息地；港区或者场站的装卸作业会产生粉尘，对港口空气环境和水环境造成负面影响；港区事故所导致的油品、化学品、危险品的泄漏，以及船舶压载水等都会对我们的海洋环境造成伤害。这些污染不但影响着人们正常的生活，而且还对其他产业产生直接或间接的影响。以对旅游业的影响为例，连云港的高公岛、黄窝以前是当地的旅游胜地，但港口填埋造成当地环境受到了严重的污染，直接影响当地旅游产业的发展，导致黄窝风景区被迫关闭对外旅游项目。同样，在秦皇岛的西港，港口的空气污染制约和影响了秦皇岛这一著名旅游城市的发展，影响了其新的旅游空间的布局与优化。港口污染主要类型有：

（1）港口大气污染。港口大气污染来源主要有：在港口装卸、转移散货等作业中产生的粉尘；船舶主机靠港过程中产生的废气；与港口对接作业的铁路、公路等运输作业产生的废气、粉尘等。

（2）港口水污染。港口水污染主要包括：船舶营运产生的液体垃圾，例如船舶生活污水、船舶机舱正常营运产生的作业污水、船舶洗舱水，港口城市居民产生的生活污水，港口城市工业排放的工业污水、废水等，严重影响着港口相关区域的水环境质量。

（3）港口噪声污染。港口噪声污染来源包括：位于港口的岸上噪声源、服务于港口营运的配套企业产生的噪声源和移动的噪声源，包括港口各种机械设备、车辆、建筑施工、生活噪声、船舶进出港口的鸣笛以及配合港口货物运输的各类公路、铁路车辆行驶、鸣笛产生的噪声等。

（4）港口光污染。港口光污染包括：码头作业中的照明、港口安保的必要照明以及船舶夜间进出港强烈探照灯的灯光、船舶夜间照明、修造船厂夜间作业的照明、相关企业夜间焊接作业，特别是露天作业点产生的刺眼电弧光都会造成光污染。

（5）港口固体垃圾污染。港口固体垃圾污染包括：港口营运产生的固体垃圾；临港产业产生的固体垃圾；散货轮船装卸、转移、储存过程中产生和抛洒的固体垃圾；港口企业、临港产业如旅游业以及附近居民生活垃圾不能有效处理产生的固体垃圾。

（6）港口外来物种入侵。外来生物的入侵会破坏生态系统，而生态与环境之间的关系是非常密切的，生态受到破坏对环境也会产生直接的影响，如需要耗氧的生物突然间大量存在会使水体氧气缺乏，造成水质恶化。

（7）港口区域土壤污染。生活垃圾、废水和工业废水的排放严重污染港口的土壤质量，使港口区域部分重金属等元素的溶出量严重超标。

港口环境污染在相当程度上有着国际性影响。港口环境问题的来源是复杂的，危害也极易扩散，这些都具有跨区域甚至跨国性。首先是作为污染源的船舶来自不同的地区和国家；其次，一旦造成环境污染，污染也会迅速扩散到不同的地区甚至是国家。例如，港口石油泄漏，污染会随着水体流动转移到其他行政区域；在靠近邻国的区域甚至会造成跨国性的污染，例如，日本当年的核电站爆炸泄漏，我国漠河流域当时可检测到微量或轻微量辐射物存在。港口的污染易扩散性导致其处理的难度和复杂程度都大大增加，一旦发生污染，港口不仅要迅速处置，而且要通知许多地方，并协调处理相关污染问题，这些都是对有关部门的极大挑战。因而，为了应对港口的环境污染治理，需要协调不同的区域、部门或行业，采取共同行动，协调治理港口环境问题。

港口通过汇集多种运输方式，实现了与腹地经济的往来，从而推动了港口腹地各行各业的发展。经济的快速发展也使得港口实现了快速转型升级，发展的方向由单一的传统运输功能向商业、制造生产和服务业等多方面发展，因此港口也汇集众多的物流、资金流和信息流，推动港口区域社会经济发展的作用也愈发重要。因此，港口环境是区域生态环境的重要组成部分，也涉及决定港口可持续发展的现有资源、社会经济以及环境等方面的承载力，港口在利用开发和配置资源时要注意港口环境承载力是其最大支撑力，能够支撑港区经济社会发展和人口生活水平的最大规模。环境承载力作为衡量港口可持续发展的标志应当充分体现港口发展的持续性，港口的资源开发不应超过港口现有承载力的同时需要通过各种经济和技术手段提高港口的承载力增长能力。港口环境承载力作为一种能力和容量的体现，港口的资源是其支撑和发展的主体，而港区人口和相应的经济社会活动就会是附载其中的客体。所以对港口资源进行配置时应当将生态环境、人口与社会经济条件平行考虑，实现港口资源优化配置。

综上所述，港口的环境污染种类繁多，而且影响港口海流所能达到的全球海域。在港口区域内，有的是港口运输中形成的污染源，有的是邻港产业形成的污染源，有的是固定的污染源，有的是移动的污染源，所以港口的环境污染的威胁系数高。因此，港口生态环境保护应该是港口航道工作中的重中之重。

同时，海上安全是未来各国一定时期面临的安全威胁之一。港口航道必将是军事斗争准备和作战的重要军事设施，不可避免会有大规模从陆到海的军事运输任务。沿海港口作为陆海交通的节点，既是关键点，也是弱点。港口军事运输保障能力直接决定战争进程，一旦战事打响，很可能成为兵力输送的"卡脖子"路段，大大影响战时大规模军事行动的展开，并可能带来巨大的经济损失，同时港口航道也是海上救援与搜救的重要支点。因此，开展港口航道国防建设，有力保障急战时军事运输能力与安全，是新时期军事斗争准备的客观需求。港口航道成为国家安全的前沿阵地，战略地位十分重要。

1.1.2　港口航道通航能力

航道是港口重要基础设施，是连接港口和外海的主要通道，航道的服务能力和水平直接制约着港口的发展。其中，航道安全是海洋战略发展规划和建设的一个重要参数指标。航道线数和航道长度的增加等都会带来一些需在工程设计、建设、运营等方面加以考虑的新问题，如航道通过能力、维护条件、通航安全等因素。开挖以及维护航道的投资巨大，加之航道内船舶交通量增加以及船舶大型化的发展趋势，使得航道的通航情况更加复杂，各港口投资者及政府主管部门都迫切期待能够实时准确把握航道的通过能力和安全性，以确定拓宽航道或者增加航道线数的最优规划建设方案。

港口规划和建设决策的重要依据是航道通过能力和服务水平等重要评价指标。这也是支撑港口运营管理的重要指标。影响港口经济指标的吞吐能力的因素众多，航道通过能力是其中最重要的因素之一。港口经营和管理部门在进行港口规划和配套设施建设时，航道通过能力的提升、航道利用率的提高一直是被考虑的重要因素。特别是在大型港口，航道通过能力已经成为制约港口经济发展的瓶颈因素之一。港口的基础设施航道是决定港口吞吐能力、运营效率的硬件制约因素。航道划分为不同的等级，且分别规定有最小航道水深、宽度、曲率半径及在水面以上的净空（净高和净跨）尺度。

航道通过能力，或称交通容量，是指在单位时间内某航道所能通航船舶的最大艘数（吴兆麟，2001）。大型海港进港主航道通过能力则是指船舶从外海到达港口水域，在进港过程中受进港航道通航尺度（水深、宽度等）、天气条件、航行规则、港口运行方案、泊位等因素的制约，导致进港主航道能否满足整个港航系统的正常运转的需求、进港船舶是否需要等待航道进出港的航道特征指标值，即指单位时间内港口主航道某一断面允许通过的进港和出港船舶总艘次。

航道通过能力是一个宏观交通领域的概念。港口航道通过能力是反映航道疏导船舶能力的主要指标。关于航道通过能力的概念，目前国内外学者从不同的行业角度给出了三种定义，分别是指在一定通航条件下：①单位时间内通过航道特定航段或某一截面的船舶艘次数；②单位时间内通过航道特定航段或某一截面的货物吨数；③航道特定航段能通过的最大尺寸船舶的能力。

这三种定义，从不同的侧面指出了航道通过能力反映的航道特性。

第一种定义又被称为交通容量，该定义反映的是航道处理船舶的能力，它与航道的船舶密度、航道交通流的饱和程度等密切相关；第二种定义是从航道在一定时间内出现货物的能力角度给出的定义，它是港口吞吐能力的一个重要参数；第三种定义，严格意义上应称为"航道通航能力"，它反映航道的属性和航道等级。总的来说，前两种定义都是以不同的侧重点反映航道的服务水平。

1. 船舶通航能力的划分

船舶通航能力按船舶交通容量定义,可以分为基本交通容量、可能交通容量和实用交通容量三种。

1)基本交通容量

基本交通容量是指水道条件和交通状况皆属理想状态时单位时间内的最大交通量(渡边修三,1983)。这是一个抽象的理想交通模型,此模型做了以下两方面的假设:

(1)航道水域不存在任何妨碍交通的其他因素。也就是既不存在航道气象水文等自然因素约束,也不存在港口作业等社会因素的影响。

(2)航道中航行的船舶性能、技术数据相同。也就是不仅船舶为标准的代表船型,而且船舶的速度统一、运动方向一致且不存在船舶追越、穿越、交叉会遇的运动行为。基本交通容量表达式为

$$C_b = W \cdot \rho_{max} \cdot v \tag{1-1}$$

式中,C_b 为基本船舶容量;ρ_{max} 为单位水道宽度上的船舶流的理论最大密度,根据船舶在航道中的几何位置分布确定;v 为船舶流速度;W 为航道宽度。其中,ρ_{max} 将根据船舶在航道中的几何位置分布确定,涉及港口航道系统不同类型,此处不再详细阐述。

2)可能交通容量

可能交通容量是考虑了船舶尺度差异、航行速度差异、船舶追越和会遇等运动行为以及气象水文条件等自然因素的影响之后,航道在单位时间内的最大交通量。可能交通容量是对基本交通容量的一个修正,可以用下式表述:

$$C_p = \eta \cdot C_b \tag{1-2}$$

式中,η 为小于1的常数。

3)实用交通容量

实用交通容量也称为设计交通容量,是指在可能交通容量的基础上,进一步考虑恶劣天气和海况对船舶交通的不利影响,以及考虑为保证各类船舶在水道上安全航行留有一定余地(取安全系数)后,实际采用或设计的单位时间内的最大交通量(吴兆麟和朱军,2004),可用下式表示:

$$C_d = \xi \cdot C_p = \eta \cdot \xi \cdot C_b \tag{1-3}$$

式中,ξ 为小于1的常数。

2. 港口航道通过能力的影响因素

船舶在港口任何可航水域航行,要求港口航道需要具备良好的气象水文条件、足够的可航水域宽度(航道宽度)及足够的水深条件(航道水深),但由于港口航道与港口系统的其他部分存在相互影响,因此还与港口布局及港口服务水平等相关;而且由于船舶在港口航道航行时,需要接受更多的交通组织和调度,船舶活动形式也呈多样化。具体

来说，港口航道通过能力至少受到以下几个因素的影响。

1）自然条件

自然条件主要包括港口航道所在水域的风、能见度、潮汐、波浪、洪枯水期水位变化以及冰冻、寒潮和台风等灾难性天气等。自然条件对港口航道通过能力的影响主要体现在航道全年通航时间方面，也就是港口航道年作业天数方面。

2）航道尺度

航道尺度是航道工程规划设计的重要技术指标，是进行航道维护工作的基本依据。航道尺度不仅反映航道的等级并决定航道的通航能力，也是航道通过能力的决定性因素之一。航道宽度越宽、水深越深，不仅能通过的最大船型越大，而且可能实现等级稍小船舶的双向通航或者形成复式航道，从而使航道通过能力得到提升。

3）船舶到港特征

船舶到港特征包含两个方面的含义：

（1）到港船舶的种类及船舶等级分布。例如，对同一航道，若兼顾危险品船舶进出，则危险品船舶进出港需要满足更多的限制条件，因此航道通过能力较一般航道要小；而若航道到港船舶中大型船舶的比例较高，则航道通过能力也会相对较小。

（2）船舶到港规律和离港规律。船舶到港服从一定的规律分布，由感性的认识可知，不同的到港规律对航道通过能力的影响是有差异的。不妨假设港口处理船舶的效率是平均的，那么若船舶按与效率相适应的规律平均到达，则航道通过能力达到最优化；而如果船舶集中在每天的特定时间段到达，则无疑后到的船舶需要前往锚地等候，其他时间段则较为空闲，因此航道通过能力会有一定程度下降。

4）港口服务水平

航道通过能力可以理解为通过航道交通组织调度及港口货物装卸、调度、转运等服务，在单位时间内完成船舶的装卸货作业并顺利进出航道的能力。因此，港口服务水平的高低是航道通过能力大小的另一决定性因素。

5）港口功能及布局

港口功能决定到港船舶的种类和等级，从而间接影响港口航道的通过能力。港口布局包括以下几个方面：

（1）港口码头布置。一方面，码头布置关系到船舶是否需要在不同泊位之间进行移泊作业；另一方面，大型码头若设置在航道的敏感区段，则由于大型船舶的作业，而很大程度上出现航道通行不畅，从而使航道通过能力降低。

（2）港口航道布置。港内航道布置包括航道单双向标准、航道航速及航道与码头的相对位置等，航道布置与船舶在港内运动的方便程度密切相关，因此也影响到了航道的通过能力。

（3）锚地设置。以港内锚地规模对沿海集装箱港区单线航道通过能力的影响为例，沿海集装箱港区的航道通过能力与港内锚位数之间存在相互关系，航道通过能力随着港内锚位数的增加而增大，但达到一定值后将保持不变。由此可见，锚地设置与航道通过能力息息相关。

从国内外相关的研究来看，目前关于港口主航道通过能力的研究处于起步阶段。大多数研究关注整个港口的吞吐能力，并且基本上都把港口航道当作一个能够完全满足港口吞吐能力发展的静态通道来分析问题，忽略了航道通过能力因为通航条件的动态变化对港口发展的影响。港口运营阶段制约港口吞吐能力提高的主要因素是主航道的通过能力和泊位接卸能力，必须充分重视港口航道的动态通过能力对整个港航系统的影响。同时，作为国家水上交通中极其宝贵的资源，如何合理利用和保护航道水域的通航环境，避免不必要的自然和人为因素引起灾变和造成经济损失，也是港口规划、设计及管理过程中必须充分考虑的问题。因此，有关港口主航道全流程动态通过能力的监测评估研究，正在引起国内外相关工程人员、设计人员和学者的广泛关注和积极研究。

1.1.3　港口航道服务水平

航道服务水平是指航道使用者从安全性、舒适度、效率和经济性等多方面所感受到的服务质量，也是船舶驾驶员对航道交通状态和服务质量的一个客观评价。航道服务水平反映的是在某种航道条件下船舶的运行质量。确定航道服务水平等级是为了说明航道交通负荷状况，以交通流状态为划分条件，描述交通流从自由流、稳定流到饱和强制流的变化，方便地评价航道内船舶交通的运行质量。

航道是为船舶行驶提供服务的基础设施，其服务目标是保证在航道内行驶的船舶能够安全、快捷地到达目的地。航道服务质量评价在航道规划、航道网优化及航道投入使用后的评价中起着重要作用。但是沿海航道的服务水平标准的确定往往面临两难的选择，服务水平太高，则航道的利用率低，没有运输效率和经济效益；服务水平太低，则航道堵塞，船舶运行速度低，安全性差，同样没有效率。从社会效益和经济效益而言，最佳运行状态是大流量高速度，而不是低流量高速度。因此，船舶交通流以大流量高速度的状态安全持续地运行是水运现代化研究的最终目标。

航道服务水平是反映航道适航程度的一项重要性能指标，是度量航道疏导船舶能力的尺度，对于航道动态通航条件的评价应与航道所在港航系统的全流程动态通过能力监测服务质量相联系，它的大小直接影响整个港口通过能力的发挥。因此，对航道服务水平进行计算评价，是确定航道建设规模及港区营运状况的重要依据。

港航服务系统是一个动态的系统，该系统的各组成部分会随着时间和空间的变化而发生相应的改变。作为其中重要的子系统——通航环境子系统也会随着港口吞吐量、港口航道通过能力、港口水域的交通流等因素的变化而发生相应的变化。在港口规划和设计中，除了需要整体考虑当前和未来的航道通航能力及通过能力、港口吞吐量的变化和港口船舶交通流的变化会对港口及附近水域的通航环境产生的影响等之外，更重要的是从港口航道建设到开通运营管理的港口航道工程全生命周期中，连续监测评估未来的航道通过能力变化和港口船舶交通流的变化，特别是研究自然环境条件变化等因素导致的航道通过能力变化，实时预报通航能力和开展航道整治保养。这些都是港口的规划设计和生产过程中非常重要的问题，也是迫切需要解决的问题。

对港口航道通过能力的研究，一方面可以评价航道的现状是否满足港口目前船舶进港交通流的需要，从而确定航道是否需要扩建整治或采取相应的通航限制管理措施、优化调度方案以提高航道的通过能力；另一方面通过结合港口航道服务水平的评估，全流程动态监测航道水域环境条件变化、航道水深和稳定性工程技术指标，预测港口水域的船舶交通流，评估航道达到的动态通过水平，从而提高航道服务水平。

港口航道服务水平研究的新需求是如何采用全流程智能化动态监测航道工况、环境、船舶、交通管治等方式提高航道的通过能力，对航道服务水平等级进行划分，并确定评价指标。参考公路服务水平分级标准，以描述交通流从自由流、稳定流到饱和流和强制流的变化阶段，可将航道服务水平划分为一、二、三、四共四个等级，服务水平逐级递减，将交通处于自由流状态时划为一级服务水平；交通处于稳定流较好状态时划为二级服务水平；交通处于稳定流较差状态或达到饱和流时划为三级服务水平；交通处于不稳定流状态，形成以强制流为特征的交通状态时划为四级服务水平。上述航道服务水平等级的评价需要综合考虑港口航道实施安全感知、交通组织服务功能条件、提高航道服务水平的能力等因素。针对大型海港进港航道交通服务的特点，选取船舶航速、交通流线密度、通过能力、航道饱和度、安全监测、智能交通六个因素作为划分航道服务水平的评价指标。

1）船舶航速

服务水平是衡量航道内船舶交通质量和效率的指标，它代表着可以提供给航道使用者快速、舒适、便捷和经济等指标水平的满意程度。船舶驾驶员最关心的是在安全航速的范围内，根据船舶性能可以选择尽可能高的航速，使船舶航行时间最短，但通常受港口交通规则和航道安全有关限速的约束。

2）交通流线密度

在进港航道航行时，驾驶员不仅关心船舶的速度，而且关注前后船舶之间的距离。当线密度小于一定值时，船舶可以畅行速度行驶，彼此间不存在相互干扰。随着线密度的增加，船舶航速逐渐减小，服务水平也经历从高到低的过程，但无论如何必须保证船舶间有足够的安全距离。

3）通过能力

每一级服务水平都有其服务质量的范围。通过能力是指在给定的航道条件、环境条件和交通组织条件下，在给定时间内保持规定的服务水平，合理地期望船舶通过航道的某一点或断面，所能达到的最大交通流量，即在每级服务水平上航道所能通过的最大交通流量。它与航道通过要求之间的关系也影响航道的服务水平。

4）航道饱和度

航道饱和度是某一级服务水平对应的实际交通量与航道理论通过能力之比，该值有效反映了航道通过能力的利用程度与繁忙程度。

5）安全监测

航道土体是船舶、海流和地质灾害等影响相对敏感区域，海底回淤、边坡形变等时有发生，直接改变航道结构和空间尺度，是否能针对港口航道空间变形进行建设和营运全周期监测，以确定其回淤、形变等空间位置及内部形态随时间的变化特征，实时评估预警港口航道等重要生产基础设施（建筑物）的安全状态是服务能力的体现。

6）智能交通

在进出港交通压力较大时，尤其在大型海港进港航道，通过有效的信息化、自动化的交通组织，提高航道的通过能力是新时代提升航道服务水平的关键。

结合大型海港进港航道交通流的特点，建立大型海港进港航道服务水平评价指标，见表1-1。

表 1-1　大型海港进港航道服务水平评价指标表（刘敬贤，2009）

服务水平	服务等级	航速	交通流线密度（前后船舶间距）	通过要求与通过能力之比	航道饱和度	安全监测	智能交通
A 级	优	安全航速	>16 倍船长	<0.8	<0.75	全流程	优秀
B 级	良	安全航速	8～16 倍船长	0.8～0.9	0.75～0.9	全流程	良好
C 级	一般	安全航速	6～8 倍船长	0.9～1.0	0.9～1.0	部分监测	中等
D 级	差	非安全航速	<6 倍船长	>1.0	>1.0	无监测	无效

1.1.4　港口航道水文特性

在海港航道的设计中，各国都有相应的设计标准或规范。我国现行的设计规范中除了依据船舶尺度、装载、航速、通过能力等参数以外，还需要考虑风、流、浪、潮等因素的影响，航道运行服务需要针对各项通航指标，包括航道气象水文环境开展综合的安全评估。

1. 潮汐及其对船舶的影响

潮汐是在海港航道内发生的一种自然现象，是指海水在天体（主要是月球和太阳）引潮力作用下所产生的周期性运动。潮波传入海洋，潮汐因地而异，不同地区的海港航道常有不同的潮汐系统，虽然它们都是从深海潮波获取能量，但具有各自的特征。一般我国渤海、东海、黄海的多数港湾航道为半日潮型，即一个太阴日内出现两次高潮和两次低潮，前一次高潮和低潮的潮差与后一次高潮和低潮的潮差大致相同，涨潮过程和落潮过程的时间也几乎相等；南海的北部湾等沿海港口航道是世界上典型的全日潮海港航道，即一个太阴日内只有一次高潮和一次低潮；我国南海多数地点的港口航道属于混合潮型，即一个月内有些日子出现两次高潮和两次低潮，但两次高潮和低潮的潮差相差较大，涨潮过程和落潮过程的时间也不等；而另一些日子则出现一次高潮和一次低潮，港口航道潮差较大。海港航道内出现潮差是潮汐强弱的重要标志。从沿海各潮位站潮差特征统计来看，世界上潮差的较大值为 13～15m，我国大多数海港航道潮差值为 3～5m。

潮汐对于船舶进出港具有很大的影响。受进港航道水深的限制，排水量大的船舶必须乘潮才能够顺利进出港口，因此船舶在靠离泊时必须准确把握高潮位的时间。此外，高低潮位的潮差对于港口机械作业效率影响很大，应尽可能在高潮位进行装卸船作业。在天文大潮发生时，应尽量减少小船的靠离泊作业并增强导、助航力度，避免事故发生。大型船舶乘潮的基本条件为

$$H + H_\mathrm{T} > H_\mathrm{S} + H_\mathrm{R} \tag{1-4}$$

式中，H 为海图水深；H_T 为乘潮水位；H_S 为船舶吃水深；H_R 为富余水深。其中，富余水深 H_R 主要由以下几部分组成：

$$H_\mathrm{R} = Z_0 + Z_1 + Z_2 + Z_3 \tag{1-5}$$

式中，Z_0 为船舶航行时船体下沉增加的富余水深；Z_1 为航行时龙骨下最小富余水深；Z_2 为波浪富余深度；Z_3 为船舶装载纵倾富余深度。

2. 潮流及其对船舶的影响

潮流指由潮汐引起的水流运动。整体而言，港口航道区域的潮流运动，在海湾型港口航道，因沿海地形地貌平坦开阔，海洋传入潮波运动受到的阻力较小，潮流趋势平稳；在海岛型港口航道，由于受其地形或岛间水道的条件制约，其垂线流向相对集中，呈往复流特征。为了分析评估潮流的基本特征，可以实测各垂线同步观测期间具有特征意义的分层最大涨、落潮流速和流向。

船舶在航行过程中，当水流与船纵剖面有一定的夹角时（流舷角），流压的作用将同时改变船舶的航速和航迹带。在操纵船舶过程中，必须选择对应流向的最佳航向修正角，使用恰当的船速和舵角，保持船舶航行在既定的航线上。船舶在航道中航行受横流的影响将发生漂移，使船位偏离航道的中心线，从而使得船舶的航迹带宽度发生变化。船舶航速一定时，流舷角越大，船舶的横向漂移速度越大。一般情况下，为了避免水流的横向作用，通常要求流舷角控制在 ±20° 范围内为最佳方向，一般不宜大于 30°，70°～110° 为最恶劣方向。

因此，在受到潮流影响的航段内必须满足横流对船舶航行的影响较小，即流舷角基本都保持在 20° 以内，船舶才可以安全航行。

3. 波浪及其对船舶的影响

港口航道内的海浪是指海水表面局部质点受到扰动力作用后，离开原来的平衡位置而做周期性起伏运动，并向四周传播的现象，即海水质点在它的平衡位置附近产生一种周期性的震动运动和能量的传播。波形向前传播，水质点并没有随波前进，这是波浪运动的实质。波浪的基本要素有波峰、波顶、波谷、波底、波高、波长、周期、波速、波向线和波峰线等。其中，波峰是波浪周期性运动的高处部分，其最高处称为波顶；波谷是波浪周期性运动的低处部分，其最低处称为波底；波高是波峰到波谷之间的垂直距离；波长是两个波峰之间的水平距离。

开阔大洋中的波浪是水质点振动形成的，当波浪经过时，水质点便画出一个圆圈；在波峰上，每个质点都稍稍向前移动，然后返回波谷中差不多它们原来的位置。质点的振动是风对水面的摩擦引起的。强风的结果形成巨浪，巨浪可能以峰谷间垂直高达 12～15m 的圆形涌浪形态在开阔大洋上传播数千公里。但是，当波浪传播到海港航道内浅水时，其波峰便变陡、卷曲然后破碎形成碎波，结果大量的碎波成为上爬浪，整体地冲上码头和航道。然后，水又作为回流沿垂直码头或防坡堤和沿航道斜坡流回。一方面，水对着码头、海岸和航道聚积起来，另一方面又有称为底流的下层流予以抵销，下层流在海底附近从海港航道流回，或者在这里局部成为裂流。

波浪主要对船舶的操纵运动产生影响。根据波浪对操船的影响途径分为两个方面：一方面是波浪对船舶的漂流力，另一方面是因波浪而变化的摇摆力矩。在前者作用下，常表现为船舶航行中偏离航线或航道；后者则造成船舶的强制摇摆，二者都给船舶运动的控制，如方向控制、速度控制、位置控制等带来困难。具体表现如下：波浪与航道之间是相互作用的，航道对波浪的影响主要表现在波浪的折射、发散穿越和会聚；波浪对航道通航环境的影响主要表现在船舶在波浪中航行时，随着波高、周期、波向、船舶吨级和航速的不同，产生纵倾、横摇和垂荡等运动。

波浪中船舶的横摇还会迫使港口码头靠泊船舶与码头结构物产生摩擦碰撞，造成安全隐患。船舶进出航道的航线是固定的，只能通过调整船舶航行的速度，改变波浪的遭遇周期，避免谐振运动，在大风、大浪天气下应尽可能减少靠离泊作业。波浪由风推向码头和航道，其高度以及由此获得的能量取决于风的强度和风在开阔水域吹过的距离，即吹程。因此，在港口码头和航道的规划建设中，最重要的是相对于风向、开阔海面的海岸线的位置和方位，特别是相对于最大吹程的方向和最大的波浪，即优势波浪（能起最大作用的波浪）方向的海岸线位置和方位选择。港口航道生产运行中更应需要针对上述特殊位置和方位开展全流程海气界面实时监测、评估预警，动态调控船舶靠港和引航生产计划，提升港口航道服务水平，避免波浪对港口航道安全生产的影响。

1.1.5　连云港特大型深水航道

连云港港地处江苏省北部黄海海州湾西南岸，位于中国沿海的"脐部"，是我国南北沿海与东北亚及东南亚海上交通要冲，是我国沿海经济带和陇海—兰新沿"桥"经济带的接合部，是我国最早对外开放的 14 个沿海城市之一。连云港港是我国综合运输体系的重要枢纽和沿海主要港口，是江苏省、连云港市经济社会发展的重要依托和支撑，是带动中西部区域发展的战略资源以及陇海、兰新铁路沿线广大地区最为经济便捷的出海口，是我国沿海中部能源外运和对外贸易运输的重要口岸，是我国沿海主枢纽港之一。

连云港港作为城市依托的沿海港口处于我国陇海铁路干线的东起点，是中原及西北地区便捷的出海口及对外贸易的重要口岸，是我国与世界经济接轨的理想场所之一。连云港市陆上交通发达，处于同（同江）三（三亚）、连（连云港）霍（霍尔果斯）国道主干线、301 及 204 国道、宁连高速（南京—连云港）等 12 路交通网的汇合处，内河运输可与京杭运河、长江等水网相连，大型民航机场开通国内主要城市的航线。随着北疆铁路与中亚土西铁路的贯通，形成了以连云港为东方桥头堡的新亚欧大陆桥。这座大陆桥穿过我国中部、中亚、东欧以及中欧的中心部位，经过 30 余个国家和地区，直抵荷兰鹿特丹。它以中国、哈萨克斯坦、俄罗斯、白俄罗斯及欧洲铁路为陆上桥梁，把太平洋与大西洋及波罗的海、黑海连接起来，连通了地球上最发达的经济圈大西洋经济圈—亚太经济圈，距离比西伯利亚大陆桥缩短 1/5，运费减少 1/3，经济效益十分显著。它不仅带动我国中西部地区经济发展，而且亚、欧沿途各国也将受益，无疑将对世界经济发展产生积极影响，作为大陆桥东方桥头堡的连云港，战略地位十分突出。依托广阔的腹地和良好的集疏运条件，连云港港已成为我国沿海 25 个主要港口和 12 个区域性中心港口之一，在我国能源、原材料、粮食等战略性物资的运输中发挥着重要的作用。

重点加强连云港港口航道工程建设，始终是江苏沿海大开发的基础和先导，是国家长期发展战略。为实现长三角地区的可持续发展和增强该区域的国际竞争力，促进东部沿海与中、西部地区区域经济协调发展，加快江苏沿海地区开发，振兴苏北，实现江苏省"两个率先"目标，2009 年国家对连云港港 30 万 t 级航道建设工程作了正式批复，同意建设 30 万 t 级航道。连云港港 30 万 t 级航道是迄今为止国内外开挖厚度最大的特大型人工航道之一，是我国乃至世界上在开敞海岸淤泥质浅滩建设的等级最高的人工深水航道之一，在我国的航道工中具有里程碑意义。

连云港港由连云港、赣榆、徐圩、灌河和前三岛五大港区组成，根据统筹规划、远近结合、深水深用、合理开发、有效保护的原则，规划港口岸线 100.7 km，其中沿海港口岸线 70.8 km，入海河口港口岸线 29.9 km（王昌保等，2015）。

（1）连云港港区。连云港港区为连云港港主体港区（南起中山东路、北至西大堤北侧约 1 km、西起黄石嘴、东至旗台嘴与码头岸线所围成的陆域），规划陆域总面积 14.9 km²。连云港港区是以集装箱和大宗散货运输为主，兼顾客运和通用散杂货运输，大力发展保税、物流等功能的综合性港区，主要包括马腰、庙岭、墟沟、大堤和旗台 5 个作业区。2011 年 3 月至 2017 年 9 月，连云港港 30 万 t 级航道一、二期工程正式开工建设，其中连云港港区 25 万 t 级航道已于 2012 年 6 月正式通航。连云港港 30 万 t 级航道二期工程（图 1-1）已于 2022 年 9 月 17 日零时起全线正式完工开通使用，对于将连云港打造为连接"一带一路"的国家级综合交通枢纽、新亚欧大陆桥出海门户和区域性国际枢纽港，具有十分重要的意义。

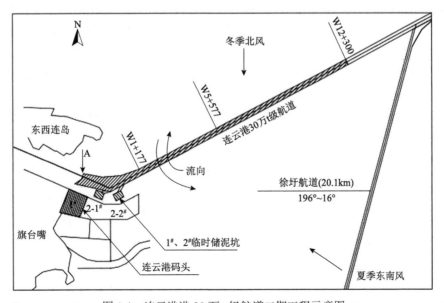

图 1-1　连云港港 30 万 t 级航道二期工程示意图

（2）赣榆港区。赣榆港区（北起绣针河口、西邻 204 国道、南至龙王河口、东与码头岸线所围成的陆域）规划陆域总面积约 79.8 km²。依托临港工业起步，赣榆港区逐步发展成为腹地经济发展和后方临港工业服务的综合性港区，以干散货、液体散货和散、杂货运输为主，并预留远期发展集装箱运输的功能。至 2013 年底，港区已建成 3 个泊位，形成综合通过能力 667.0 万 t，全年完成货物吞吐量 561.5 万 t，其中，外贸吞吐量 388.4 万 t，占港区总吞吐量的 69.2%；金属矿石 480.6 万 t，占港区总吞吐量的 85.6%。

（3）徐圩港区。徐圩港区（东起圩子口，南邻规划 226 省道，西至方洋港闸附近，北与码头岸线所围成的陆域）规划陆域总面积 43.3 km²。依托临港工业起步，港区逐步发展成为腹地经济发展和后方临港工业服务的综合性港区，以干散货、液体散货和散、杂货运输为主，并预留远期发展集装箱运输的功能。2013 年 12 月 28 日，徐圩港区正式开港试通航。

（4）灌河港区。灌河港区（以港区后方河滨路为界，向河一侧与码头前沿线所围的陆域），规划陆域总面积 46.3 km²。港区以散杂货、化工品运输为主，兼顾修造船功能，主要为地方经济发展服务。至 2013 年底，港区已建成 4 个泊位，形成综合通过能力 211.0 万 t，全年完成货物吞吐量 1328.0 万 t，其中，金属矿石 426.1 万 t，占港区总吞吐量的 32.1%；矿建材料 432.3 万 t，占港区总吞吐量的 32.6%。

（5）前三岛港区。前三岛港区，规划依托车牛山、平山或达山岛三岛之一形成大型石化专用港区，以石油运输为主，主要为大型石化产业发展服务。

连云港自然地理特征。连云港位于江苏省与山东省交界的海州湾沿岸，北以岚山头（119°19′E，35°08′N），南至连云港外东西连岛，东临黄海，宽 42 km，岸线长 87 km，面积 877 km²，最大水深 12.2 m，属于开放型海湾，见图 2-1。在地质构造上位于新生代太平洋构造带西部边缘，主体构造与南黄海大陆架走向一致，呈北东走向，形成山海旅游景观。主要有以云台山为主体的山水景观，以海州湾为主体的海岸、海滩和海岛景观，最具代表性的有渔湾风景区、连岛苏马湾海滨浴场、前三岛、秦山岛等；从自然和文化双重性上，主要是以花果山为典型代表的西游记文化旅游景观，有水帘洞、七十二洞、怪石园和玉女峰等。位于江苏北部的沿岸岛屿从北边的秦山岛、竹岛、鸽岛、东西连岛、羊山岛到最南边的开山岛，为连云港提供了丰富的海洋空间资源，为发展海岛观光旅游、休闲度假、码头泊位等提供了有利条件。

由于供沙条件、水动条件和岸坡形态不同，海湾地貌特征和冲淤动态也各异，如表 1-2 所示。

表 1-2　海州湾地理特征

北段（绣针河口—兴庄河口）	中段（兴庄河口—西墅）	南段（西墅—烧香河北口）
长约 27 km	长约 26 km	长约 44 km
砂质平原海岸	淤泥质平原海岸	基岩海岸
潮间带滩宽约 1 km	潮间带滩宽为 3~6 km	岸线曲折，海滩狭窄
海滩物质以小于 0.1cm 的石英砂为主	青灰色粉沙淤泥	中细沙海滩，间或有淤泥质海滩

与江苏其他岸段一样，海州湾的形成和演变与黄河尾闾的变迁有密切的关系。1194年黄河夺淮前，由于现海州湾南翼的云台山和东西连岛均为海岛，当时的海州湾并不是一个完整的海湾；黄河夺淮入海期间，随着三角洲岸线向海推进，海州湾海岸也随之淤积；废黄河三角洲岸线的进一步突出使海州湾所在岸段进一步凹入内陆，形成了良好的淤积环境，进一步加速了海岸的淤长；1711年云台山并陆，形成云台山与岚山头之间的完整海湾。但东西连岛与云台山之间仍被连云港海峡隔开，直至1994年西大堤正式建成，才形成现今岚山头与高公岛之间的海州湾（朱孔文，2006）。

海州湾有秦山岛、东西连岛等岛屿，湾口外有平山岛、达山岛和车牛山岛，共计大小岛屿14个，这些岛屿均为基岩型岛屿。岛礁周围水深多在20m以上，礁区选择余地大。海州湾是我国东部沿海重要渔场之一，其海洋环境优越，生物资源丰富。海岸类型主要是粉砂淤泥质海岸，其次是基岩和沙质海岸。海州湾南北两侧分别有老爷顶和云台山扼守，西侧主要为冲海积平原，其次为剥蚀平原。沿岸入湾河流有绣针河、龙王河、清口河、新沭河、蔷薇河等大小河流18条，后两者汇合后称临洪河，临洪河实际最大流量3070m³/s。河流流量的季节变化较大，年平均径流入海量17亿m³，带来了丰富的营养盐类。

连云港海州湾地处南北气候过渡带，地带过渡性的特征使其具有十分重要的海洋资源开发与生态环境保护价值，在地方生态建设方面发挥着重要的作用。2008年1月，经国家海洋局正式批准建立海州湾海洋特别保护区。

连云港拥有滩涂面积160万亩[①]，其中潮上带130万亩，潮间带30万亩，另有潮下带可开发浅海域400万亩。已开发利用滩涂面积144.23万亩，其中养殖面积46.63万亩，盐田39.44万亩。潮间带及海域已有20万亩用于养殖生产。连云港沿岸有大小渔港14处，主要群众性渔港有连岛、海头、青口、燕尾港、三洋等渔港。

连云港具体的气象水文特征。连云港地处中纬度地区，受太阳辐射、大气环流、地形与海陆分布及海流、水团等诸多因素影响，附近海域具有典型的暖温带季风性海洋气候特点，受冬夏季风交替影响和海洋调节作用，沿海冬季盛行冬季风，夏季盛行夏季风。由于海洋和副热带高气压带共同作用，冬季风明显弱于夏季风。受地形影响，沿海风速明显大于陆地。例如，西连岛最大风速5～6 m/s，而距离陆地较远的达山岛则达7 m/s，沿岸一般在春季（4月）风速最大，而离岸较远的海岛则是秋季（11月）风速最大。江苏沿海灾害性天气主要有台风、寒潮、冰雹等。江苏沿海受台风影响概率平均每年在3次以上，主要以苏南概率较大，能够造成严重危害的台风一般一年有1～2次。台风带来10级以上的大风和强降雨，对人民群众生产和生活造成严重影响。以1979年4号台风为例，8月12日在浙江温岭一带登陆，15日江苏沿海连岛降水量达165.9 mm，过程降水量达316.4 mm，赣榆县、连云港市过程降水量也超过200.0 mm，风速达17～19 m/s。寒潮对江苏沿海的影响，平均每年有三次。江苏沿海寒潮过程年际间变化较大（北部海岛区最多1年可达6次以上，南部较少，有的年份几乎不受寒潮影响），特别是在秋冬交替季节，给沿海渔民生命财产安全造成危害。江苏沿海冰雹分布以北部沿海居多，赣榆

---

① 1亩≈666.67m²。

是江苏 3 个多冰雹中心地区之一，平均降雹天数达每年 1.5 d，其他地区每年平均也有 0.3～0.7 d，且多发生在春夏季节。

海州湾夏季以偏东风为主，冬季以北风为主，如表 1-3 所示。

表 1-3　连云港各月平均风速风向（吕海滨，2015）

项目	1 月	2 月	3 月	4 月	5 月	6 月	7 月	8 月	9 月	10 月	11 月	12 月
风速/（m/s）	2.4	1.6	1.2	1.9	3.0	4.8	1.7	3.9	4.3	1.2	1.3	4.1
风向	NNW	NE	E	E	E	E	SE	E	NNE	N	NW	NNE

连云港海域累年平均风速为 5.5 m/s，累年各向平均风速介于 4.4～7.6 m/s，其中最大值 7.6m/s 出现在 NNE 向，最小值 4.4m/s 出现在 SW 向，总体为北向平均风速要大于其他方向，均在 6.0 m/s 以上。累年各向最大风速介于 18.0～30.0 m/s，其中最大值为 30.0 m/s，方向为 E 向，出现于 1997 年 8 月 19 日，最小值为 8.0m/s，SW 向，出现于 1984 年 5 月 8 日。图 1-2 为连云港海洋站历年各向平均风速与最大风速统计（1974～2003 年）。

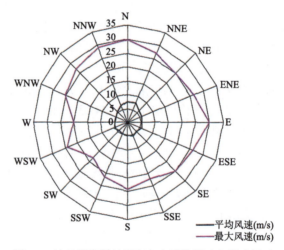

图 1-2　连云港海洋站历年各向平均风速与最大风速

因为海州湾波浪主要由风驱动，所以夏季以东向为主，冬季以北向为主。海州湾常浪向主要为 NE 向，频率为 25%，次常浪向主要为 NNE 向，频率为 14%，强浪向主要为 NNE 向和 NE 向。

北部一般以风浪为主，南部则多见涌浪。从 9 月到第二年 4 月，北部经常出现西北浪或北浪，南部以北浪为主。6～8 月北部多出现东南浪，南部以南浪为主。风浪秋冬两季最大，浪高达 2～6m；当强大寒潮过境时，浪高达 3.5～8.5m。春、夏季风浪较小，一般为 0.4～1.2 m。如有台风过境，浪高可达 6.1～8.5 m。夏季台风来临时在南黄海西部沿岸曾观测到 8.5 m 的波高。大浪区出现在成山角和济州岛附近海区。黄海的涌浪，夏、秋季两季大于冬季，浪高多为 0.1～1.2m，受台风侵袭时，可出现 2～6m 的涌浪。

从整体来看，海州湾海流微弱，流速通常只有最大潮流速度的十分之一左右。表层流受风力制约，具有风海流性质。在盛行偏北风季节，多偏南流；在盛行偏南风季节，多偏北流。黄海暖流和黄海沿岸流的基本流向常年比较稳定，流速皆有夏季弱冬季强的特征。黄海暖流及其余脉北上，而黄海沿岸流南下，形成气旋式的流动。夏季，特别是在北黄海，这种气旋式的流动会因黄海冷水团密度环流的出现而趋于封闭。与此同时，黄海环流的流速也会得到加强。

自南部进入黄海的半日潮波以及山东半岛南岸和黄海北部大陆反射回来的潮波相互干涉，在地转偏向力的作用下，产生了两个逆时针方向旋转的潮波系统。无潮点分别位于成山角以东和海州湾外。海州湾大部分海域为规则的半日潮，只有成山角以东至朝鲜大青岛一带和海州湾以东的一片海区为不规则半日潮，潮差基本上是东部大于西部。

连云港海域具有潮汐运动受南黄海驻波系统控制的水文特征，无潮点位于本海区东南部外海（34°N，122°E）附近，海州湾湾顶为潮波波腹所在区。根据连云港大西山海洋站多年资料统计，潮汐指标类型为 0.30，属于正规半日潮性质，每个潮汐日内出现两次高潮和两次低潮，两高两低非常接近，日潮不等现象并不显著。表 1-4 所示为连云港潮汐特征统计结果。

表 1-4　连云港大西山海洋站潮汐统计

潮汐特征	潮汐特征值/m	备注
平均海平面	+2.94	当地理论最低潮面，下同
历年最低潮位	−0.45	1963 年 2 月 27 日
历年最高潮位	+6.50	1981 年 9 月 1 日
平均低潮位	+1.28	
平均高潮位	+4.61	
平均潮差	+3.33	
最大潮差	+6.48	
极端高潮位	+6.60	50 年一遇
极端低潮位	−0.70	50 年一遇
设计高潮位	+5.35	高潮累积频率 10%
设计低潮位	+0.48	低潮累积频率 90%

2005 年 9 月进行了连云港南北港区夏季同步水文测验，从实测潮水位过程看，测区受潮汐影响明显，潮型为非正规半日潮。水文测验观测期间，潮位由北面的岚山头先涨，逐渐向南，岚山头与海头镇及秦山岛最高潮位时间相差不大。连云港供油码头和小丁港站高潮时间滞后 0.5h，燕尾港站高潮时间滞后 1h，翻身河闸下站高潮时间滞后 1h。各站最低潮位间隔时间与高潮间隔时间基本一致。从潮位的高低比较看，潮位由北向南减小，但燕尾港潮位却比所有站高，最高达 0 15m。岚山头站最高潮位 5.48 m，最低潮位 1.07 m；海头镇最高潮位 5.51 m，最低潮位 1.05 m；连云港供油码头最高潮位 5.49 m，最低潮位 1.03 m；小丁港最高潮位 5.54 m，最低潮位 1.12 m；燕尾港最高潮位 5.61 m，最低潮位

1.33 m；翻身河闸下最高潮位 5.00 m，最低潮位 2.00 m。

潮时：测验期间各水位站一个全日潮从低潮到低潮历时 24 h 12 min～25 h 不等。岚山头涨潮历时 5 h 6 min～5 h 48 min 不等，落潮历时 6 h 18 min～7 h 6 min 不等；连云港供油站涨潮历时 5 h 11 min～5 h 40 min 不等，落潮历时 6 h 29 min～7 h 18 min 不等；燕尾港涨潮历时 4 h 54 min～5 h 54 min 不等，落潮历时 6 h 24 min～7 h 36 min 不等。这反映出潮汐进入连云港南北海区发生不同程度的变形。

潮差：在 2005 年 9 月测验期间，岚山头站最大潮差 4.19m，最小潮差 3.38 m；连云港供油站最大潮差 4.24m，最小潮差 3.08 m；燕尾港站最大潮差 4.01m，最小潮差 2.92m。在 2006 年 1 月测验期间，岚山头站最大潮差 5.05m，最小潮差 2.78 m；连云港供油站最大潮差 5.19 m，最小潮差 2.87 m；燕尾港站最大潮差 4.54 m，最小潮差 2.69 m。

2006 年 1 月进行了连云港南北港区冬季同步水文测验，从实测潮水位过程看，测区受潮汐影响明显，潮型为非正规半日潮。

潮位：水文测验观测期间，潮位由北面的岚山头先涨，逐渐向南，岚山头与海头镇及秦山岛最高潮位时间相差不大。连云港供油码头和小丁港站高潮时间滞后 10～20 min，燕尾港站高潮时间滞后 1h 左右，翻身河闸下站高潮时间滞后 1h。各站最低潮位间隔时间与高潮间隔时间基本一致。

从潮位的高低比较看，潮位有自北向南减小的趋势，但燕尾港潮位却比所有站高，最大达 0.15 m。岚山头站最高潮位 5.46 m，最低潮位 0.19 m；海头镇最高潮位 5.46m，最低潮位 0.19m；秦山岛最高潮位 5.51m，最低潮位 0.32 m；连云港供油码头最高潮位 5.47m，最低潮位 0.06 m；小丁港最高潮位 5.37m，最低潮位 0.11 m；燕尾港最高潮位 5.63m，最低潮位 0.83 m。

潮时：测验期间各水位站一个全日潮从低潮到低潮历时 24 h 33 min～25 h21 min 不等。岚山头涨潮历时 4 h 57 min～6 h 6 min 不等，落潮历时 6 h 6 min～7 h 18 min 不等；连云港供油站涨潮历时 4h 57 min～6 h 6 min 不等，落潮历时 6 h 6 min～7 h 18 min 不等；燕尾港涨潮历时 4h～5 h 30 min 不等，落潮历时 6 h 40 min～8 h 50 min 不等。这反映出潮汐进入连云港南北海区发生不同程度的变形。

连云港海域的潮流属于规则半日潮流。受黄海逆时针旋转潮波系统的影响，深水区潮流为反时针方向的旋转流；近岸区域，潮流基本呈往复运动，流向为 SW—NE 向，涨潮流向为 SW 向，落潮流向为 NE 向。涨潮流流速一般大于落潮流流速。无论是在连云港以北还是以南，大、中潮期间流速都有涨落过程，一般在最高潮位前出现涨潮流最大值，最高潮位后出现涨憩，即流速基本为零，以后转为落潮流；在最低潮位前出现落潮流最大值，最低潮位后出现落憩，流速基本为零，以后又转为涨潮流。夏季大潮期间涨潮流最大流速在 0.29～1.00m/s，落潮流最大流速在 0.31～1.60 m/s；中潮期间各垂线涨潮流最大流速在 0.28～1.10 m/s，落潮流最大流速在 0.32～1.37 m/s。冬季大潮期间涨潮流最大流速在 0.36～1.82 m/s，落潮流最大流速在 0.30～1.32 m/s；中潮期间各垂线涨潮流最大流速在 0.27～1.47 m/s，落潮流最大流速在 0.22～1.00 m/s。从连云港以北往南垂线平均流速逐渐增大。

根据连云港大西山海洋站 1962～2003 年实测波浪资料统计，该海域的常浪方向为偏东向，NE 向出现频率为 26.4%，E 向出现频率为 18.4%，如图 1-3 所示，强浪向为北偏东向，NNE 向 1.5m 以上的波高出现频率为 2.13%，NE 向出现频率次之，为 1.79%。测站累年各向最大波高以 NNE 向为最大。其中，十分之一波高为 5.0 m，百分之一波高达 6.0 m。累年各向平均波高以偏北向为最大，NNW、N、NNE 向均为 0.9m，WSW、W 向最小，均为 0.3m，SSW 向极少出现，如图 1-4 所示。

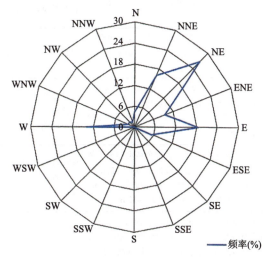

图 1-3　连云港海洋站各向波浪出现频率

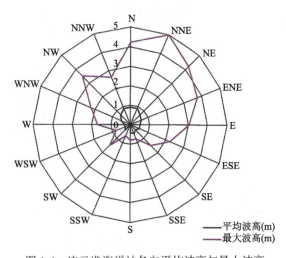

图 1-4　连云港海洋站各向平均波高与最大波高

连云港港口海域工程地质条件如下。连云港海域基底岩层为前震旦纪变质岩，以白云片麻岩为主，埋藏普遍较深。岩层上部堆积第四纪堆积物，含中、下更新统陆相沉积物和上更新统海相、陆相及海陆交互相沉积层；表层为全新世海相淤泥层，厚 4~30m，近岸浅薄，海峡中部、东部较深，西部较浅。根据地质钻孔资料，港区海域有 10 个工程地质层，自上而下各层特征和分布见表 1-5。

表 1-5　连云港海域工程地质特征

地层名称	地层特征	地层分布
淤泥（Q^{4m}）	灰、黑色，饱和、流塑状，有机质含量高，孔隙比大，具有触变性。平均含砂量 8%，在墟沟和庙岭港区夹有厚数毫米的粉细砂薄层	淤泥在海峡西北部厚度小，海峡东南部近高公岛海域冲刷强烈；在墟沟及连岛港区淤泥上部有粉土质粉砂；在海积沙滩分布区基本无淤泥分布
粉质黏土（Q_3^2）	灰黄色，潮湿、可塑，层厚 2～4 m，底板标高一般为-12～-8m	在马腰港区、磨刀塘及高公岛海域该层缺失
黏土（Q_3^2）	主要为黄、棕色黏土，其次为粉质黏土，可塑—硬塑，厚度一般为 2～5 m，底板标高一般为-13.5～-9 m	马腰港区一带该层缺失
粉细砂（Q_3^2）	以黄色、褐黄色粉细砂为主，粉土次之，饱水，稍密—中密，近岸边地段变为黄色粉质黏土。海峡西北部砂层厚 1～2 m；中部及东部砂层厚度增加，最厚达 9m	海峡东口及高公岛海域砂层分布不连续，岸边地段砂层薄，底板标高一般为-15.7～-9 m，马腰港区附近该层缺失
黏土（Q_3^1）	以黏土为主，粉质黏土次之，棕黄色夹白色、黄色，可塑—硬塑，除岸边地段外，海峡内自南向北、自西向东厚度逐渐增加，一般厚度为 2～4 m，最厚达 7m。底板标高一般为-19～-12 m	该层在马腰港区及磨刀塘、高公岛海域一带缺失。在庙岭港区及海峡中部的局部地段变为淤泥质土
粉细砂（Q_3^2）	以黄色粉、细砂为主，粉土次之，饱水，中密，岸边地段厚度小，海峡中心厚度增加，厚度一般为 0.9～3.9 m；该层起伏较小，底板标高一般为-20～-16 m	在马腰港区及高公岛海域该层缺失
黏土（Q_3^{1+2}）	黄—棕黄色，夹少量灰白色、青灰色，稍湿，多为硬塑状。该层分布稳定，一般厚 5～10 m，底板标高为-28～-18 m	局部地段有透镜状淤泥质黏土，灰色、软塑状，厚度一般为 2～5 m
黏土、中细砂互层（Q_3^1～Q_2^2）	棕黄色、褐黄色，稍湿、硬塑，局部为可塑，中细砂饱水、中密	在海峡西北部较厚，达 5～10 m，向东逐渐变薄，底板标高为-26～-20 m
黏土（Q_3^1～N_2）	灰黄、棕黄色，稍湿、硬塑，近岸地段变为含砾石、碎石砂土	海峡西厚度小，中部及东部达 10 m 以上。底板标高一般-40～-26 m。马腰港区及磨刀塘、高公岛海域分布有淤泥质黏土、淤泥质粉质黏土，灰色、深灰色，可塑—软塑，呈条带状分布，厚度一般大于 8m，底板标高一般在 30m 以下
黏土	棕黄色，少量为灰绿色，稍湿、硬塑，近岸地段为含砾石黏土、碎石土等	厚度一般 8 m 以上

　　连云港海域的主要工程地质劣层为全新统淤泥质土层，其物理力学性能极差，地基需专门处理；海峡区有上更新统软塑状黏性土，其含水量高，为不良下卧软层，不宜作为工程基础的持力层，其他各层一般情况下可作为建筑物持力层。

1.2　航道疏浚工程安全

　　航道为船舶进出港口提供特定的安全航行路线。多数情况下，近海天然水深不能满足船舶吃水要求，航道一般是通过开挖而成。因此，航道是一个具有容量限制的资源。疏浚工程对工程区域的水力、水质等条件的改变会影响自然环境，疏浚工程设备的油品泄漏会影响水环境，疏浚工程设备产生的废气排放、噪声会影响社会环境，疏浚工程挖取的底泥砂的处理方式不当也会带来二次污染等。为了避免疏浚工程对环境产生负面影响，在开展必要的疏浚工程前，制定合理的疏浚施工方案与安全措施非常重要和必要。

1.2.1　港口航道工程特点

为改善天然航道通航条件或为提高其通航标准而采取的工程措施统称为航道工程。航道工程可细分为五类，即航道整治工程、航道疏浚工程、航道渠化工程、径流调节工程及绞滩工程。

航道整治工程是指修建某类整治建筑物，改变或调整水流结构，利用水流自身的能量冲深海床，增加航深，或改善滩险河段的水流流态，保证航行安全的航道工程。航道护岸工程是航道整治工程的一种形式，在航道演变急剧的航段实施护岸工程可以有效地控制航道边坡垮塌，使航道长期维持稳定通航状态。

航道疏浚工程是指在原航道及其港口地区的泥质、沙质或砂卵石底床，利用挖泥船或其他疏浚机具挖除碍航浅滩、增加航道尺度的工程措施。这些局部碍航物有的造成航道水深不足，有的形成天然卡口使航宽受限或流速过大，形成险滩。概括地说，航道疏浚工程是采用"挖"的办法来增加航道尺度或改善通航条件。疏浚工程的特点是工程量大、工期较短、排它影响大、工程及环境信息交互性差，而且会诱发环境与次生灾害等问题，技术难度很大。

航道渠化工程是指在通航河流上修建一系列闸坝，抬高上游水位，减小流速，使闸坝间形成互相衔接的深水缓流航道，从根本上消除自然情况下的碍航滩险，增加航道尺度的工程措施。

径流调节工程是指根据水流流量大、水深自然也大的道理，通过"调"的办法来增加航道尺度的工程措施。例如，在浅滩河段上游修水库，调节天然河道的流量过程，削减洪峰流量，加大枯水期下泄流量，以增大水库下游浅滩河段枯水航深。

绞滩工程是指在流速很大的急流险滩上，直接利用机械力拖引船舶上滩的工程措施。

通航水位、航道尺寸和航道泥沙淤积都是港口航道工程运行维护需要解决的重点问题。

通航水位是指在各级航道中，能保持船舶正常航行时的最高和最低水位。它是通航江、河、海中某一地点及某一时刻的自由水面高度，以相对于特定基准面的高程表示。特定基准面需要经过长期观测水位后，得出水位过程线和历时线，由此求得按月、按年或多年的最高水位、最低水位、平均水位和不同历时的水位特征值确定的起算水面高度平面，深度基准面通常取在当地平均海面以下深度为 L 的位置。通常，我国的深度基准面采用平均大潮低潮面。

海港进港航道通航水位是保证船舶在航道中安全航行的最低水位，是港口规划设计时需考虑的重要问题之一。如果通航水位过高，会增加船舶等待时间，影响港口通过能力的发挥；而通航水位过低，势必增加航道疏浚量，又会造成不必要的浪费。因此，进港航道通航水位选择直接影响港口通过能力和航道疏浚建设费，具有重要的经济价值。

通航水位可设计低水位，保证船舶全天候进出港；为节省基建投资，也可取乘潮累积频率90%~95%的乘潮水位，船舶利用潮差乘潮进出港。现有海港航道通航水位设计应结合所在地区的潮汐特征及其变化规律来动态确定。例如，利用适宜船舶靠离的潮流条件确定船舶靠离泊时机来确定开敞式码头人工航道的设计乘潮水位。然而，在航道运行管理阶段，从系统论角度来看，航道作为港口系统的重要组成部分，还受到船舶随机到离港分布等因素影响。随着进出港船舶数量增多，航道逐渐成为港口发展的制约因素，船舶等待时间增加和泊位利用率降低。这就要求在运行管理中，除了要分析潮汐自身特性外，还应全流程动态监测预报航道通航水位，分析航道尺度与港、船双方运营效益，如船舶待泊、泊位闲置造成的经济损失等的定量关系。构建港口航道三维时空虚拟仿真平台，分析通航水位实时的影响因素及其随机性的变化，以船舶待泊及泊位闲置损失费、航道疏浚成本以及安全风险之和最小为目标，构建航道通航水位仿真动态模型，以期为航道运行优化生产管理提供决策依据。

航道尺寸是航道的设计属性，主要包括航道宽度、边坡比、航道设计水深、航道转弯半径及航道净空高度（对于有跨越类建筑物的航道）等。

航道的有效宽度由航迹带宽度、船舶间富余宽度和船舶与航道底边间的富余宽度组成。单、双向航道的宽度分别按以下公式计算。

单向航道：

$$W = A + 2C \tag{1-6}$$

双向航道：

$$W = 2A + b + 2C \tag{1-7}$$

式中，W 为航道有效宽度；A 为航迹带宽度，$A = n(L\sin\gamma + B)$，n 为船舶漂移倍数，γ 为风、流压偏角，L 为设计船长；b 为船舶间富余宽度，取设计船宽 B；C 为船舶与航道底边间的富裕宽度。

上述公式中关键是要确定船舶漂移倍数 n 和风、流压偏角 γ 两个参数，这两个参数的取值可依据横流流速确定。

海上航道尺度不仅是设计的主要指标，也是港口航道运行管理服务水平的主要指标，将直接关系到海运成本及航道工程的经济效益。图1-5为航道尺度与海运成本、工程成本的关系图。显然，与总成本最低相对应的尺度为最佳航道尺度。

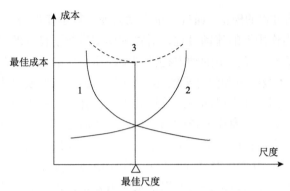

图 1-5 航道尺度与海运成本、工程成本关系图

1. 运输成本；2. 工作成本；3. 总成本

例如，在连云港主航道尺寸有限的口门大横流情况下，按此海域大流速计算，若仅按照规范规定的 14°风、流压偏角，横流按 1.0 m/s 进行控制，则每天能满足船舶进出港的时间非常有限；如果放宽进出港标准，按照规范计算得到的航迹带宽度又明显偏小，存在船舶偏离出航道的危险。为解决上述问题，开展港口航道全流程的精细动态海气界面和横流实时监测预报，是保障航道设计尺寸的时空有效性和通航能力的迫切需求。

航道泥沙淤积是港口航道工程另一个特点。我国较多港口和航道建设在淤泥质海岸上，如连云港和广州港。淤泥质海岸的泥沙颗粒较细，泥沙运动活跃，在潮流和波浪的作用下，尤其是大风浪时容易起悬和运移，流速减小后又容易落淤，这就使得开辟在淤泥质海岸上的航道不得不面对较为严重的泥沙淤积问题，在淤泥质海岸建造港口存在两个问题：一是开挖的进港航道很长；二是航道、港池淤积现象严重。淤泥质海岸港池和航道的泥沙淤积：波浪主要起掀沙作用，潮流主要起输沙作用。涨潮流将泥沙带入港池和航道，部分沉积下来，可造成港口严重淤积。

事实上，世界上许多大大小小的港口和航道都遭受着泥沙淤积问题，港口航道的泥沙淤积问题一直是影响许多港口发展的制约因素之一。不得不通过海岸工程整治解决泥沙问题和维护疏浚来保持需要的水深。港口清淤工程，是指当泊位发生淤积现象时，由施工单位负责制定有效的工程计划并加以施行，以保证泊位的维护水深的过程。维护工程的目的是保证港池、泊位的适航水深。在对整治维护工程建设进行论证时，需要了解淤积量和淤积的分布，以便确定工程的平面布置。同时还要研究泥沙的运移规律以确定工程的顶部高程。因此，全流程航道的泥沙淤积监测预报，对拟建航道的选线和规划、已建航道的疏浚和整治都有着很强的指导意义，不仅能够推动港口的开发与建设，还能够跟踪航道的泥沙淤积状态和优化航道疏浚工程进程，保障航道安全生产。

国家 863 计划课题"开敞海域淤泥质浅滩深水航道建设关键技术研究"依托连云港港 30 万 t 大型深水航道工程：①建立了波流作用下浮泥运动的理论模型，系统地研究了波浪及浮泥参数对浮泥运动速度的影响规律；研究了温度和淤泥沉积时间对流变参数的影响，淤泥容重在 1.2～1.25g/cm³ 时，屈服应力随含沙量变化发生转折现象，为适航深度的选择提供了客观的科学依据。②改进了波浪潮流联合作用下三维泥沙数学模型（FVCOM 模型），在模型中实现了黏性泥沙的制约沉降、高含沙造成的垂向紊动抑制过程、泥沙沉积和固结过程的模拟。通过三维水动力泥沙数学模型与一维浮泥模块的结合，可以模拟浮泥在重力作用下的流动过程，对物理模型进行了良好的复演。③应用波浪水槽试验，进行了波浪破碎条件下的动力特性和淤泥质底床的含沙量分布特征试验研究。通过连云港区 25 万 t 级航道和徐圩港区 10 万 t 级航道实测回淤分析，研究了淤泥质海岸浅水深挖槽的常年回淤和大风回淤的特征和规律，并结合室内泥沙和浮泥特性试验结果分析，初步揭示了淤泥质海岸航道的回淤机理。④研究了淤泥质和粉沙质海岸在底质的粒径特征和泥沙水力特性的差异，全面系统分析决定海岸性质的主要影响因素和根本因素，并开展连云港港 10 万~25 万 t 级航道疏浚边坡观测研究，从岩土整体稳定角度和水动力学角度，研究开敞海域淤泥质海岸深水航道稳定边坡计算公式及参数取值。⑤完成了旗台试验段压坡工程和徐圩试验段筑堤工程，开展了旗台试验段工程中以吹填残积土及残积土混泥作为充填材料的筑堤技术以及徐圩试验段工程中以区域海底含泥吹填砂作为充填材料的筑堤技术的室内试验和现场试验研究。研究表明，淤泥质海岸利用疏浚土筑堤技术方案是合理可行的，具有良好的经济和社会效益。取得的一系列重要成果在我国淤泥质浅滩深挖槽航道疏浚、港池疏浚、吹填等工程实践中具有广阔的应用前景。

综上所述，通航水位、航道尺寸和航道泥沙淤积直接影响通航能力、船舶运量等港口经济指标。开展全流程航道安全监测，掌握其动态变化规律和特征。例如，对连云港港开展了 30 万 t 航道全流程安全监测，发现灌河口年平均含沙量相对较高，且灌河口含沙量相对较高的水体有沿岸向海州湾南部湾顶输移的趋势；航道淤积相对严重段位于滩面水深−6~−5m 处；连云港港 30 万 t 航道施工中港外航道两侧南北抛泥区疏浚弃土流失对航道回淤产生影响，南北抛泥区 6.0%左右的泥沙会再次回到航槽中，并且主要影响边滩水深−7~−6m 处的航道段；由航道施工回淤监测预报得知，对于某确定位置的航道，一方面航道淤积强度随航道的浚深而增大，增大的幅度逐渐降低；另一方面，航道淤积强度随航道底宽的增加而减小，减小的幅度逐渐降低，但淤积总量还是逐渐增加的。因此，航道全流程安全监测，可以优化航道设计建设方案，辅助港口生产管理决策，支撑港口航道可持续发展。

1.2.2 航道疏浚工程施工

为了安全航行，港口与航道的运行和维护非常重要，疏浚工程的作用和重要性也日渐凸显，而且，许多重要港口与航道淤积严重，需要经常维护性地疏浚。现代疏浚工程的主要设备是挖泥船，目前世界上的挖泥船从工作原理来说主要有机械式挖泥船和水力式挖泥船。机械式挖泥船按照作业方式可以分为抓斗式、链斗式和铲斗式；水力式挖泥船按照作业方式可以分为绞吸式、耙吸式、斗轮式和吸扬式。此外，还有专门针对特定岩土特性或特定水域条件的挖泥船，但从工作原理上说，仍然属于前述两大类挖泥船，诸如气动挖泥船、喷水挖泥船、环保挖泥船等。挖泥船的发展向大型化、多功能化、高度智能化和新技术应用方向发展。施工企业为追求生产效率而促使挖泥船向大型化方向发展。挖泥船的舱容不断被刷新，是其大型化的典型例证。中国自主设计制造的自航耙吸式挖泥船"通程"号舱容达到了 18000m³，成为亚洲之最。多功能化是为了提高挖泥船的利用率、避免不适应工作需求而闲置催生的挖泥船另外一个发展特征。高度智能化是将挖泥船水下作业的不可见性操作变为可见性的仪表化和自动化，从而提高操作性和施工效率。随着科学技术的不断发展，新材料、新技术、新工艺不断涌现，将其应用于挖泥船从而不断提高设备效率、寿命等。

疏浚工程的环节主要包括底泥沙疏挖、底泥沙提升、底泥沙水平输送、底泥沙处置。疏浚工程会产生大量的疏浚土，如何处理疏浚土是每项疏浚工程面临的现实问题。因此，疏浚土的处理是设计疏浚工程施工方案考虑的重要因素，也是疏浚技术重点研究内容和方向之一。从目前来看，疏浚土的处理方式主要有抛泥法和吹填综合利用法。抛泥法又有水下抛泥法和边抛法两种。抛泥法是将挖出的底泥沙向海洋外抛，让大自然自己净化吸收对环境的影响，这往往会给海洋生态环境带来负面影响。抛泥法是在挖泥工具和地形条件限制下不能综合利用疏浚泥土时采取的处理方式。水下抛泥法是将挖出的泥沙运送到合适的抛泥区进行抛置。适当选取抛泥区位置可以减少回淤，但是挖泥船的工作效率较低。也有采用边抛法将疏浚土弃于航道侧边的，这种方式虽工作效率高，但可能会带来较高的回淤率。吹填综合应用法是将疏浚土通过泥泵吹送到指定地点进行综合利用。这种方式不仅解决了弃土抛置问题，而且可以综合利用疏浚泥土，提高工程的经济效益。弃土可直接用来吹填造陆。

疏浚土处理不当将会对海洋环境和水域生态造成影响，适当处理可以变废为宝。疏浚土的综合利用技术研究是必然发展趋势，吹填造陆技术、固化处理技术、轻量化处理技术都可将疏浚土资源化利用，变废为宝为填方材料或建筑材料，同时解决外抛海洋的环境污染问题。综合利用处理技术在我国尚处于起步阶段，有广阔的技术创新和应用前景，政策等非技术问题也有待研究。

1.2.3　航道疏浚工程安全

港口疏浚工程是沿海港口、码头、航道等基础建设和日常维护的主要手段，施工效果直接关系疏浚质量和浚后水深的保持。在港口、码头、护岸等建筑物附近疏挖，稍有不慎就会对建筑物的安全产生威胁，如果疏挖泥土处理不当，还会产生环境污染。底泥沙疏挖和提升主要在水下进行，对海洋环境污染较大。底泥沙处置环节对环境的污染主要取决于处理方式。海洋倾倒法对海洋环境直接产生污染。吹填上陆可能会污染吹填区周边环境，主要表现为如下两方面：一是底泥沙吹填到陆上吹填区后，泥水分离过程中的余水排放和溢流会对周边的陆地和空气产生污染；二是吹填区存储的底泥沙可能对吹填区附近地下水水质带来负面影响。

具体疏浚工程中可能出现的环境污染问题：

（1）疏浚土挖掘过程。对于受过污染的底泥，疏浚时，挖泥器具对底泥扰动强烈，易引起底泥悬浮，在水体中释放大量污染物。挖泥器具的位置控制精度有限，超挖可能会破坏原土结构，漏挖和水下地形复杂会导致疏松的底泥沙未被移除，形成残留污染物。

此外，疏浚设备疏挖时可能同时会对水底栖生物和功能微生物造成破坏。链斗式挖泥设备由于密封不好，提升过程中会发生污染物泄漏，污染水体。

（2）疏浚土的输送。疏浚土的输送设备自身或者设备之间衔接密闭性不严，会发生"跑、冒、滴、漏"，排泥管堵塞、爆管、接头松动、泥驳或卡车运输装卸会发生大量泄漏。

（3）抛泥区疏浚土的运动。疏浚土抛置于水中时，可能在当地波浪和水流作用下，向周围迁移扩散。抛在陆地的弃土，若弃土中含有溶解性污染物，则可能会随水体向地下渗漏，引起地下水污染。

疏浚工程对生态环境的影响更多源自施工过程的管理疏漏和施工方案的不完善。因此，研究既能高效施工，又能减少环境污染的疏浚工程施工与监测技术具有重要意义。

港口疏浚施工监测预警方案是港口疏浚工程施工的重要技术指导文件，对日后的具体施工质量控制非常重要，因此，施工前必须做好施工监测预警方案设计。施工监测预警方案设计需要做好如下几方面工作：方案设计前期准备、疏浚工程监测区布置、疏浚环境保护监测方案设计等。在港口疏浚施工过程中需要全流程监测，掌握工程的质量状况和进度情况。如果在施工过程中发现问题，应及时分析产生问题的原因，对施工设计方案做出必要的优化调整，并对调整后的施工情况进行跟踪监测，持续提高港口疏浚工程的施工质量。

疏浚工程监测工作主要包括：

（1）水深、地形测量。水深测量决定了疏挖深度或厚度的设计。地形测量包括疏挖区水下地形的测量和泥土处理场地的地形测量。疏挖区水下地形的测量决定了疏挖工程量，泥土处理场地的地形测量决定了泥土处理场地的设计。因此，施工进程的水深、地形测量非常重要，必须现场实地测量。

（2）水文数据。水文数据决定了疏挖位置、抛泥位置的选择，其至还影响疏浚工程的施工时间，因此水文数据的收集和现场实时勘测非常重要。水文数据的收集和测量主要包括水位、潮位、波浪、流速、水温、含盐量、含沙量等。水位资料采集时需要了解水位站的位置及观测方法和精度等。潮位资料有时还需要收集一年或多年数据，分析高潮低潮累积频率线和潮位历时累积频率线等。必要时流速测量需要与风速、风向、水位、波浪、含沙量等同步观测。

（3）气象数据。气象数据同样可以影响疏浚工程施工时间以及疏浚设备方案的制定，因此疏浚施工期需要收集和调查气象数据。需要收集和调查风、雾、降水、气温、冰等气象数据。建立疏浚工程施工期气象资料实时监测系统进行实地观测。需要收集历年历月平均风速风向以及出现的频率、风玫瑰图、风频率图、历年 6 级以上大风出现的次数和时间等风资料。能见度小于 1 km 的雾日出现的天数和持续时间等雾资料也需要详细收集。平均、最大降水量出现月份、日数、强度等需要详细收集。平均、最高、最低气温出现的时间和持续时间也需要详细收集。在寒冷区还需要收集冰的封冻、解冻、流冰日期、持续时间、厚度、范围等详细资料，为预警决策提供依据。

（4）地质环境勘察监测及岩土试验。地质环境勘察监测及岩土试验是设计施工设备方案（选择挖泥船）、选择吹填区和保障疏浚工程施工航道稳定性的重要依据，是制定施工方法和工艺、安排工期和安全措施的重要依据,因此港口疏浚施工方案设计前,必须对施工区域的地质条件进行充分勘察。

（5）泥土处理区监测调查。在工程施工方案设计阶段需要对泥土处理区域进行调查。水上抛泥需要监测抛泥区位置、水深地形图、允许抛泥面积,抛泥区的流速、流向和防浪,疏浚区到抛泥区的距离,抛泥区的水质、水产回淤情况等。陆上处理时需要监测处理区位置、面积,允许吹填标高、吹填附近地形、吹填需要拆迁的建筑物。

（6）环境监测调查。方案设计前的环境调查非常重要,决定了方案设计中的环境保护方案设计。施工期间环境监测调查主要调查疏浚泥土的路线和泥土处理区及其周围的现有环境,监测疏浚区的海洋环境。监测数据主要包括水质、土质、空气质量、噪声,调查疏浚区悬浮泥砂对渔场、水产养殖、旅游环境的不利影响范围、程度和方式。

1.3 港口航道环境安全

1.3.1 港口航道环境特征

港口航道是船舶进出港口的重要通道,航道水域自然条件复杂,锚地众多,船舶通航密度大,航道交叉点多,船舶航行事故多发。改革开放以来,随着港口经济的快速发展,航道中航行的船舶数量日益增多,船舶类型朝着大型化、现代化、多样性的方向发展。航道中的船舶通航密度日益增大,船舶航行风险不断提高。多年来,全球许多港口航道虽然经过多次有计划的疏浚和拓宽,以满足船舶航行的需要,然而,航道中的船舶航行交叉态势密集,事故发生的风险较高,船舶碰撞事故时有发生。所以开展对港口航道安全的管理研究,科学、客观地找出目前航道管理方面存在的问题和不足,寻找和制定针对性的对策和措施,对于减少港口航道水域的船舶交通事故,提高航道的安全性和使用效率具有重要的现实意义。

船舶交通流特征主要包括交通流的位置和方向、船舶速度分布特性、交通流密度时空分布特性、船舶间距、船舶到达规律等。而交通流特征,从微观上讲,归根结底是船舶在港口航道及其附近水域航行及靠离泊作业时表现出来的复杂行为的一种综合的客观反映。船舶交通流对航道通过能力的影响,可以认为是各交通流中单个或者有限几个船舶的微观行为相互影响造成的,因此,船舶行为特征与港口航道通过能力有一定的相关关系。

港口公共航道的通过能力是决定港口吞吐能力的重要因素,也是港口规划和设计的重要参数,近年来受到了国内外相关工程人员、设计人员和研究人员的高度关注。大多数研究都是以非港口航道为研究对象,而且主要从航道的一般属性（即航道长度、航道宽度以及航道水深等）和通航船舶的一般属性（航速、船舶尺度及船舶等级等）来考察航道的通过能力。实际上,从港口公共航道的特征以及港口公共航道船舶交通流特征来看,影响港口公共航道通过能力的因素除了航道的一般属性和航道通航船舶的一般属性之外,还有很重要的一个因素,即港口航道交通流的组织模式。因此,在分析港口公共航道船舶交通流特征的基础上，以船舶领域理论为基础，引入船舶航行领域、船舶穿越领域、船舶汇入领域等概念，考虑多源汇入汇出条件下实时港口公共航道通过能力监测评估，也是解决航道安全通过能力的关键问题之一。

1.3.2 港口航道通航安全

全球贸易的发展使得经济繁荣和进步加快了。为了满足不断增长的全球贸易活动，船务公司继续建设大型船舶航运市场。因此，世界上的船只变得更快更大，数量也迅速增加。在同样的航线上，越来越多的船只将导致越来越多的海上意外事故，例如常见的意外碰撞、搁浅、触礁等事故。因此，船舶航行安全变得越来越重要。一般情况下，最常发生海难的地方集中于港口附近。因为伴随着港口吞吐量的增长，进出港船舶数量不断增加、船舶构成不断变化。由于港口吐纳货物类型的多样化，船舶种类也多样化发展。另外，随着国际、国内水路货物运输量的持续增长，港口之间运输网络越趋复杂。因此，进出港口各类船舶交通流行为特征也变得越来越复杂。此外，随着港口规模的不断扩大，一个港口往往发展有多个分散的港区，因此进出港船舶交通流变得越来越复杂，往往在一个港口存在多股宏观上交叉的交通流。并且，由于港口经营泊位数量增多、泊位装卸效率提高，船舶靠离泊作业变得越来越频繁。因此船舶从进港队列中横越出港交通流靠泊、离泊船舶横越进港交通流加入到出港队列等微观的行为在港口内经常发生并愈加频繁。当船舶航行进入这些领域时，更多的船舶交通和更小的空间导致更经常发生的海上事故。因此，在现代港口交通流这种新的发展和变化条件下，港口航道全流程安全监测尤为重要，动态挖掘船舶行为特征对港口航道利用率的影响，研究基于航道与船舶时空特征的港口航道通过能力，成了港口航道通航安全研究的一个重要方向。

对于港口航道来说，交通安全对策应包括以下几个方面：

（1）加强港口交通基础设施建设。一个水域的通航条件直接影响着这个水域的船舶交通安全。根据港口交通运输发展需要和交通安全的要求，有计划、高质量地进行港口、航道、锚地、交通管理系统、水上安全信息系统等交通基础设施建设，为船舶提供良好的航行和停泊条件，是增进水上交通安全和效率的有效方式。

（2）构建港口航道全流程安全监测预警体系。通过多传感器实时监测航道参数时空变化、船舶自动识别系统（AIS）船舶报告，海事船舶交通管理系统（VTS）中心及时了解和掌握各船舶的航行动态，以便对船舶航行实现有效管控和服务。利用航标布设监测站位，根据港口航道和水域的实际情况和需要确定航标监测站的种类、作用、投放位置、尺寸大小以及如何布置并定期维护和管理。港口航道水域的监测航标设置需要不断提高科学性和实用性，除大部分航段成对设置的浮式监测航标外，在岛礁区、碍航物附近、浅水区、重要转向点等区域亦需设置不同类型和性质的航标，构建全航道、高时-空分辨率的全流程安全监测预警体系。

（3）提高船舶安全技术。在船舶安全技术研究和安全设备开发上加大投入，提高船舶和岸基设备的精度和可靠性，简化设备操作程序，降低驾引人员的工作负荷，不断研发性能稳定、操纵性能优良、安全水平高的船舶。

船载助航设备及助航系统包括：导航设备、AIS、内陆电子海图显示和信息系统（ECDIS）、通信设备等；目前，船用导航设备如 ECDIS、雷达、全球定位系统（GPS）、AIS 等设备正朝着更加可靠、稳定、先进、方便的方向发展。交通规则：船舶避碰规则、通航限制、限速规定等。

（4）构建船舶交通安全管理技术体系。从交通管理与服务的角度讲，常见的水上交通安全措施主要包括船舶定线制、分道通航制、沿岸通航带、环形道、推荐航路、双向航路、推荐航线、警戒区、避航区、深水航路、禁锚区等。目前，VTS 是船舶交通安全管理的主要支撑技术，VTS 的设立主要是为了对港口及沿岸地区的航行船舶进行有效的监管和服务，增进船舶交通安全和效率以及保护海洋环境。港口航道 VTS 成立以来，监管和执法队伍不断壮大，为进出港口航道的各船舶提供信息和助航服务，并对港内船舶实现监管，有效保障了船舶航行安全。随着船舶数量的不断增多，VTS 部门应进一步加大执法力度，完善助航服务机制，规范各船舶的航行行为，提升港口生产安全和效率。安全信息系统的主要功能：航行警告和通告的发布、全球海上遇险和安全系统的建立与改进等。

目前中国已正式对外运行的 VTS 中心共有 26 个、雷达站 92 个、AIS 基站 51 个。另外还有十余个 VTS 中心正在规划和建设。VTS 雷达信号已基本覆盖沿海所有的重要港口和交通繁忙水域。随着海洋事业的不断发展，VTS 已成为中国实施船舶交通服务和管理最重要的手段之一，其在海事管理中的地位和作用日益突出。VTS 维护了水上交通秩序，改善了通航环境，并且保障了船舶航行安全，降低了水上交通事故率，有效地支持了定制线的实施，打击了水上交通肇事逃逸，在防台风和雾航管理中发挥了重大的作用，为事故调查提供了现场证据。VTS 已经成为航运管理的一个重要组成部分。未来 VTS 的发展重点应该转向建立标准化的 VTS 中心，协调船舶和岸上海事信息的采集、集成、交换、显示和分析，增强船舶航行的相关服务，实现海上安全。促进船与船、船岸、岸船、岸与岸以及其他用户之间的数据转换等通信。建立有效的应急反应和搜救业务，建立高精度、集成和连续性的安全评价体系。促进 VTS 之间的数据交换，加强内部管理。

从各个国家的 VTS 技术体系可知，VTS 数据采集技术基本上是相同的，基于水面或水上监测技术，缺少水下监测技术支撑的全流程航道监测。针对航道泥沙沉积回淤、海气水文条件变化，还不能满足航道环境安全、通过能力等基本安全监控、预报预警需求。

1.3.3　港口航道灾变安全

随着全球气候变暖、海平面上升等因素的加剧，台风、巨浪、暴潮、暴雨、洪水等巨灾已成为影响海洋、海岸以及港口航道工程安全的重大问题。

淤泥质海岸的进港航道及港池水域骤淤性强、骤淤量大。港口航道及港池受风暴潮影响回淤严重。根据相关资料统计，风暴潮带来的航槽骤淤是正常天气条件下回淤量的数倍甚至是几十倍，严重改变航道空间结构，甚至带来航道边坡不稳定性因素。风暴潮骤淤成为影响港口正常营运的主要因素。

随着世界大陆板块运动越来越活跃，地震灾害越来越频繁。地震作为自然界中对人类生存威胁最大的灾害之一，因为其直接破坏能力大，地震通过地壳迅速释放能量引起振动产生次生灾害，沿海地区更加关注滑坡、崩塌、海啸及土体液化等对港口码头、航道等构筑物安全的影响和灾变引起的港口营运安全影响。

例如，沙质海岸港口的航道及港池虽然受风暴潮影响回淤较小。但在位于地震多发地区的新建港口航道，人们更清晰地认识到沙质海上航道砂土的液化机理及液化后产生的影响，饱和砂土的液化机理大致可归为砂沸、流滑和循环活动性三类。

（1）砂沸。宏观表现为地面出现喷水冒砂现象，造成场地破坏和建筑物的不均匀沉降。内部原因是在剧烈的振动作用下，饱和砂土中孔隙水压力由于地下水位变化而升高与土体所受总应力相等时，土颗粒就会悬浮在水中或在地表形成类似"沸腾"的现象，此时土体完全失去抗剪强度。这个过程发生的变化与砂的相对密实度以及体积应变没有关系，主要取决于地下水头场的分布。

（2）流滑。饱和松散的砂土颗粒在排水不畅的情况下受到单向或循环剪切作用时，会出现不可逆的体积压缩变形，同时孔隙水压力逐渐增大，导致土体抗剪能力渐渐丧失，最后形成无限制的流动大变形。砂土流滑的宏观表现会引起地面建筑结构和地下管廊等设施的大面积破坏。

（3）循环活动性。主要发生在中密以上的饱和无黏性土的固结不排水循环三轴、循环单剪切和循环扭剪试验中，砂土剪缩和剪胀重复交替出现，在剪应变较小的时间区段可能出现液化情况，剪应变较大时间区段其抗剪强度又有可能恢复。从而产生间隔性瞬时液化和有限度断续变形的状态。

航道土体的地震液化破坏通常是逐渐发展扩大的，即当土体局部位置出现液化时，该区域内土颗粒的抗剪强度会迅速下降，而邻近区域内土体的应力状态受到影响会重新分布，使得原本未液化部位孔隙水压力继续增大，也发生液化，最终液化区域扩大导致建筑物发生破坏。上述三种类型液化机理虽有不同，但又相互联系，因此现实应对措施需要全面考虑航道土体液化过程监测预报。应当指出，并不是发生地震就会出现砂土液化，地震只是可能导致航道液化灾变的原因之一。

构筑物安全重点通过重要海工构筑物抗震性能的设计与施工设防。在工程设计时，可以对航道地基地震液化进行数值分析，优化抗震设计。港口营运安全重点要通过港口航道全流程安全监测预警保驾护航。因此，对港口航道灾变全流程安全监测预警十分必要。

参 考 文 献

白云权. 2014. 基于网络服务的深圳港海洋水文系统构建. 大连: 大连理工大学.

包法伟. 2014. 小清河河口段航道维护疏浚工程通航安全研究. 大连: 大连理工大学.

陈贵学. 2012. 青岛港通航综合安全评估研究. 大连: 大连理工大学.

陈晓云. 2013. 长江南京以下深水航道设计最低通航水位初析. 水运工程, (3): 140-143, 157.

董伟. 2015. 港口疏浚施工方案优化设计研究. 天津: 天津大学.

渡边修三. 1983. 交通工程. 北京: 人民交通出版社.

冯庆蔚. 2019. 港口与航道工程的发展趋势. 工程建设与设计, (14): 81-82.

付超. 2010. 沿海港口集装箱港区航道服务水平研究. 大连: 大连理工大学.

高偶鹏. 2020. "一带一路"中国主要沿海港口效率研究. 大连: 大连海事大学.

顾小芸. 1989. 海底边坡稳定分析方法综述. 力学进展, 19(1): 50-54.

顾晓丽. 2007. 江苏沿江沿海港口网络规划研究. 南京: 河海大学.

顾勇, 马兴华, 金雪英, 等. 2012. 连云港港 30 万吨级航道建设主要技术问题. 水运工程, (4): 122-128.

郝海亮. 2014. 港口航道泥沙淤积的疏浚管理探讨. 科技传播, 6(1): 85-86.

何阳, 杨长义, 陈玺文. 2013. 关于大横流情况海港航道宽度计算方法的探讨. 港工技术, 50(5): 13-14.

胡世武. 2016. 港口环境污染治理法治化研究. 合肥: 安徽工业大学.

胡焱. 2008. 港口外航道整治工程项目决策中淤积预测分析. 天津: 天津大学.

黄志扬. 2007. 连云港淤泥质海岸深水航道泥沙淤积数值研究. 南京: 河海大学.

交通部. 1999. 海港总平面设计规范. 北京: 人民交通出版社.

李晓峰, 张彪, 杨晓峰. 2020. 星载合成孔径雷达遥感海洋风场波浪场. 雷达学报, 9(3): 425-443.

刘敬贤. 2009. 大型海港进港主航道通过能力及交通组织模式研究. 武汉: 武汉理工大学.

刘威. 2019. 基于综合发展潜力特征的沿海港口分类方法研究. 大连: 大连理工大学.

刘晓辉. 2015. 珠三角沿海港口现状分析及发展趋势预测. 长沙: 长沙理工大学.

罗松森. 2004. 宁波港船舶进出航道综合规划研究. 上海: 上海海事大学.

吕海滨, 田慧娟, 周立. 2015. 连云港海域水环境调查与数值模拟研究. 南京: 河海大学出版社.

乔红. 2012. 生态型港口评价体系研究. 大连: 大连海事大学.

任婷. 2020. 我国国际航运经济政策优化探析. 船舶物资与市场, (12): 71-72.

宋宏伟. 2016. 港口可持续发展水平评价研究. 秦皇岛: 燕山大学.

孙宏伟. 2016. 航道疏浚工程质量控制及影响因素分析. 哈尔滨: 黑龙江大学.

唐国磊, 王文渊, 郭子坚, 等. 2014. 沿海进港航道通航水位仿真优化. 哈尔滨工程大学学报, 35(2): 166-170.

王昌保, 王仙美, 翟剑峰, 等. 2015. 江苏沿海建港自然条件集成及数值模拟技术应用. 南京: 河海大学出版社.

王海, 周学全, 于佳. 2018. 港口航道泥沙淤积的疏浚治理. 山东工业技术, (15): 236.

王茂清. 2012. 基于船舶行为特征的港口航道通过能力研究. 武汉: 武汉理工大学.

王瑞. 2014. 天津港港口环境承载力评价研究. 青岛: 中国海洋大学.

王文渊. 2011. 沿海港口航道通过能力研究. 大连: 大连理工大学.

吴兆麟. 2001. 海上交通与交通安全研究. 大连: 大连海事大学出版社.

吴兆麟, 朱军. 2004. 海上交通工程. 大连: 大连海事大学出版社.

徐婷婷. 2007. 不同安全条件下的航道通过能力研究. 南京: 河海大学.

徐新. 2017. 港口航道安全管理研究. 厦门: 集美大学.

许婷, 孙连成. 2008. 天津港外航道水动力条件及工程泥沙淤积研究. 中国港湾建设, (1): 26-30.

阎睿. 2017. 天津港大港港区 10 万吨级航道工程泥沙回淤研究. 天津: 天津大学.

杨世伦. 1990. 中国淤泥质海岸的发育特点. 华东师范大学学报(自然科学版), (4): 85-91.

杨旭亮. 2006. 江苏沿海港口发展研究. 上海: 上海海事大学.

张存勇. 2019. 连云港海底航道安全海洋环境综合评价. 海洋开发与管理, 36(9): 60-63.

张林, 陈沈良, 谷国传. 2013. 连云港外航道海域环境演变与冲淤特征. 海洋地质与第四纪地质, 33(3): 29-36.

张志锋. 2016. 厦门港主航道扩建四期工程港口航道设计宽度问题的探讨. 中国水运(下半月), 16(2): 276-277.

赵巍. 2021. 水文与气象条件下的船舶多目标航路规划研究. 长春: 吉林大学.

钟铮闻. 2020. 乐清湾进港航道北延工程通航安全评估. 杭州: 浙江工业大学.

朱孔文. 2006. 修复海洋生态, 促进连云港市海洋渔业经济发展. 海洋开发与管理, 9(15): 172-175.

朱磊. 2015. 珠海电厂航道及附近水域冲淤研究. 广州: 华南理工大学.

第 2 章　港口航道安全监测预警技术体系

2.1　港口航道安全监测预警

随着海洋航运业的发展，船舶通航安全显得越来越重要。船舶航行最危险的条件通常发生在航道内。航道的危害不仅来自地震及其风暴潮等自然灾害，而且与有限的航道内宽度、深度也密切相关。此外，动态航道泥沙运动可能会迅速改变航道几何形状，甚至是航道的走线。由于还没有从根本上掌握泥沙流和水深变化的动态规律，发生过很多起因装载量过多而出现船舶搁浅、港口全面堵塞的事件，造成重大的经济和社会损失。例如，2003年7月27日，希腊油轮 Tasman Spirit 装载着 67535 t 轻质原油从伊朗驶往巴基斯坦，受潮汐作用而偏离原定航线，在巴基斯坦卡拉奇港入口处搁浅。过时的海底地形图没能标识出其所在航道浅滩的位置。结果是碰撞后立即导致 11000 t 石油泄漏，随后另外有 21000 t 石油漏出。漏油事件影响 40 km^2 范围，对丰富多样的热带生态系统、地方的城市海滩及经济的影响也是非常严重的，当地渔业的虾和贝类均被破坏，并需支付数十亿美元的清理费用。这样的例子在世界各地的港口都有发生。除此之外，由于担心搁浅，一些船舶不得不保有较大的吃水量，从而制约了船舶的实载能力，严重降低了船舶的经济运营效益。

2.1.1　港口航道安全监测预警技术

航道水深安全是决定航道通航能力的关键因素，准确、及时地发布航道深度信息可以使船舶合理配载货物，提高船舶航行的安全性和经济效益。欧盟发起了关于发展内河航行的河流信息服务（RIS）项目。RIS 构成一个统一的信息服务，以支持在内河航行的交通及运输管理。项目成果包括 RIS 的技术标准，如船长提醒系统（NTS）、AIS、ECDIS、船舶电子报告等。以上系统可提供克罗地亚的多瑙河各种数据，包括周边物体的数据、各个测量站测得的数据、有关河流概况的动态数据以及内河航运的监视数据。通过对复杂的时间和空间数据管理，同时开发新的信息系统，例如建模、决策理论方法、人工智能、地学分析、统计等，为不同的环境信息系统和环境决策支持系统做出了一个集成。在与环境相关的社会及政府机构之间建立有效的沟通和信息管理。

我国港口航道管理开始向数字化、自动化和网络化方向发展，使港航信息化从企业内部向整个与港航相关的单位协调发展。天津水运工程勘察设计院研究开发了三维航道水深信息管理系统，功能包括水深测量数据库管理、港口三维地形模型的构建、水深数据应用分析和基于 GIS 的三维航道分析等。通过港口规划建设和航道管理部门的推广应用，证明系统确实能够协助港航管理部门做到从水深数据获取后的组织管理到水下地形直观三维表达的全程服务，不仅更好更安全地保证了水深测量数据的存储管理和基本应用，而且为成果的深度开发提供了良好的平台，极大地提高了水深测量成果的实用价值，使水深测量成果更好地为港口研究和航道建设提供业务功能服务和辅助决策支持。

在航道监视监测系统方面，2009 年大连海事大学侯朋等利用双基地声呐设计出了一套港口航道水深实时监测系统，该系统采用 1 对收发分置的小波束开角和高频换能器来实现声信号的发射与接收，利用 GPS 同步技术实现声呐发射单元和接收单元的工作同步，采用现场可编程逻辑门阵列（FPGA）与单片机相结合的电路设计方案来实现对水声信号的延时采集与处理。由于声呐发射单元和接收单元分别安装在航道的两侧，从而不影响航道船舶的正常航行。

通过对上述系统的研究，发现虽然各个系统都取得了一定的效果，满足了航运部门的部分需要，但是仍存在一些问题，如数据模型不能很好地描述水文数据、航运方向的功能不完善、不能在网上实时发布航道信息、不同格式的数据不能统一储存管理和数据更新滞后等。而且港口的信息收集与传递方式还不能满足现实要求。由于决策人员不能及时了解现场作业情况，很容易造成压船、压港现象。各级部门要及时了解生产中的情况很困难，生产现场的信息一般都要隔一段时间才能上报一次，所以传统的方式需要改变。

水下变形监测是一项新兴的研究领域，目前国外尚未有理论研究报道。可借鉴水下测量技术开展相关研究，主要有测深技术、水下遥测技术等。多波束测深技术代表现代测深技术的发展，其在与航迹垂直的平面内一次能够给出几十个甚至上百个深度，获得一条一定宽度的全覆盖水深条带，所以它能够精确、快速地测出沿航线一定宽度范围内水下航道的大小、形状和高低变化，从而比较可靠地描绘出航道精细特征。与单波束回声测深仪相比，多波束测深系统具有测量范围大、速度快、精度和效率高、记录数字化和实时自动绘图等优点，将传统的测深技术从原来的点、线扩展到面，并进一步发展到三维测深和自动成图。多波束测深技术是水深测量的一场革命性变革，深刻地改变了海洋学科领域的调查研究方式及最终的成果质量。

从测深技术的发展来看，多波束测深技术虽然只经历了短短 30 年的发展，但其研究和应用已达到了较高的水平，特别是近 10 年，随着电子、计算机、新材料和新工艺的广泛使用，多波束测深技术已经取得了突破性的进展（李家彪等，1999），主要表现如下。

（1）全海深测量技术的发展。多波束是一种窄波束测深系统，受换能器结构设计、声脉冲信号处理的限制，波束角的大小与换能器的大小成反比，早期的多波束系统一般比较大，且测量扇面开角和扫海幅度均比较小，严重影响了多波束的测量效率。随着换能器设计结构的不断改进和信号处理技术的进一步完善，现有系统的扇面开角扩大到150°，波束增至 120 个，实现了真正意义上的全覆盖式测量。除此之外，系统可在深水（采用频率 f 为 12~13kHz）、中深度（采用频率 f 为 30~60kHz）和浅水（采用频率 f>95kHz）中应用，实现了全海深测量。许多新型系统还采用了双频、变脉冲发射技术，达到了一机多用的效果。

（2）高精度测量技术的发展。根据测量扇面内波束传播距离的特点和单一底部检测的缺陷，许多厂家采用了振幅和相位联合检测技术，保证了测量扇面内波束测量精度的大体一致。为了保证中央波束和边缘波束分辨率的一致，一些厂家将等角和等面积发射模式应用于新型的多波束系统，使得中央波束脚印面积同边缘波束相近，测点间距基本一致，保证了成图质量。新型多波束系统使用声速探测器来自动采集海水声速资料，并进行声速及声线改正。测量精度的提高还表现在新型材料的应用和抗噪声水平的提高方面。

（3）集成化与模块化技术的发展。多波束系统是计算机技术、导航定位技术以及数字化传感器技术等多种技术的高度组合。一个完整的多波束系统除了拥有结构复杂的多阵列发射接收传感器和用于信号控制与处理的电子单元外，还应该配备高精度的运动传感器、定位系统、声速断面以及计算机软、硬件和相应的显示设备。因此，现代多波束测深系统实际上已经发展成为由声学系统、波束空间位置传感器子系统以及数据采集与处理系统组成的综合系统。

（4）高分辨率测量技术的发展。发射接收传感器由许多声学单元组成，返回信号的振幅、传播时间和入射角都是该系统的观测参量，其中，回波信号的入射角是由位于传感器内部独立工作的相位测量单元通过相位漂移测量获得的。这种系统能够识别从不同方向返回的回波信号，并将它们区分出来，因此，特别适合具有复杂地形特征的海底测量。

当前急需围绕技术集成创新和新兴产业培育，以突破核心关键技术、取得自主知识产权为目标，加快推进多波束测深技术创新的重大突破，形成具有自主知识产权的核心技术，为海洋产业发展提供技术支撑。

多波束数据处理技术对于提高多波束系统的测量精度和效率起到了关键性作用（黄谟涛等，2000）。其现状和发展趋势如下：

（1）声速及其声线跟踪。声速的确定及其对声线的影响是多波束测深系统中研究和关注的重点。目前，寻求一种适合多波束的最优声速经验模型已成为多波束研究的首要课题。

国内外一些学者正致力于建立海洋声速时空场的研究。为了有效地消除声速剖面站以点代面反映局域海洋声速空间变化对多波束声线改正的影响，许多学者希望基于已有的、实测的离散声速剖面资料，在特定水域建立一个与时间和空间相关的函数模型，即时空声速场，来较真实地反映该水域的声速变化，从而提高多波束的最终成果精度。因而，局域精密时空声速场的建立是目前和未来多波束数据处理研究的又一个热点问题。

海水的介质特性决定了声波在海水中的传播为折线而非直线，为了得到波束脚印的准确位置，就需沿着波束的传播路径追踪声线，计算波束脚印相对船体的水平位移和深度，即声线跟踪。声线跟踪法严格依赖声速剖面，无论采用何种方法获得声速断面，最终目的是将其用于波束脚印位置的计算。海流、水文因素的复杂变化以及声速断面采样站分布的不合理等均会带来较大的代表性误差，且分布式系统环境不便于集成自动化的声速及其声线跟踪系统。希望多波束系统集成实时获取海水中声速传播路径上声波速度的声速剖面传感器测量系统，构建智能化传感网时空声速场。

（2）多波束辅助参数的测定和滤波。多波束是一个由多传感器组成的复杂系统，最终测量成果的质量不但取决于多波束自身的测量数据质量，还取决于辅助传感器测量参数的精度，因此，开展诸如导航定位技术、声速改正技术、潮汐改正技术以及换能器吃水改正技术等与多波束测深相关的专项技术研究，也是多波束数据处理未来面临的主要任务。导航定位目前采用全球卫星定位系统，可在比较复杂的海洋环境下为海洋测量设备提供比较准确的导航和定位数据。由于广域差分系统作用距离远，理论上定位精度不受作用距离的限制（刘经南和刘焱雄，2000），因此，非常适合多波束远海洋距离作业的需求。因此，广域差分系统的完善问题是目前全球卫星导航系统（GNSS）用于海洋导航的主要研究课题。

航道安全预警作为海事信息化的基础和重要组成部分，未来应建立标准化信息体系，实现一体化的航道测量数据采集与数据处理以及网络化的航道测量数据提供与维护更新；形成海事测绘外业、测量内业数据处理标准数据入库和网络化航道测量数据服务与维护的一体化海事测绘信息化体系，加强航道测量服务的履约能力，提高航道测量服务水平。

2.1.2 淤泥质海底航道边坡失稳滑塌监测预警技术

港口航道航行环境的好坏直接影响船舶的航行安全。港口航道安全监测预警技术是海上交通管理技术体系中的一个子系统，海上交通运行究竟存在多大的危险性，可能对社会造成多大的损失，人们可接受的风险值究竟是多大，需要多大的安全投资才能将系统的危险程度降低到安全指标内，这些都依赖于港口航道安全监测预警技术提供安全评价决策依据。

淤泥质海底航道边坡的稳定性对于航道的安全运营至关重要。航道边坡一般由分布广泛的沉积物组成，水下沉积物中的滑动阻力与驱动力的相对大小决定了航道边坡的稳定性，当驱动力大于滑动阻力时，边坡就会发生失稳变形。影响驱动力的因素是多方面的，包括风暴潮、波浪力、人类活动等。淤泥质海底航道边坡失稳滑塌是人工开挖航道自身存在的一种自然灾害现象，对于淤泥质海底航道边坡来说，近岸波浪与大型船舶航行因素是影响淤泥质海底航道边坡稳定性的主要因素。波浪荷载的存在以及边坡长期浸泡在水中导致淤泥土体的抗剪切强度较弱，水流会使边坡局部发生滑动最终导致泥流。航道一旦发生边坡失稳滑塌不仅会改变航道水深、边坡坡度、航道宽度，还可能造成受灾航段淤浅无法达到通航能力标准，影响正常港口航道运行和安全，给航道正常清淤疏浚带来困难和增加工程量。给港口生产与国际航运带来难以估量的损失。因此对航道边坡失稳滑塌进行预测预警对港口发展及其安全运行具有重要意义。

航道边坡失稳滑塌是一个连续持久的过程，而且失稳滑塌的发生具有不确定性，航道管理部门无法对航道边坡的失稳程度进行评定，不能确保过往船只安全通行，在自然因素与人为因素双重影响下，航道边坡发生失稳滑塌，导致水路阻塞威胁航行安全，影响港口建设和区域经济发展。为避免边坡失稳滑塌造成的航道泥沙淤积带来的疏浚处理问题，增强航道通航能力，要对淤泥质航道边坡进行连续监测，发现航道边坡早期异常情况，及时采取应对措施。

海底航道边坡稳定性研究方法主要包括定性分析方法和定量分析方法，定性分析方法比较粗糙，适用于数据资料不够充分的情况，如自然历史分析法和工程类比法等。随着对海底航道边坡稳定性研究的不断深入，定量分析方法被广泛使用，包括极限平衡法、数值分析法、有限单元法等。由于水下边坡的特殊性，人们无法直接监测海底航道边坡失稳滑塌，这使得对航道边坡变形监测具有一定困难，因此大多数海底边坡不稳定性研究都是在边坡发生失稳滑塌之后进行分析鉴别。海底滑坡失稳机理和演变机制研究技术大多基于滑坡灾害发生后的航道边坡几何体表面形变参量。对淤泥质海底航道边坡的预测预警一直缺乏有效的方法，只能在边坡发生失稳滑塌之后借助测深的方法或者多波速扫描的方法查看滑塌情况，但对哪里可能出现滑塌以及何时出现滑塌难以提供有效依据。

上述淤泥质海底航道边坡稳定性分析方法大多是综合性评判，无法对边坡稳定性进行有效评定，不能对航道边坡失稳滑塌进行预测预警。在研究浅地层剖面探测技术在水下地质结构调查、底部泥沙运动规律研究、航道清淤疏浚等领域广泛应用基础上，将浅地层剖面探测技术应用在淤泥质海底航道边坡失稳滑塌预测预警研究中，运用浅地层剖面仪对淤泥质海底航道边坡稳定性进行连续监测，开展浅地层剖面海底航道边坡失稳滑塌全周期声纹图像采集与演变过程声学特征分析；研究利用机器学习对不同失稳阶段声纹图像进行训练识别，提取浅地层剖面海底航道边坡失稳滑塌过程声纹图像特征算法，通过识别特征声纹图像早期预报异常声纹图像达到预测预警的目的；构建淤泥质海底航道边坡失稳滑塌预测预警系统。以灰度共生矩阵（GLCM）对比度作为纹理识别特征、核函数 Gabor 滤波图像作为局部识别特征、变分模态分解（IMF1）分量作为频域识别特征，设计开发出淤泥质海底航道边坡失稳滑塌预测预警系统，实现淤泥质海底航道边坡稳定性连续监测与航道边坡失稳滑塌实时预测预警。有效提升航运效益，改善航道条件，降低航道滑坡带来的损失，对检测航道边坡稳定性、促进区域经济发展、保障港口发展及其安全运营具有重要意义。

该技术成功应用于连云港港淤泥质海底航道边坡失稳滑塌预测预警中，连云港淤泥质航段由细颗粒物质组成，结构松散，地质、生态环境脆弱，容易在外界因素干扰下发生改变。在水动力与人为因素的共同作用下，淤泥质海岸带正面临着不断加剧的地质灾害。在淤泥质岸带开挖的航道相较于砂质和基岩质航道土体稳固性更加脆弱。淤泥质底航道边坡天然含水率较高，土体的抗剪切强度较弱，且相较于陆地斜坡滑坡而言，航道边坡滑塌的影响范围更广，坡体的局部变形就可能引起较大的位移。航道边坡在重力、浪动力等因素作用下容易发生失稳破坏。海底航道边坡失稳发生的不确定性对于工程疏浚、航道修缮等工程的推进产生困扰。通过分析淤泥质海底航道边坡失稳滑塌全周期浅地层剖面声纹图像将边坡失稳过程分为稳定阶段、孕育阶段、蠕变阶段、扩展阶段和滑塌阶段五个失稳时期，建立失稳滑塌全周期各失稳阶段声纹数据库，利用声纹图像特征信息进行机器学习，建立学习模型，对水域水下淤泥质航道边坡失稳滑塌早期异常声纹图像快速识别，相对于传统测量技术，显著提高了测量效率，节省了测量费用，应推广应用到国内其他航道边坡失稳滑塌预测预警工作中。

在开敞海域淤泥质浅滩深水航道建设关键技术研究中，依托连云港港 30 万 t 大型深水航道工程淤泥质海底航道边坡失稳滑塌监测技术，首先建立了波流作用下浮泥运动的理论模型，系统地研究了波浪及浮泥参数对浮泥运动速度的影响规律；研究了温度和淤泥沉积时间对流变参数的影响，淤泥容重在 $1.2\sim1.25\text{g/cm}^3$ 时屈服应力随含沙量变化发生转折现象，为适航深度的选择提供了客观的科学依据。改进了波浪潮流联合作用下三维泥沙数学模型（FVCOM 模型），在模型中实现了黏性泥沙的制约沉降、高含沙造成的垂向紊动抑制过程、泥沙沉积和固结过程的模拟。通过三维水动力泥沙数学模型与一维浮泥模块的结合，可以模拟浮泥在重力作用下的流动过程，对物理模型进行了良好的复演。应用波浪水槽试验进行了波浪破碎条件下的动力特性和淤泥质底床的含沙量分布特征试验研究。通过连云港区 25 万 t 级航道和徐圩港区 10 万 t 级航道实测回淤分析，研究了淤泥质海岸浅水深挖槽的常年回淤和大风回淤的特征和规律，并结合室内泥沙和浮泥特性试验结果分析，初步揭示了淤泥质海岸航道的回淤机理。研究了淤泥质和粉沙质海岸在底质的粒径特征和泥沙水力特性方面的差异，全面系统分析决定海岸性质的主要影响因素和根本因素，并开展连云港港 10 万～25 万 t 级航道疏浚边坡观测研究，从岩土整体稳定角度和水动力学角度研究开敞海域淤泥质海岸深水航道稳定边坡计算公式及参数取值。完成了旗台试验段压坡工程和徐圩试验段筑堤工程，开展了旗台试验段工程中以吹填残积土及残积土混泥作为充填材料的筑堤技术和徐圩试验段工程中以区域海底含泥吹填砂作为充填材料的筑堤技术的室内试验和现场试验研究。取得的一系列重要成果在我国淤泥质浅滩深挖槽航道疏浚、港池疏浚、吹填等工程实践中具有广阔的应用前景。

（1）为规划设计确定连云港港 30 万 t 大型深水航道工程建设规模提供重要的理论依据，沿海港口航道通过能力指标是支持沿海港口规划、扩建决策和运营管理的重要依据。沿海港口航道通过能力是反映进港航道适航程度的一项重要性能指标，是度量进港航道疏导船舶能力的指标，其大小直接影响整个港口通过能力的发挥。确定沿海港口航道通过能力计算分析方法，对进港航道的通过能力进行计算评价是进行航道规划与设计、确定航道建设规模以及实施航道疏浚的重要依据。

（2）为提高港口生产效率提供决策参考。综合考虑影响航道通过能力的因素，如港口服务水平、乘潮水位、安全间距等，以港口服务水平为衡量标准，借助淤泥质海底航道边坡失稳滑塌预测预警技术，研究沿海港口航道通过能力理论及分析的动态计算方法，是我国沿海港口建设领域理论创新的尝试，可以为决策者提供系统的实时分析结果，作为决策的理论依据。对提高进港航道利用率、船舶航行的安全性和航道工程的投资效益，保证沿海港口大型专业化航道效率的充分发挥具有重要意义。

根据港口淤泥质海底航道边坡失稳滑塌预测预警技术和船舶交通流状况，运用组合变权预测模型对港口水域船舶交通流进行有效预测和分析，通过对港口水域预测船舶到港数据进行统计分析，预报船舶到港信息，分析港口水域进港航道水域通航环境的特征和船舶行为特征，对进港航道通过能力动态计算模型进行优化，构建基于船舶到港预报的航道通过能力排队计算模型。根据港口水域航道通过能力的变化和交通流变化构建基于航道服务水平的动态船舶交通组织模式，为航运企业和海事部门提供港口水域进港主航道通航环境与安全翔实可靠的参考数据。建立在此航道边坡失稳滑塌预测预警模型之上的计算机辅助系统，计算速度快，不易出错，可以使各部门在每次船舶进出港口航道前能全面地、快速地、方便地了解该水域的航行环境安全综合程度，以确立安全对策，同时也为水域船舶交通安全管理提供科学的决策依据。

2.2　港口航道全流程安全监测预警

构建新的现代信息技术支撑的港航服务系统，为了能够及时掌握航道的变化情况，实时提供随着时间和空间的变化而发生相应改变的重要通航环境信息，监测随着港口吞吐量、港口航道通过能力、港口水域的交通流等因素的变化而发生相应变化的决策支撑服务。在港口规划设计和建设中，不仅需要了解整个港航服务系统的当前状态，而且也需要关心系统未来的状态，如港口的吞吐量未来发展趋势、港口航道总体规划、当前和未来的航道通航能力及通过能力、港口吞吐量的变化和港口船舶交通流的变化会对港口及附近水域的通航环境产生的影响等。这些问题都是港口航道规划和设计过程中非常重要的问题，也是迫切需要通过港口航道运营全流程信息化才能解决的问题。

利用现代信息技术对进港航道通过能力进行动态监测评估，一方面可以评价航道的现状是否满足港口目前船舶进港交通流的需要，从而确定航道是否需要扩建或采取相应的管理措施、优化调度方案以提高航道的通过能力；另一方面通过结合港口吞吐量的发展，预测港口水域的船舶交通流以及未来航道要达到的通过水平，为航道的未来规划及设计提供技术支撑和科学依据。

随着大规模港湾工程的建设和超大型、高速船的投入营运以及国际贸易的发展，港口航道水域航行环境将发生显著变化。因此，对水域航行环境的研究越来越受到航海界的关注。由此产生的问题是如何对航行环境安全做出准确的评价预警，即航道设计和航道管理预警。需要建立安全管理评价预警模型。针对一个港口，判断是否存在安全管理的问题，例如分别分为 N 个安全档次，港口安全处于"一般危险"甚至"危险"的档次。需要及时预警分析影响该港口航道安全的原因，找出航道安全管理的问题，针对性地提出改进措施。

航道全流程性能安全监测与预警需要重点弥补现有 VTS 和航道安全监测技术体系的不足和缺失，重点对航道及敏感影响区域或变形体进行建设和营运全周期监测，以确定其回淤、形变等空间位置及内部形态随时间的变化特征。监测的目的是分析和评价港口深水航道等重要生产基础设施（建筑物）的安全状态、验证设计参数、反馈设计施工质量，研究正常的变形规律和预报变形方法。利用多源传感网、卫星定位、地理信息系统等技术，研究在高精度新型海洋测量传感器集成关键技术方面实现跨越创新和理论升华。实现港口深水航道重要基础设施全流程性能安全监测与预警，在海洋工程防灾减灾关键技术研究与传感网应用中起到引领作用。

例如，连云港港 30 万 t 级航道是迄今为止国内外开挖厚度最大的特大型人工航道，疏浚工程量大，而边坡工程量占整个疏浚工程量的 20%～30%，边坡坡度的确定不仅关系到航道边坡稳定和航道的正常营运，而且关系到疏浚工程量和工程投资的大小。边坡的优化一直是许多专家关心的主要问题之一。而稳定边坡与水深、地质、开挖厚度、潮流、波浪等因素有关，其地质条件的复杂性和变形机制的多样性使得对边坡稳定性及其支护效果进行准确的预测和判断存在很大的难度，而全面的现场监测和分析将为以上工作提供强有力的支持。

利用测深仪和 GNSS 虽然能测量出航道某一位置的水深及位置信息，但是由于将测量的水深数据信息采集并传到岸上与航道相关部门需要一定的时间，所以岸上的航道管理部门无法及时掌握航道水深信息。船舶航行主要依赖海事部门提供的航道图，通过航道图来了解航道的变化，决定航道的通航能力。这样容易使信息滞后，对航道的变化不能及时做出处理。此外，由于尚未从根本上掌握泥沙流和水深变化的动态规律，发生过多起装载量过多而导致的船舶搁浅、港口全面堵塞事件，造成重大的经济和社会损失。除此之外，由于担心搁浅，一些船舶不得不保有较大的吃水量，从而制约了船舶的实载能力，严重降低了船舶的经济运营效益。

为了能够及时掌握航道的变化情况，需要构建一个基于传感网络的航道水深监测系统，实现远程实时监测航道的水深变化。利用该系统可以更及时、更具体地掌握航道的实际水深，提高船舶航行的安全和效益。同时，针对港口深水航道等重要生产基础设施在强地震动场和强、极端风暴潮灾害性气候动力作用下以及船舶碰撞、航道施工清淤等人为因素影响下的动力灾变安全问题，采用理论分析、模型试验、系统集成、现场实测和数值模拟等研究手段，发挥海洋科学、地球科学、数理科学、工程与材料科学和信息科学等多学科交叉创新的优势。研究传感网络支持下的智能化、自动化、高精度的港口深水航道性能安全监测关键技术集成创新，实现港口深水航道重要基础设施全流程性能安全监测与预警。并率先以连云港港 30 万 t 航道为示范，对港口重大工程的动力灾变过程从简单监测效应分析到传感网多效应耦合的全过程分析预测。重点利用多源传感网、全球卫星定位、遥感、地理信息系统等技术在高精度新型传感器集成监测关键技术上跨越创新和理论升华。形成面向全国港口产业化的国内领先水平成果转化方案。在我国重大工程防灾减灾关键技术研究与传感网应用中起到引领作用。

重点研究内容及解决的主要问题：

（1）传感网监测系统空间基准关键技术研究。根据海洋信息化管理数据共享标准对陆海一体化三维测绘基准的要求，分析建立航道监测所需的空间参考框架以及局部精密无缝垂直参考基准面。重点解决海道垂直基准网与三维地心坐标基准网转换，实现航道监测数据与陆域地质结构稳定性监测数据的基准统一；利用海域连续运行参考站（CORS）网精确测定平均海平面，解决维持垂直基准问题；研究理论最低潮面作为监测系统垂直基准的适宜性问题；确定基于信号融合的传感器网瞬时垂直基准。

（2）基于声学传感网的航道全息扫描监测系统关键技术集成研究。基于多波速的光声电传感器阵列，对航道进行全覆盖的精密表面三维扫描测量，构建航道时序数字高程模型（DEM）；建立航道全息三维结构模型；开发航道回淤形变监测系统。重点研究多波速传感器与姿态传感器系统集成、海上 GNSS 实时高精度定位技术、声线传感器测量及其自动补偿技术。研究深度数据抗噪与滤波技术、多波速传感器与姿态传感器数据融合技术、声呐图像航道回淤形变信息提取与处理技术、GPS 多天线技术的监测系统定位关键技术集成。

（3）基于传感网的 GNSS 航道区域地质结构稳定性监测技术研究。选择航道地质结构敏感区域，采用 GNSS 实时高精度定位技术和传感网技术、集成自动化航道敏感区域变形监测自动预报系统。重点解决基于传感网技术的 CORS 变形监测站形变量估计与预报，建立温度、辐照度变形反演预报模型，实验研究北斗多模 GNSS 在港口重噪声污染环境下高精度定位的关键集成技术。

（4）港口深水航道全流程性能安全监测与预警系统原型研究。基于 GIS 技术实现航道监测数据采集服务能够聚合多源的监测数据；监测数据融合服务使多源监测数据组合成更好的可视化、逻辑更加合理的信息；监测数据应用服务通过对监测数据分析来提供预警服务，进而提供决策支持；监测数据发布通过个性化推荐提供服务。通过研究影响航道通航安全的因素，建立预警模型，使预警具有科学依据，提高预警的可靠性和科学性。

研究以海洋科学、地球信息科学、遥感科学、数理科学、工程与材料科学的原理为理论基础，采用理论分析、模型试验、系统集成、现场实测和数值模拟等相结合的研究手段。在构建精密陆海统一基准的基础上，以 CORS 网、多波速声学传感器、声学传感器、姿态传感网、射频识别（radio frequency identification，RFID）和 GNSS 为试验研究平台，对监测系统空间基准、声学传感网和 GPS 传感网监测系统开展关键技术集成研究。利用声学、光学传感网集成航道监测系统，展开基于传感网的区域构造自动化监测站和实时高精度 GNSS 技术应用研究。技术路线如图 2-1 所示。

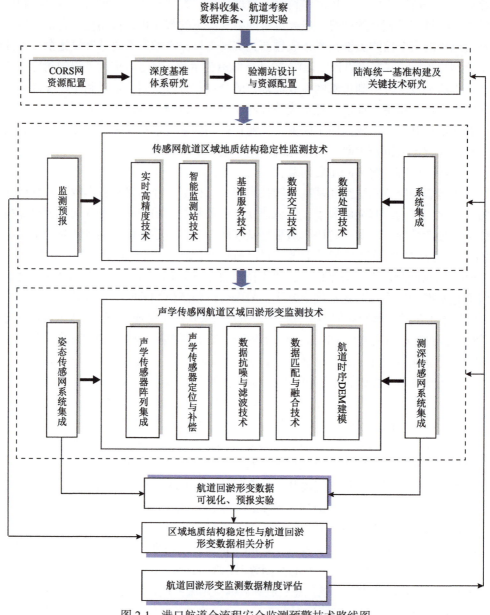

图 2-1 港口航道全流程安全监测预警技术路线图

随着现代海洋地球物理勘探技术的不断革新与进步，三维地震勘探、遥控无人潜水器、水面无人艇等设备结合浅剖探测技术、多波束测深技术、侧扫声呐技术等声学探测技术能够精确高效地获取有关海底地形地貌数据、沉积物地层分布和土体力学物理性质等参数指标，有助于建立解释航道滑坡空间范围的海底边坡三维地理模型，为进一步研究失稳滑坡机理和预警模型提供帮助。

参 考 文 献

边刚, 王琪, 肖付民, 等. 2012. 当前国际海道测量技术进展. 海洋测绘, 32(4): 3-6.

陈焕婉. 2012. 基于SEM的港口水域通航安全评价研究. 武汉: 武汉理工大学.

付饶. 2019. 港口回淤监测及环境影响分析. 青岛: 山东科技大学.

黄谟涛, 翟国君, 谢锡君, 等. 2000. 多波束和机载激光测深位置归算及载体姿态影响研究. 测绘学报, 29(2): 82-87.

姜德良, 张韧, 葛珊珊. 2017. 一种风险评估分样本定权方法——以港口自然灾害为例. 自然灾害学报, 26(3): 9-18.

李家彪, 郑玉龙, 王小波, 等. 1999. 多波束勘测原理技术与方法. 北京: 海洋出版社.

李金高. 2020. 强烈度地区基于性能设计的高桩码头结构动力特性分析. 重庆: 重庆交通大学.

刘德辅, 刘桂林, 王凤清, 等. 2018. 港口及海岸工程防灾理论体系的研发及其应用. 中国海洋大学学报（自然科学版）, 48(2): 91-95.

刘经南, 刘焱雄. 2000. GPS卫星定位技术进展. 全球定位系统, 25(2): 1-5.

邱云明. 2004. 临海港口航道航行环境安全综合评价及计算机辅助实现. 上海: 上海海事大学.

孙志林, 王辰, 钟汕虹, 等. 2019. 浪潮耦合的舟山渔港台风暴潮数值模拟. 海洋通报, 38(2): 150-158.

孙志林, 钟汕虹, 王辰, 等. 2020. 舟山渔港风暴潮模拟分析. 海洋学报, 42(1): 136-143.

杨启伦. 1994. 海洋开发和海底不稳定性调查研究的关系. 海洋技术, (4): 65-67.

翟永强. 2003. 疏浚工程三维地形数字仿真软件开发研究. 武汉: 武汉理工大学.

张文剑. 2020. 某新建港口防波堤地基地震液化分析. 大连: 大连理工大学.

中国测绘学会. 2012. 中国测绘学科发展蓝皮书(2010—2011卷). 北京: 测绘出版社.

钟琦瑶. 2020. 舟山市港口物流岛防灾减灾综合能力评价研究. 舟山: 浙江海洋大学.

第3章　陆海一体化港口航道安全监测高精度三维空间基准框架

3.1　基准模型分析

地球上的一切变化均存在于特定的时空背景，关于港口航道安全监测，也需要在特定的航道地理空间中定量描述信息的几何和物理关系变化。因此，需要一个统一的陆海一体化参照系作为参考。航道安全监测三维空间基准指的是由相应的坐标系统及其参考框架构成的基础平台。

3.1.1　陆域空间基准模型分析

现代陆域空间基准是利用空间大地测量理论与方法建立的一种地球参考系统和参考框架，具有全球、地心、时变、高精度等显著特征。建立和维持大地测量时空基准，就是确定或定义大地测量系统和时间系统，建立和维持大地测量参考框架和时间参考框架。陆域空间基准模型如图 3-1 所示。

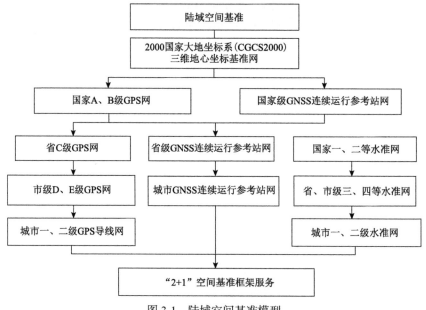

图 3-1　陆域空间基准模型

现代空间信息基准框架分为地心坐标参考框架和垂直参考框架。其中，地心坐标参考框架分为全球参考框架、区域参考框架、国家和地球参考框架等。国际大地测量发展的特点是以空间技术甚长基线干涉仪（very long baseline interferometry，VLBI）、卫星激光测距（SLR）、星基多普勒轨道和无线电定位组合系统（DORIS）建立全天候、全球覆盖、高精度、动态、实时定位的空间信息基准服务系统，即在地面建立相应的永久性连续运行的 GNSS 参考站。目前世界各国都已建立或正在建立 CORS 系统。

目前，陆域空间基准模型越来越广泛地应用于卫星导航定位应用领域，在大地测量、地球动力学、地球物理等诸多地球科学研究领域发挥着日益重要的作用。

3.1.2　海域空间基准模型分析

海域空间基准是利用海洋大地测量理论与方法建立的一种地球参考系统和参考框架，同陆地上的测绘一样，海洋测绘的数据成果也必须纳入一定的参考框架内才有意义。为了表示海洋地理环境和物理环境信息，需要知道测量点的椭球面位置、高程或深度、地球重力场信息以及海水温度、盐度、密度等信息。海域空间基准需要表征海洋空间信息几何位置和物理重力场，海洋空间基准总体分为位置基准和重力基准两大类。

由于人类生存于地球表面且大多活动于海洋表面，所以"2+1"维的表示更符合人们认知地球、准确把握相对位置关系的习惯。在此意义上，几何基准又分为椭球面平面基准和垂直基准，前者的坐标框架仅依据几何观测量建立。而后者，可采用纯几何表征或具有一定物理意义的表征，分别对应于大地高、正高或正常高。所以，从经典的测绘学角度概括，海洋测量空间基准由平面基准、垂直基准和重力基准组成。

长期以来，海洋测绘的二维定位基准多采用的是 1954 年北京参心坐标系，与广泛采用的全球卫星定位系统使用的三维地心大地测量坐标系不一致，不利于与相邻国家甚至不同部门测量成果的统一与拼接。陆域大地测量基准向海域延伸也因缺少地基点而难以实现。因为在海洋上，人们无法利用传统的大地测量方法均匀地布设高精度的大地测量控制点，只能通过辅助测量手段将陆地测量基准扩展到海岸地带，以形成能够满足各种海洋定位要求的基准体系。在目前的全球卫星定位技术条件下，在该二维控制基准体系中可采用新的空间定位技术将陆地测量基准扩展到海洋，满足全球高精度海洋测绘应用需求。

海洋测绘的垂直基准分为高程基准和深度基准。高程测量采用的是 1985 国家高程基准，深度测量则采用理论最低潮面作为深度基准面。海洋重力测量基准与陆地重力测量基准一致，都采用 1985 国家重力基准网。在海洋测绘的垂直基准方面，不同国家采用的深度基准体系仍呈现较为混乱的局面，主要体现为相对于平均海面定义的海图深度基准面算法的不同。我国曾采用多种算法定义海图深度基准，1956 年统一采用弗拉基米尔斯基算法，基本建立了"理论深度基准面"水位控制基准体系，但这种统一仅局限于算法的一致。陆地的高程基准实际上仅由水准原点的高程来定义，通过水准网构建正（常）高基准框架，而在海洋上，由于平均海面不具有等位的特性，深度基准体系或框架更具有复杂性。《中华人民共和国测绘法》所规定的统一深度基准目前仍未彻底建立起来。

深度基准面的建立与参考椭球定位和全国高程基准确定相比有一定的特殊性，它更明显地具有以方便航行安全准则的海图使用为目的的实用性，该基准面的确定与潮汐的强弱，即当地潮差的大小有着密切的联系，因而我国与其他沿海国家一样仅规定基准面计算应采用的方法，而不是规定某一个或某些参考点以供基准维持，于是深度基准面的维持仅由平均海面实现。陆地高程基准与海洋深度基准不一致，而且不同图幅之间的水深也存在基准面不统一问题，使得陆地高程和海洋深度之间的转换就显得相当复杂且无法对陆海交界处的高程进行无缝拼接。国际上，用于海道测量的连续无缝垂直基准通常指纯几何大地测量意义的地球椭球面。为了高精度三维空间大地测量技术的应用，构造海图深度基准面的大地高模型成为当今国际海道测量界的热点研究课题。

当今，全球正在敷设信息高速公路，构筑数字地球、数字海洋。海洋信息化管理是我们面临的新课题。数字地球的核心是将三维真实地球上的地图、地球每一点各种自然和社会人文等方面的信息按照统一的地球空间坐标组织起来构成一个多分辨率、多类型、多时相的三维地球数据集，形成数字化地球信息模型。这样可以借助数字地球快速、完整、形象地获取和了解地球上各种宏观和微观的信息，便于最大限度地实现信息资源的共享和合理使用。数字海洋作为数字地球的组成部分，从技术上说，首先需要一个与数字地球一体化的数字框架，用于承载大量各种属性信息，实现对全球陆海多分辨率、海面与海底三维可视化描述。国家已正式启用 2000 中国三维地心陆域地理信息空间基准，现有的"2+1"大地测量坐标系必将导致陆域地理信息与海域地理信息整体性不足问题。需要构建全国甚至是全球统一的陆海一体化基准模型。

3.2 港口航道安全监测空间信息基准服务需求分析

3.2.1 陆域地质结构监测基准服务

港口陆域地形一般较复杂，地表形变监测模型建立在由参考点和变形观测点组成的三维监测网多期（或时序）重复观测统计比较的基础上。因此，各期观测数据处理时需要有一个统一的三维基准。各期观测值之间存在着系统性的位置偏差、尺度偏差和方位偏差。变形分析时要比较各期观测的结果，为了保证变形分析结果的正确性，必须消除各期观测结果的系统性偏差，亦即实现各期观测结果基准的统一。地表形变监测采用现代 GNSS 三维网，可以采用 1984 年世界大地坐标系（WGS84）三维地心基准，避免坐标系统转换带来相应的变形点系统误差。

一个监测网可以由任意个数的网点组成，但至少应有一个参考点、一个变形观测目标点（确定绝对变形）。变形监测网的坐标系和基准的选取应遵循以下原则：变形体的范围较大且形状不规则时，可选择已有的大地坐标系统，其好处一方面是已知系统的归化和投影改正公式，另一方面是监测网也可得到检查。将监测网与已有的大地网联测或将大地控制网点直接作为参考点可实现坐标系及基准的确定。因为一维网、二维网和三维网的秩亏数分别是 1、3 和 6（只测边时），故在理论上一维网只需一个已知点，而二维、三维网需要两个已知点。由于变形监测网的精度一般高于国家大地控制网的精度，因此与大地网点连接时，为了不产生尺度上的伸缩，应采用无强制的连接方法，即一维网只固定一个点，二维网、三维网再多固定一个定向方向。

为了实现自动化、智能化的监测预警，空间基准框架服务应选择固定参考点，以便于实时计算和自检。若采用区域现代卫星连续运行参考站网观测数据平差，以首期参考站点坐标为基准进行无约束平差后的各期结果已实现了位置基准的统一。

3.2.2　航道几何形变监测基准服务

航道几何形变监测建立在由船载 GNSS 提供的变形观测点对应的水面实时三维位置以及匹配的测深数据构成的多期重复航道 DEM 相比较的基础上。因此，各期的航道 DEM 观测数据必须在统一基准上采集。港口航道监测可以采用差分技术由岸基 GNSS 参考点提供船载 GNSS 三维基准服务，即以岸基稳定的已知基准点实现基准的统一。针对港口航道几何变形监测空间基准服务需求特征，监测预警需要陆海一体化三维空间基准。选择在远离港口航道安全变形监测区域建立若干固定的基准点。为了满足陆海实时动态安全监测要求，基准点需要建立全球卫星连续运行参考站，与港口航道安全监测区船载动态监测点共同组成时序变形监测网。对变形观测的数据进行处理时以固定不变的首期参考站点的坐标作为基准。采用固定基准分析安全监测点三维空间变化大小，对实时性需求较高的监测数据处理要求难度低、可靠性强，使灾变性多尺度安全监测最合理。固定参考站基准点与国际 ITRF 框架联测，用于评价固定基准点的稳定性。

由于潮汐引起的海面变化，航道 DEM 数据处理需要通过潮汐观测数据进行深度基准变换。因此，需要岸基长期验潮站或 CORS 验潮站。将水深测量值归算至陆海一体化三维空间基准。

3.3　陆海一体化三维空间基准模型研究

为了满足港口航道安全监测实时性（或准实时性）需求，固定基准点采用 CORS 站点。首期固定基准点与国际 ITRF 站点组网联测，取得固定基准点动态大地测量坐标。陆海一体化三维空间基准保障监测区域海陆地理空间信息表达的统一性。

3.3.1　基于 CORS 的陆地形变监测三维空间基准模型

对于区域地表形变监测，如果各期 GNSS 网进行无约束平差时都以首期固定基准点坐标为基准，则无约束平差后便实现了位置基准的统一，各期结果还存在尺度和方位基准有待统一的问题。实现各期基准的统一可以采用坐标系统转换的方法，将各期平差结果转换为统一的基准，坐标系统转换模型常用的有布尔莎七参数模型。但在利用布尔莎七参数模型时，应去掉式中的三个平移参数，仅保留一个尺度比参数和三个旋转参数计算各期结果对首期结果的转换参数，并求出各期转换后的坐标。利用转换后的观测坐标进行变形分析。

设 GNSS 陆地形变监测网首期平差坐标为 X_{io}，对于以首期固定基准点坐标为基准进行 GNSS 网无约束平差后的第 k 期平差坐标 X_{ik}，坐标系统转换模型为

$$X_{io} = (1 + \mu) R_{\varepsilon x} \cdot R_{\varepsilon y} \cdot R_{\varepsilon z} X_{ik} \tag{3-1}$$

式中，$X_{io} = (X_{io}, Y_{io}, Z_{io})$；$X_{ik} = (X_{ik}, Y_{ik}, Z_{ik})$；$\mu$ 为尺度比参数；$R_{\varepsilon x}$、$R_{\varepsilon y}$、$R_{\varepsilon z}$ 为旋转参数。

通过各期平差中的抗差估计，即可剔除观测值中可能存在的粗差，从而保证各期平差结果的正确性（也避免将粗差当作系统偏差来处理）。通过坐标系统的转换，克服了各期观测值间存在的系统性偏差，实现了变形分析基准的统一，获得了可靠的变形分析结果。

3.3.2 基于 CORS 的深度基准模型

对于海域航道监测，如果以 CORS 首期固定基准点坐标为基准，发布 DGPS-RTK 差分信息，则水深测量点的位置基准实现了统一。各期结果还存在高程基准有待统一的问题。设水深测量直接获取瞬时海面到海底的垂直距离为 h，陆海统一深度基准标量场数值解为 H_i；如图 3-2 所示，海底动态监测点高程模型表达为

$$(X_i \ Y_i \ H_{pi}) = (X_i' \ Y_i' \ H_i')_t + (\Delta X_i \ \Delta Y_i \ h)_t \tag{3-2}$$

式中，t 为时间维参数；h 为修正后瞬时测深值；$(X_i' \ Y_i' \ H_i')$ 为海面动态监测瞬时测深换能器发射阵点坐标和高程；$(X_i \ Y_i \ H_{pi})$ 为动态监测瞬时海底测深点坐标和高程（图 3-2）。

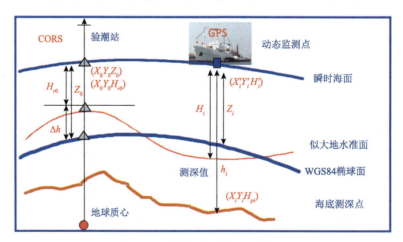

图 3-2　海洋三维空间基准模型

Z_i 为动态监测点的 WGS84 椭球面高程；H_i 为动态监测点的似大地水准面高程；h_i 为动态监测点的瞬时海底测深值；$(X_0 \ Y_0 \ Z_0)$ 为 CORS 验潮站 GNSS 天线地心坐标；$(X_0 \ Y_0 \ H_{r0})$ 为 CORS 验潮站 GNSS 天线地心坐标和长期观测水位确定的似大地水准面高程

其中，$(H_{pi})_t = (H_i)_t - (h_i)_t$，若在沿岸及岛屿设置基于 CORS 的验潮站点。设 CORS 验潮站 GNSS 天线地心坐标为 $(X_0\ Y_0\ Z_0\ t)$；验潮站长期观测水位确定的似大地水准面为 H_{r0}。因为，WGS84 大地水准面与似大地水准面的关系：

$$(H_{r0})_t = (Z_0)_t - (\Delta h)_t \qquad (3\text{-}3)$$

式中，Z_0 为瞬时海面至大地水准面高差；Δh 为 CORS 验潮站点高程异常，可通过联测沿岸陆地国家水准点求出，即设有 n 个 CORS 验潮站点，用几何水准联测 m 个 CORS 验潮站点的正常高，求出 m 个高程异常。用解析内插法求出其他沿岸及岛屿 CORS 验潮站点的高程异常。

3.3.3 深度基准与三维空间基准转换模型

海域 CORS 验潮站点高程异常（Δh）除取决于不规则的地球重力异常外，还与潮汐分布状态密切相关，且难以由简单数学形式稳定逼真表现，因此采用时间维参数逐点定义方式实现。通过数值内插等技术途径，以网格形式构建港口航道似大地水准面高程基准标量场模型以延伸陆地连续无缝高程基准模型就成为可行的问题解决方案，正像高精度的大地水准面模型和海面地形以高分辨率网格形式表达一样。借助 GNSS 测量验潮站点的地心坐标，以网格传递形式，使得相应的陆海统一高程基准面以高等级 CORS 网构成其维持框架。

所以，其应用需要将 GNSS 所测的海面动态监测瞬时测深换能器发射阵点 WGS84 三维地心坐标基准下的 Z_i 值归算到海域似大地水准面高程基准。建立三维地心坐标基准转换模型：

$$(X_i\ Y_i\ H_i)_t = (X_i\ Y_i\ Z_i)_t \pm (0\ 0\ \Delta h_i)_t \qquad (3\text{-}4)$$

式中，$(X_i\ Y_i)$ 为海面动态监测 i 点瞬时 t 时刻的三维地心坐标；H_i 为所求海面动态监测 i 点瞬时 t 时刻的似大地水准面高程；Z_i 为海面动态监测瞬时测深换能器发射阵点至 WGS84 椭球面高程；Δh_i 为海面动态监测 i 点瞬时高程异常，可以通过验潮站观测获得的水位高度（潮位）值 L_i 计算。

式（3-4）实现港口航道监测空间数据连续和无缝的统一参考空间框架，从而将航道监测水深空间数据采集地心基准与港口监测空间数据处理中陆海统一高程基准转换。

3.4 陆海一体化高精度三维空间基准框架构建

3.4.1 基于 CORS 的三维空间基准框架构建

连云港港 30 万 t 级航道是设计开挖厚度大、疏浚工程量大的人工航道，边坡工程量占整个疏浚工程量的 20%~30%。地质条件的复杂性和变形机制的多样性使得对边坡稳定性及其地表形变进行准确的预测势在必行。为了全面地（准）实时监测和分析预警，根据上述需求分析，在满足安全监测要求的前提下，陆海一体化高精度三维空间基准设计采用离变形监测点较远的三个 CORS 构成变形基准网。基准网与变形监测区域有地质结构稳定的中云台山间隔。

如图 3-3 所示，三个 CORS 为 HHBB、TGXQ、DGXQ，位于连云港市新浦区，变形监测点在三个参考站组成的三角形东 30km，其间有变形监测工作基站相连接。

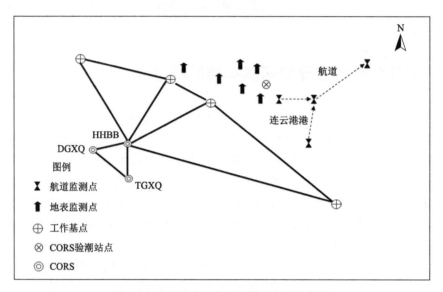

图 3-3　连云港港口航道三维空间基准框架

根据上述分析，三个 CORS 参考站可与国际 ITRF 上海、武汉和韩国站点组网联测检核。其中，HHBB、DGXQ 为首期固定基准点，TGXQ 为检核基准点。在满足安全监测要求的前提下，可以使用首期固定基准点数据。

港口航道监测卫星 CORS 基准网系统以江苏海洋大学教学科研 CORS 系统为主体，控制中心采用其原控制中心，由江苏海洋大学教学科研 CORS 系统的通灌校区站、苍梧校区站和东港学院校区站构成基准站网系统。这些基准站都配置完好，可以直接通过升级江苏海洋大学教学科研 CORS 系统数据控制中心 CORS 管理系统技术集成设计。采用徕卡仪器公司的专业型 GRX1200 Pro 参考站硬件和 CORS 网 NRS 软件集成监测 GPS 连续运行参考站网系统，严格按照 CORS 系统设计建设的相关规范和要求，进行具体设计论证。整个系统的结构如图 3-4 所示。

系统数据流总体设计如下。

（1）基准站连续不间断地观测 GNSS 的信号，按照 1h 要求把静态数据打包存储，并把基准站的卫星信息送往服务器 GNSS 软件的指定位置。

（2）通过国际 IGS（International GNSS Service）跟踪站获取该地区和该时间段的"局域精密星历"及其他改正参数。

（3）时序解算基准站精密坐标，建立基准站精密坐标数据库。

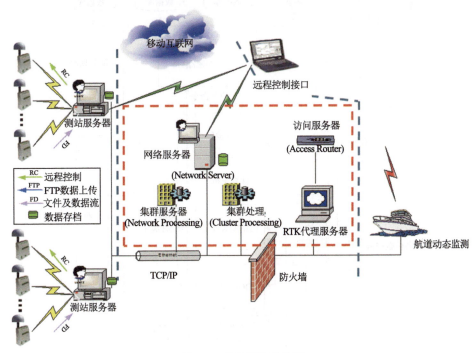

图 3-4　系统拓扑结构图

（4）监测中心单元通过局域网从服务器的指定位置获取基准站提供的精密解算基准站坐标。提供监测工作站作为位置同步归算改正的解算数据。系统管理中心网络数据流如图 3-5 所示。

连续运行卫星定位服务系统作为港口航道三维空间数据基础设施的重要组成部分，需要建立一个高精度的三维动态的 CGCS2000 海域空间数据基准，即将 CORS 坐标纳入 CGCS2000 坐标框架。基于高精度的参考站坐标，CORS 系统才可能提供高精度的实时定位服务和事后精密定位服务。这就要求 CORS 系统与国际 IGS 跟踪站联测，获得 CORS 精确地心坐标，将基准纳入 ITRF2000 动态架框。

系统联测方案依据连云港港口的地理位置和航道区域分布，即位于 34°~35°07′N 和 118°24′~119°48′E，南北跨纬度 1°07′，东西跨经度 1°24′。

（1）连云港本身没有 IGS 站点，可以不必考虑；

（2）所选 IGS 站空间上尽可能均匀分布；

（3）大体上按先选离连云港 CORS 网远的后选近的原则；

（4）已知工作不正常的 IGS 站不选；

（5）IGS 站的数量从 4 个开始，逐个增加，最多 12 个；

（6）数据时间长度为一整年（2010 年）；

（7）以单日解为基础分析。

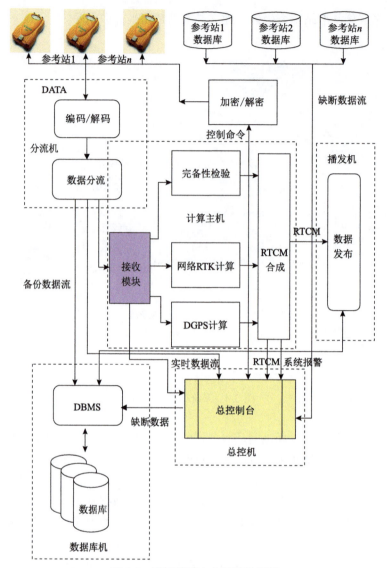

图 3-5　系统管理中心网络数据流

　　各类 GPS 网数据采集的精度设计主要取决于网的用途，用于全球性地球动力学、地壳形变及国家基本大地测量的 GPS 网可参照分级中的 AA、A、B 级的精度分级。GPS 网的测量精度分级见表 3-1。

表 3-1　GPS 网测量精度分级

级别	主要用途	固定误差 a/mm	比例误差 b/$10^{-6}D$
AA	全球性的地球动力学研究、地壳形变测量	≤3	≤0.01
A	区域性的地球动力学研究和地球形变测量	≤5	≤0.1
B	局部形变监测和各种精密工程测量	≤8	≤1

　　本系统联测选用的 GPS 网等级为 AA 级。由于 IGS 站的精度非常高，根据系统设计覆盖服务范围选择了 5 个 IGS 跟踪站，分别为 BJFS_GPS（北京站）、SHAO_GPS（上海站）、WUHN_GPS（武汉站）、DAEJ_GPS（韩国站）和 CHAN_GPS（长春站）进行参考站坐标联测。IGS 跟踪站近似坐标见表 3-2，IGS 跟踪站联测网如图 3-6 所示，如果将连云港的 CORS 坐标全部加入，在构建 GPS 网时会降低整个 GPS 网的精度，由于本书实验时只采用了三个 CORS 站，同时为了能使淮工 CORS 点测量达到所需的精度，故设计了试验研究方案；由连云港待测点与 IGS 站北京站、上海站、武汉站、韩国站和长春站五点组成。

表 3-2　IGS 跟踪站 ITRF2000 坐标

IGS 跟踪站	X 年变化率	Y 年变化率	Z 年变化率	中误差		
				X	Y	Z
BJFS_GPS（北京站）	2148744.401	−4426641.432	4044655.917	0.043	0.058	0.051
	−0.0444	0.0141	−0.0013			
SHAO_GPS（上海站）	2831733.694	−4675665.883	3275369.334	0.005	0.007	0.007
	−0.0307	−0.0112	−0.0134			
WUHN_GPS（武汉站）	2267749.613	5009154.218	3221290.596	0.009	0.015	0.012
	−0.0325	−0.0077	−0.0119			
DAEJ_GPS（韩国站）	3120042.119	−4084614.767	3764026.762	0.013	0.017	0.016
	−0.0246	−0.0146	−0.0176			
	−0.0306	−0.0055	−0.0003			
CHAN_GPS（长春站）	2674427.379	−3757143.166	4391521.617	0.001	0.001	0.001
	−0.0252	−0.0089	−0.0092	0.001	0.001	0.001

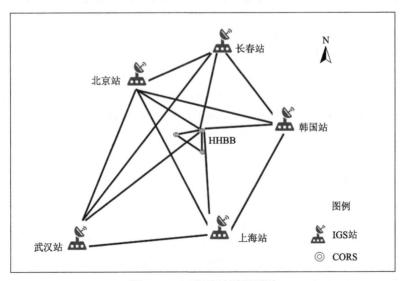

图 3-6　IGS 跟踪站联测网图

联测网基线边长分布情况见表 3-3。

表 3-3 联测网不同基线边长分布情况统计

项目	<100 km	100~500 km	500~1000 km	1000~1500 km	>1500 km	最短边长 /km	最长边长 /km	平均边长 /km
边数/个	0	0	14	5	1	3.97	27.9	12
百分比/%	0	46.9	14.3	5.1	1			

为了获取 CORS 站的 WGS84 绝对高精度坐标,首先需要采集 CORS 的观测数据。为了采集 CORS 的高质量数据,观测需要在无遮挡、多路径影响较小的条件下进行。为了与 IGS 站联测,至少需要采集 120h 的数据,采样间隔为 10s,且观测时间为 GPS 时间 0~24 时,即北京时间早上 8 时开始,采集各个基站 120h 的同步观测值数据。参考站与 IGS 基准站联测数据采集的主要技术指标见表 3-4。

表 3-4 参考站与 IGS 基准站联测数据采集的主要技术指标

指标名称	指标值
观测模式	基准站静态相对定位模式
卫星截止高度角/(°)	10
时段长度/(h,UTC)	24
观测时段数/个	4
采样间隔/s	1
有效观测卫星总数/颗	≥5
几何强度因子(PDOP)值	<6

外业观测过程严格按 GPS 操作规程进行,并认真做好观测记录工作。观测完毕及时进行原始数据传输,并做好原始数据备份等。

联测数据处理解算采用 GAMIT 软件。GAMIT 是由美国麻省理工学院(MIT)和美国加利福尼亚大学 SCRIPPS 海洋研究所(SIO)共同研发的用于定位和定轨的 GPS 数据分析软件包。利用 GAMIT 可以确定地面站的三维坐标和对空中飞行物定轨,在利用精密星历和高精度起算点的情况下,基线解的相对精度能够达到 9~10,解算短基线的精度能优于 1mm,目前,它已广泛应用于长距离、高精度、长时间的 GPS 定位数据处理,是世界上最优秀的 GPS 软件之一。

GAMIT 软件由许多功能不同的模块组成,这些模块可以独立运行。各个模块具有一定的独立性,但它们之间又紧密地联系在一起,共同完成数据处理和分析的全过程。这些模块按功能可以分成两个部分:数据准备和数据处理。此外,该软件还带有功能强大的 SHELL 程序。数据准备部分包括原始观测数据的格式转换、计算卫星和接收机钟差、星历的格式转换等;数据处理部分包括观测方程的形成、轨道的积分、周跳的修复和参数的解算等。

　　由于 GAMIT 是所有基线一起处理的整体解模式，其中解算后中误差（postfit nrms）是 0.20514，小于 0.3，另外，环闭合差（表 3-5）也不超限，达到了本项目示范的解算要求。

表 3-5　环闭合差

序号	点串	D_x/m	D_y/m	D_z/m	闭合差/m	限差/m	长度/km
1	BJFS-CHAN-BJFS	−0.013	0.014	0.012	0.022	5.306	1838.4
2	BJFS-DAEJ-BJFS	−0.003	0.009	0.001	0.009	5.306	2134.6
3	BJFS-DGXY-BJFS	−0.001	−0.008	−0.005	0.01	5.306	1247.8
4	BJFS-HHBB-BJFS	−0.015	0.017	0.014	0.027	5.306	1257.3
5	BJFS-SHAO-BJFS	0.003	−0.013	−0.009	0.016	5.306	2116.9
6	BJFS-TGXQ-BJFS	−0.02	0.026	0.026	0.042	5.306	1257.9
7	BJFS-WUHN-BJFS	0.012	−0.026	−0.029	0.041	5.306	2031.2
8	CHAN-DAEJ-CHAN	0.009	−0.005	−0.011	0.015	5.306	1672.8
9	CHAN-DGXY-CHAN	0.012	−0.022	−0.017	0.03	5.306	2293.8
10	CHAN-HHBB-CHAN	−0.002	0.004	0.003	0.005	5.306	2301.1
11	CHAN-SHAO-CHAN	0.016	−0.026	−0.021	0.037	5.306	2908.1
12	CHAN-TGXQ-CHAN	−0.008	0.013	0.014	0.021	5.306	2307
13	CHAN-WUHN-CHAN	0.025	−0.04	−0.041	0.062	5.306	3522.7
14	DAEJ-DGXY-DAEJ	0.002	−0.017	−0.006	0.018	5.306	1531
15	DAEJ-HHBB-DAEJ	−0.011	0.009	0.014	0.02	5.306	1531.3
16	DAEJ-SHAO-DAEJ	0.006	−0.022	−0.01	0.025	5.306	1638.6
17	DAEJ-TGXQ-DAEJ	−0.017	0.017	0.025	0.035	5.306	1538.1
18	DAEJ-WUHN-DAEJ	0.015	−0.035	−0.03	0.049	5.306	2739.2
19	DGXY-HHBB-DGXY	−0.014	0.026	0.02	0.035	5.306	9.8
20	DGXY-SHAO-DGXY	0.004	−0.005	−0.004	0.007	5.306	871
21	DGXY-TGXQ-DGXY	−0.019	0.035	0.031	0.05	5.306	13.5
22	DGXY-WUHN-DGXY	0.013	−0.018	−0.024	0.032	5.306	1288
23	HHBB-SHAO-HHBB	0.018	−0.03	−0.024	0.042	5.306	861.4
24	HHBB-TGXQ-HHBB	−0.006	0.009	0.012	0.016	5.306	7
25	HHBB-WUHN-HHBB	0.027	−0.044	−0.043	0.067	5.306	1283.4
26	SHAO-TGXQ-SHAO	−0.023	0.039	0.035	0.058	5.306	860.8
27	SHAO-WUHN-SHAO	0.009	−0.013	−0.02	0.025	5.306	1314.9
28	TGXQ-WUHN-TGXQ	0.032	−0.053	−0.055	0.083	5.306	1276.5
29	BJFS-CHAN-DAEJ-BJFS	0	0	0	0	11.938	2822.9
30	BJFS-DGXY-CHAN-BJFS	0	0	0	0	11.938	2690
31	BJFS-HHBB-CHAN-BJFS	0	0	0	0	11.938	2698.4

续表

序号	点串	D_x/m	D_y/m	D_z/m	闭合差/m	限差/m	长度/km
32	BJFS-SHAO-CHAN-BJFS	0	0	0	0	11.938	3431.7
33	BJFS-TGXQ-CHAN-BJFS	0	0	0	0	11.938	2701.6
34	BJFS-WUHN-CHAN-BJFS	0	0	0	0	11.938	3696.1
35	BJFS-BTGU-CHAN-BJFS	0.013	−0.014	−0.012	0.022	11.938	2648.5
36	BJFS-BTGY-CHAN-BJFS	0.013	−0.014	−0.012	0.022	11.938	2761.2
37	BJFS-GTYW-CHAN-BJFS	0.013	−0.014	−0.012	0.022	11.938	2727.6
38	DAEJ-DGXY-BJFS-DAEJ	0	0	0	0	11.938	2456.7
39	DAEJ-HHBB-BJFS-DAEJ	0	0	0	0	11.938	2461.6
40	DAEJ-SHAO-BJFS-DAEJ	0	0	0	0	11.938	2945
41	DAEJ-TGXQ-BJFS-DAEJ	0	0	0	0	11.938	2465.3
42	DAEJ-WUHN-BJFS-DAEJ	0	0	0	0	11.938	3452.5
43	DGXY-HHBB-BJFS-DGXY	0	0	0	0	11.938	1257.4
44	DGXY-SHAO-BJFS-DGXY	0	0	0	0	11.938	2117.8
45	DGXY-WUHN-BJFS-DGXY	0	0	0	0	11.938	2283.5
46	HHBB-SHAO-BJFS-HHBB	0	0	0	0	11.938	2117.8
47	HHBB-TGXQ-BJFS-HHBB	0	0	0	0	11.938	1261.1
48	HHBB-WUHN-BJFS-HHBB	0	0	0	0	11.938	2285.9
49	HHBB-BTGU-BJFS-HHBB	−0.015	0.018	0.014	0.027	11.938	1257.9
50	HHBB-BTGY-BJFS-HHBB	−0.014	0.017	0.014	0.027	11.938	1325.1
51	SHAO-TGXQ-BJFS-SHAO	0	0	0	0	11.938	2117.8
52	SHAO-WUHN-BJFS-SHAO	0	0	0	0	11.938	2731.5
53	TGXQ-WUHN-BJFS-TGXQ	0	0	0	0	11.938	2282.8

限差计算说明：按国家规范 3 倍标准差 σ 为限差。$\sigma = a + b \cdot D$，其中，$a = 10\text{mm}$，$b = 2\text{ppm}$，D 按全网平均边长 663.176 计算。

注：1 ppm=10^{-6}。

在解算完基线之后，使用 GLOBK 解算 CORS 站坐标。平差质量评估见表 3-6。

表 3-6　平差质量评估

序号	点名	x 中误差/m	y 中误差/m	z 中误差/m
1	DGXY	−2562879.117 0.0184	4585127.636 0.0184	3605785 0.0184
2	HHBB	−2565299.01 0.0184	4586829.722 0.0184	3601904.1 0.0184
3	TGXQ	−2563223.312 0.0184	4589247.246 0.0184	3600436.6 0.0184

3.4.2 基于 CORS 的深度基准框架构建

如图 3-7 所示,设长期验潮站和短期验潮站水尺零点的 1985 国家高程基准正常高程为 H_C^0 和 H_D^0 ,两站所在位置的高程异常分别为 N_C 和 N_D 。则通过 CORS 测得的海水面相对于水尺零点的实时高度分别为

$$\begin{cases} h_C^0 = H_C - N_C - H_C^0 \\ h_D^0 = H_D - N_D - H_D^0 \end{cases} \quad (3\text{-}5)$$

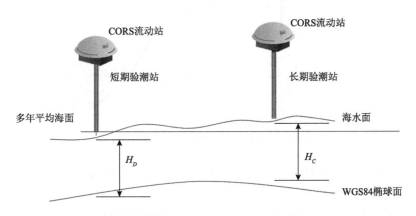

图 3-7　长短期验潮站潮位观测示意图

如果知道长、短期验潮站多年平均海面的 1985 国家高程基准正常高程为 H^L ,则通过 CORS 测得的长、短期验潮站海水面相对于多年平均海面的实时高度为

$$\begin{cases} h_C^L = H_C - N_C - H^L \\ h_D^L = H_D - N_D - H^L \end{cases} \quad (3\text{-}6)$$

如果在长、短期验潮站附近分别埋设水准点,通过长、短期验潮站水准联测,并和国家水准点联测,则可获得验潮站附近水准点的 1985 国家高程基准正常高程,同时可求得短期验潮站多年平均海面的位置。如果在长、短期验潮站水准点上架设 CORS 接收机,分别在长期验潮站和短期验潮站设置 CORS 流动站,实时观测海水面 WGS84 椭球大地高,则不难获得上式中高程异常 N_C 和 N_D 的值。

由式(3-4)可知,长、短期验潮站短期平均海面相对于多年平均海面的高度如下:

$$\begin{cases} M(x_C, y_C) = \dfrac{1}{N} \sum_1^N h_C^L \\ M(x_D, y_D) = \dfrac{1}{N} \sum_1^N h_D^L \end{cases} \quad (3\text{-}7)$$

式中, N 为观测期数。

由式（3-7）可得长、短期验潮站潮差比，根据潮差比和长期验潮站深度基准面的位置，由式（3-6）可以推算出短期验潮站深度基准面的位置。

CORS 接收机安置方法如图 3-8 所示，CORS 观测数据可通过有线或无线网络传输至 CORS 数据服务中心，实时计算和分析深度基准面信息。

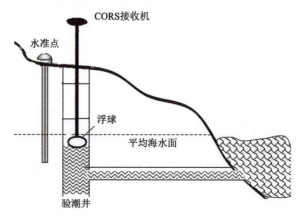

图 3-8　验潮站 CORS 接收机安置示意图

结合有关连续运行定位服务基准站功能分析与设计，CORS 验潮观测系统（图 3-9）的功能开发与试验要求如下。

（1）在连云港西连岛验潮观测站建立 1 个半永久性的 CORS 基准站，设计为无人值守型，设备尽可能少，连接可靠。

（2）CORS 设备选用南方 NET-S5 主机的方式。基准站为分体式，设计开发特殊的 GNSS 基准站验潮观测天线。如图 3-10 所示，主机置于试验室内。

（3）基准站按设定的时间间隔（1Hz）自动采集 GNSS 数据。观测数据通过 3G 无线网络直接发送到 CORS 系统控制中心。

（4）GNSS 观测数据同时备份保存在本机上，由计算机硬盘保留至少 60d 的数据。

（5）系统控制中心通过远程方式设定、控制、监测 CORS 验潮基准站的运行。

图 3-9　CORS 验潮观测系统

根据 CORS 验潮模型设计了 CORS 验潮观测数据处理系统，并且开发了 CORS 验潮观测数据处理原型系统。通过验潮站长期验潮数据和 CORS 实时观测海水面 WGS84 椭球大地高，即可计算深度基准面的位置，如图 3-10 所示。

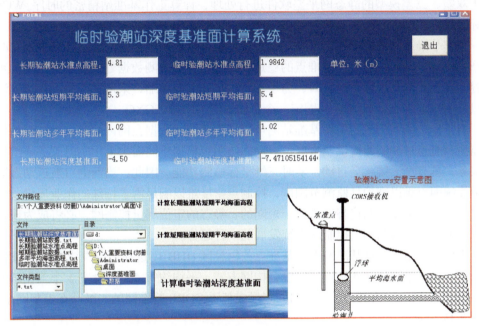

图 3-10　CORS 验潮观测数据处理原型系统界面

3.4.3　港口航道监测工作基准构建

在变形监测的观测工作中，无论水平位移观测还是垂直位移观测，都力求基准点与监测基点保持稳定不动，因而基准点远离监测区域布设。即使不能全部远离，也至少应有一组是远离且稳定不动的，以作为改正变形点的依据，否则其稳定性难以保证。但在港口航道大区域监测工程实践中，实时动态监测时基准点距离变形监测点不能太远，否则影响测量精度。试验选择苍弓 RockT200 和司南导航 M300 接收机，实测分析如图 3-11 所示。

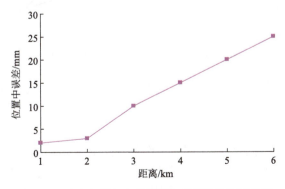

图 3-11　基准点距离变形监测点观测误差衰减曲线

为此,利用 GPS 定位技术在港口航道陆域地区根据需求按一定距离建立常年连续运行的一个或多个固定 GPS 工作基准站。利用计算机、数据通信和互联网(LAN/WAN)技术将各个工作基准站与数据中心组成网络,由数据中心从工作基准站采集数据,利用基于双差、三差模型的静态网平差软件进行处理,计算工作基准站精密的时序 WGS84 坐标,然后数据中心向各监测站提供工作基准站动态坐标基准。

工作基准站网的稳定性是一个相对概念。由于受到周围环境的影响,基准点有时也会产生位移。因此,对工作基准点的稳定性评价是变形观测数据处理时不可忽视的重要内容。在与大地基准网点连接时,为了不产生尺度上的伸缩,采用无强制的连接方法,即只采用固定一个点 HHBB 和固定一个定向方向 HHBB-TGXQ。

由工作基准站构成的工作基准站网可以实现系统的数据在网内共享,为陆域地质结构监测和航道形变监测提供基准服务。动态监测可根据不同需求采用实时服务或事后定位服务,具有全天候、全自动、实时三维坐标监测功能。因此,当前港口航道动态监测测量控制网点难以维护且监测范围广,控制点密度难以满足需求特殊的作业环境,建立卫星连续运行工作站网代替分散的、短期的、静态的定位测量控制网,必将成为现代区域地表形变动态监测测量控制网系统发展的一种趋势。

工作基准站网依据基准网下的基准点苍梧校区 HHBB,选择沿海岸线布设 B 级 GPS 控制网,该网采取边连式和点连式混合构网方式,平均约每 40km 设置 1 个工作基准站点,共设置 4 个工作基准站点。构网联测形成基于 CORS 基准网的二级动态控制网系统,如图 3-12 所示。

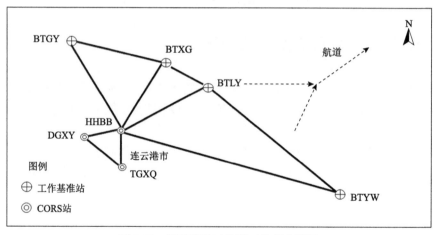

图 3-12 连云港港口航道工作基准站网

卫星连续运行参考站网控制系统可对工作基准站点进行动态检测,根据对工作基准站的需求实时更新工作基准站数据,极大地提高了工作基准站点网系统的有效性、可靠性、完备性和精确性。

工作基准站选点与标志设计是构建工作基点控制网系统的关键。首先应在野外进行工作基点的选点与埋设。工作基准站网形选择比较灵活,选点工作较常规控制测量简单方便。但是由于 GPS 点位的适当选择对保障整个测绘工作的顺利进行具有重要影响,所以应该根据工作控制点的目的、精度和密度要求，在充分收集和了解测区范围、地理状况以及原有控制点的精度、分布和保存情况的基础上，进行 GPS 工作基准站点位的选定与布设。GPS 工作基准站点的选点、埋标工作要按规范要求进行。选点时要绘制选点图，标石埋设结束后应实地填写和绘制点之记。在基点网点位选择时应注意：

（1）点位应选在交通方便、便于到达的地方，便于安置接收设备。视野开阔，视场内周围障碍物的高度角一般应小于 15°。

（2）点位应选在地质结构稳定的基岩或建筑物上，以满足高精度形变监测对点位的需求。

（3）点位应远离大功率无线电发射源和高压输电线，避免周围磁场对 GPS 信号的干扰。

（4）点位附近不应有对电磁波反射强烈的物体。

（5）点位应选在地面基础坚固的地方，以便于保存。

按照《全球定位系统（GPS）测量规范》要求，在选点时点位周围若有高于 10° 的障碍物，应绘制点的环视图。本设计工作基点网点位选择多在空旷的理想选点区。通过多时段预测，绘制工作基点环视图的点位有赣榆 BTGY、墟沟 BTXG、连云 BTLY 和燕尾港 BTYW。工作基点环视图如图 3-13 所示。

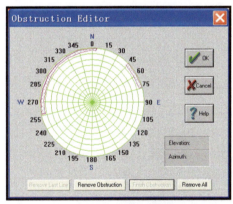

（a）赣榆 BTGY 环视图

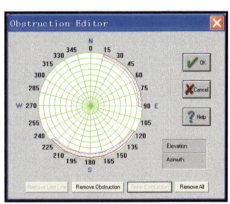

（b）墟沟 BTXG 环视图

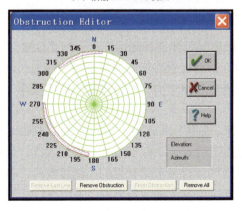

（c）连云 BTLY 环视图

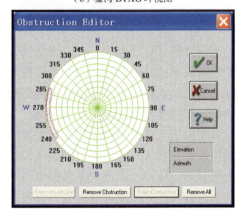

（d）燕尾港 BTYW 环视图

图 3-13　工作基点环视图

为了实现自动化实时数据采集,对工作基准站点设计了支持全自动控制的连续运行智能工作站,分别特殊设计了地面工作站和建筑物工作站。工作站标石结构类型如图 3-14、图 3-15 所示。

图 3-14　地面工作基准站图

图 3-15　建筑物工作基准站图

本设计根据设计点位靠海区地形位置、土质情况具体选择埋标类型。为了 GPS 工作控制测量成果的长期利用,GPS 工作控制点应设置具有中心标志的强制归心标志,以精确标示点位,点位标志采用稳定坚固的钢筋混凝土和钢结构,以便点位的长期保存。建筑物砼工作基准站施工如图 3-16 所示。

为了保证工作基点网施测的精度和质量要求,选用 Leica1200、Stone T2000 双频 GPS 观测接收机。对于基准站点 HHBB GNSS 配置标准 Leica1200 参考站双频接收机,且应具有足够多的接口,以便用于数据中心计算机连接运行参考站软件的控制接收机,将原始数据连续传送到控制计算机或专业服务器。连接主电源和后备电源,采用在线式 UPS 或太阳能供电装置保证至少 24h 以上连续稳定独立供电。连接外围监测传感器设备,如气象和倾斜传感器。

图 3-16 建筑物砼工作基准站施工图

工作基点观测网按 CORS 台站调度表规定时间将观测数据打包作业,保证同步观测,以便统一调度。接收机开始记录数据后,可查看测站信息、接收卫星数、卫星号、信噪比、实时定位结果及存储介质记录情况等。对数据连续采集情况进行监控管理,查看测站信息、接收卫星数、卫星号、信噪比、实时定位结果及存储介质记录情况等。

每天应该量取天线高至 0.001m,两次天线高之差不大于 2mm。及时检查并逐项填写测站名、年月日、时段号、天线高等信息于手簿中。每天观测结束后,应及时将数据转存至计算机硬盘上,确保观测数据不丢失,同时转换为 RINEX 格式。对每个时段观测数据进行至少两次工作基准网计算,获取工作基准站点动态坐标,及时对工作基准站标准坐标值进行改正。

具体观测技术指标要求见表 3-7。

表 3-7 GPS 工作基准网测量技术指标

项目名称	指标
卫星高度角/ (°)	10
观测时间长度/h	≥24
采样间隔/s	30
有效卫星总数/颗	≥20

观测数据处理按 B 级 GPS 网基线向量解算和网平差计算。B 级 GPS 网基线向量解算采取双差相位观测值多站、多时段自动处理方法。通过对基线残差的分析,采用数据

的开窗处理技术，截取合适的时间段，选取合适的卫星截止高度角，数据模型为 L1/L2 伪距与载波相位。解算后得到各基线向量值及其方差阵。基线解算后，进行同步环、重复观测边以及异步环观测的检核，对超限基线予以剔除。

基准基线解算以 HHBB 为起算点，采用 HHBB 多次重复长期 CORS 网与 IGS 联测定位确定的 WGS84 地心坐标值，保证点位误差≤1cm。

以 HHBB 为基准站解算与之相连的工作基准站之间的基线，可得到这些点准确的 WGS84 地心坐标（精度可达到厘米级），获得整周模糊度参数的双差固定解。

本次基线解算基准点保证点位误差≤1cm，对解算基线向量误差的影响<0.1ppm，对大地高误差的影响≤1mm。

基线同步环闭合差模型：

$$\begin{cases} \omega_x \leqslant \dfrac{\sqrt{3}}{5}\delta \\[2mm] \omega_y \leqslant \dfrac{\sqrt{3}}{5}\delta \\[2mm] \omega_z \leqslant \dfrac{\sqrt{3}}{5}\delta \end{cases} \tag{3-8}$$

基线异步环闭合差模型：

$$\begin{cases} W_X \leqslant 2\sqrt{n}\delta \\[1mm] W_Y \leqslant 2\sqrt{n}\delta \\[1mm] W_Z \leqslant 2\sqrt{n}\delta \end{cases} \tag{3-9}$$

式中，δ 为按平均边长计算的 GPS 观测标准精度，本次按 $10+2\times10^{-6} \cdot D$（$D$ 为平均边长，单位：km）计算；n 为闭合环的边数，具体统计计算数据参见独立（异步）环闭合差统计表。

对处理的基线进行相容性检验，测量平差的基础最小二乘法建立在两个统计假设之上：同一向量的测量误差是一种无偏的偶然误差，符合正态分布规律；在大量的冗余观测条件下，观测值的均值逼近观测对象的真值，称为未知值的最或然值。GPS 测量中有大量的系统误差（例如星历误差、大气折射误差等），且外界观测条件的限制（如点位埋设于建筑物附近）造成卫星频频失锁，增加了未知点的个数，使解算的基线结果尽管符合最小二平差原理，且内部符合精度很高，但其结果可能是错误的，严重地偏离了真值。必须通过相容性检验将其找出来，并剔除，或通过调整参数，重新处理给出正确的结果，或通过外业重测。相容性检验方法：①同一基线在不同时间段利用不同卫星组合进行重复测量，检验其互差，使其在仪器的精度指标及技术规程的限差之内，本次重复测量基线共 16 条，经检验全部合格；②利用不同已知点不同的传算路线且对于推算点来说是彼此独立的基线观测值，比较推算点点位坐标的差别；③通过独立观测边组成的闭合环，检验其环闭合差，详情见异步环闭合差统计表。

基线向量数据检核如下。

每天的观测数据经基线处理后，即对当天的观测质量进行检核，包括重复基线边检核（表 3-8）。获得合格的基线向量后立即进行网平差。现将试验阶段初始计算报告如下。

表 3-8　B 级网重复观测基线边检核表（绝对值）

序号	基线名	基线长/m	边长误差/m	ΔX/m	ΔY/m	ΔZ/m	限差/ppm[①]	相对精度/ppm
1	BTLY-BTXG	11959.272	0.006	0.001	0.003	0.005	621.75	0.3
2	BTLY-BTYW	52075.609	0.018	0.012	0.013	0.004	1473.19	0.3
3	BTLY-HHBB	49757.846	0.028	0.019	0.014	0.014	1407.65	0.6
4	BTXG-HHBB	35945.638	0.055	0.009	0.037	0.039	1017.09	1.5
5	BTGY-BTXG	34922.335	0.071	0.043	0.054	0.018	988.16	2.0
6	BTYW-HHBB	56791.657	0.029	0.021	0.015	0.014	1606.56	0.5
7	BTGY-HHBB	50289.912	0.038	0.013	0.025	0.026	1422.69	0.8

注：重复边限差。

$$\omega_{限} = 2\sqrt{2}\delta \tag{3-10}$$

式中，δ 为按平均边长计算的相应等级规定精度。

对于 E 级网：

$$\delta = \sqrt{10^2 + (20 \times D)^2} \tag{3-11}$$

表 3-8、图 3-17、图 3-18 中数据表明，从重复观测边的精度来看，观测质量是较高的。系统长时间观测序列数据解算质量会更加稳定。

B 级 GPS 网平差计算与成果质量分析如下所述。

采用三维无约束平差。三维无约束平差在 WGS84 坐标系下进行，平差仍以网中基线解算基准 HHBB 点和 HHBB-TGXQ 方向固定三维 WGS84 坐标作为 GPS 网平差的位置基准。

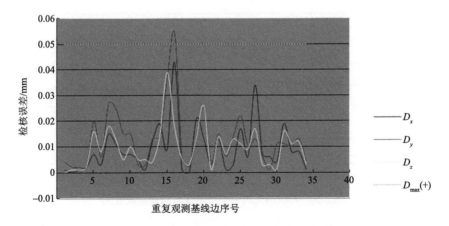

图 3-17　B 级网重复观测基线边闭合差统计图

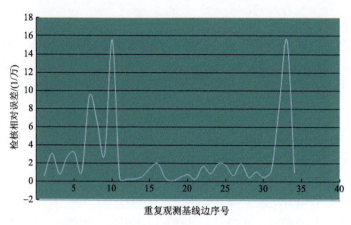

图 3-18　B 级网重复观测基线边相对精度统计图

　　无约束平差分别使用 Trimble Total Control 2.7（TTC）和 SOUTH GPSPro 4.0 网平差软件进行，无约束平差的观测值是独立基线向量及其方差阵，无约束平差的目标一是提供全网平差后的 WGS84 三维坐标系，二是检验 GPS 网有无残余的粗差基线向量。

　　利用三维无约束平差得到 GPS 点的 WGS84 三维坐标系，E 级网无约束平差三维基线残差见图 3-19～图 3-21。

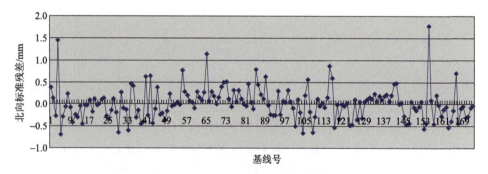

图 3-19　E 级网无约束平差基线北向残差统计图

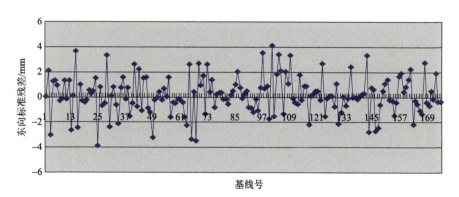

图 3-20　E 级网无约束平差基线东向残差统计图

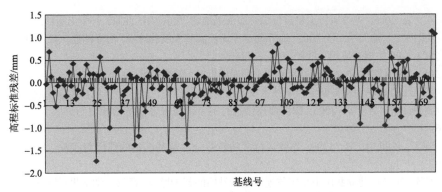

图 3-21　E 级网无约束平差基线高程残差统计图

从图 3-19～图 3-21 中可知基线向量改正数绝对值满足下列要求：

$$V_{\Delta X} \leqslant 2\sigma \qquad V_{\Delta Y} \leqslant 2\sigma \qquad V_{\Delta Z} \leqslant 2\sigma \qquad （3-12）$$

图 3-19～图 3-21 数据表明所有基线不存在粗差。

B 级网三维无约束平差基线向量改正数合格率列于表 3-9。

表 3-9　B 级网三维无约束平差基线向量改正数合格率统计

合格标准	合格基线向量改正个数/个	占比/%
$V_{\Delta} \leqslant 2\sqrt{5^2 + (2\mathrm{ppm}D)^2}$	290	98.6
$V_{\Delta} \leqslant 2\sqrt{5^2 + (3\mathrm{ppm}D)^2}$	292	99.3
$V_{\Delta} \leqslant 2\sqrt{5^2 + (5\mathrm{ppm}D)^2}$	293	99.6

表 3-9 的数据表明所有基线成果合格。

参 考 文 献

暴景阳, 黄辰虎, 刘雁春, 等. 2003. 海图深度基准面的算法研究. 海洋测绘, (1): 8-12.

暴景阳, 章传银. 2001. 关于海洋垂直基准的讨论. 测绘通报, (6): 10-11, 26.

陈俊勇, 杨元喜, 王敏, 等. 2007. 2000 国家大地控制网的构建和它的技术进步. 测绘学报, (1): 1-8.

陈俊勇. 2002. 对我国建立现代大地坐标系统和高程系统的建议. 测绘通报, (8): 1-5.

陈俊勇. 2003. 关于中国采用地心 3 维坐标系统的探讨. 测绘学报, (4): 283-288.

陈俊勇. 2004. 关于我国采用三维地心坐标系统和潮汐改正的讨论. 武汉大学学报(信息科学版), (11): 941-944.

陈俊勇. 2005. 面向数字中国建设中国的现代大地测量基准. 地理空间信息, (5): 1-3.

程鹏飞, 成英燕, 文汉江, 等. 2008. 2000 国家大地坐标系实用宝典. 北京: 测绘出版社.

党亚民. 2010. 大地坐标系统及其应用. 北京: 测绘出版社.

黄丁发, 丁建伟, 夏捷. 2000. 差分 GPS 连续运行参考站(网)建设研究. 西南交通大学学报, (4): 375-378.

黄俊华, 陈文森. 2009. 连续运行卫星定位综合服务系统建设与应用. 北京: 科学出版社.

黄谟涛, 欧阳永忠, 陆秀平, 等. 2002. 海洋测量平面控制基准及其转换. 海洋测绘, (4): 3-9.

李天文. 2003. GPS 原理及应用. 北京: 科学出版社.

李玉宝. 2001. 应用 GPS 建立工程控制网若干问题的思考. 测绘通报, (12): 18-19.

李征航, 张小红. 2009. 卫星导航定位新技术及高精度数据处理方法. 武汉: 武汉大学出版社.

刘晖, 时晓燕, 杨沾吉, 等. 2003. 深圳市连续运行卫星定位服务系统的建立与试验. 测绘通报, (9): 33-36.

刘经南, 刘晖, 叶世榕, 等. 1999. 连续运行多功能差分示范基准站的建设与实验. 测绘通报, (12): 16-19.

刘经南, 刘晖. 2003a. 建立我国卫星定位连续运行站网的若干思考. 武汉大学学报(信息科学版), (S1): 27-31.

刘经南, 刘晖. 2003b. 连续运行卫星定位服务系统——城市空间数据的基础设施. 武汉大学学报(信息科学版), (3): 259-264.

隆华平, 胡友健, 曾云. 2005. GPS 连续运行参考站网络的解的精度及其稳定性研究. 全球定位系统, (2): 30-35.

宁津生. 2002. 现代大地测量参考系统. 测绘学报, (S1): 7-11.

祁芳, 刘晖. 2003. GPRS 技术在 CORS 系统中的应用. 全球定位系统, (1): 37-40.

魏子卿. 2006. 关于 2000 中国大地坐标系的建议. 大地测量与地球动力学, (2): 1-4.

徐绍铨. 2008. GPS 测量原理及应用. 武汉: 武汉大学出版社.

翟国君, 黄谟涛, 暴景阳. 2003. 海洋测绘基准的需求及现状. 海洋测绘, (4): 54-58.

周立, 谢宏全, 董春来, 等. 2010. 连云港 GPS 连续运行参考站网设计与构建. 淮海工学院学报(自然科学版), 19(4): 47-51.

周立, 许祝华, 蒋廷臣, 等. 2013. 中国海岸带管理空间基准的构建. 测绘通报, (3): 4-6, 13.

周其焕. 1997. 建立 GPS 基准站网系统的探讨. 中国民航学院学报, (3): 20-26.

Agency M. 2000. Department of Defense World Geodetic System 1984. Springfield: National Imagery and Mapping Agency.

Boucher C, Altamimi Z. 1996. ITRF and its relationship to GPS. GPS World, 7(9): 71-74.

Grafarend E W, Ardalan A A. 1999. World geodetic datum 2000. Journal of Geodesy, 73(11): 611-623.

Groten E. 1982. A precise definition and implementation of the geoid and related problems. Zeitschrift Vermessungswes, 107: 26-32.

Hilla S, Cline M. 2004. Evaluating pseudorange multipath effects at stations in the National CORS Network. GPS Solutions, 7(4): 253-267.

Hu G R, Khoo H S, Goh P C, et al. 2003. Development and assessment of GPS virtual reference stations for RTK positioning. Journal of Geodesy, 77(5-6): 292-302.

Snay R A, Soler T. 1999. Modern terrestrial reference systems, part 1. Professional Surveyor, 19(10): 32-33.

Snay R A, Soler T. 2000a. Modern terrestrial reference systems, Part 2: The evolution of NAD 83. Professional Surveyor, 20(2): 1-2.

Snay R A, Soler T. 2000b. Modern terrestrial reference systems, Part 3: WGS84 and ITRS. Professional Surveyor, 20(3): 1-3.

Snay R A, Soler T. 2000c. Modern terrestrial reference systems, Part 4: Practical considerations for accurate positioning. Wgs84 & Itrs.Prof.Surv, 20(4): 1-4.

Zhang C. 1998. Estimation of dynamic ocean topography in the Gulf Stream area using the Hotine formula and altimetry data. Journal of Geodesy, 72(9): 499-510.

第4章　港口航道区域地质结构稳定性监测技术

4.1　港口航道区域地质结构稳定性监测需求分析

4.1.1　港口航道区域地质结构特点与稳定性

连云港为陇海铁路、新欧亚大陆桥的东段起点。连云港港口航道位于连云港云台山东北部山岭区域后云台山。山体为前古生代变质岩系。东南侧平缓，西北侧陡峭。其中相邻的云台山玉女峰海拔约 625m，为江苏省最高点。玉女峰在第四纪最后一次海浸时全为沉陷海中的岛屿，古称郁洲山或苍梧山。由于沂、沭水挟带泥沙的填积和黄河南徙夺淮入海后带来大量泥沙，黄淮三角洲范围日益扩大。1711 年前云台山与大陆相连。1855年前后，中云台山、后云台山也相继与大陆连成一体。现鹰游山仍孤悬于东西连岛上。在鹰游山屏蔽下，鹰游门内风平浪静，有利于建港，现已建成可停泊万吨轮的码头。连云港附近海岸为江苏省唯一岩岸区。

连云港云台山从西到东横跨新浦、连云和海州三个区，地质上位于华北古陆的南缘，属于鲁苏地质，与山东的泰山、崂山一脉相承。它的岩石为变质岩，地质学上叫片麻岩，是二十四五亿年前造山运动中，受到高温高压后变质形成的，岩性坚硬、色白质细。其从西到东分前、中、后云台山，其中前云台山范围最大，地势最高，山中有 166 座高峰，光景区内就有大小山头 134 座，主峰玉女峰为江苏最高的山峰。山岳地层经长期的海水侵蚀冲刷和频繁的地质变化，形成了千奇百态的海浪石、海蚀洞及壮丽的石海胜景。

连云港地区构造地貌特征与新构造的关系十分密切。该区地貌分为低山—丘陵和堆积平原两大类型。山丘多呈孤岛状，陡峭的山坡和堆积平原之间地貌形态多突变，大多数没有过渡性缓坡。山体多为裸露基岩，极少有第四系堆积，而平原区则有较厚的第四系沉积，表明该市第四纪以来新构造运动强烈，沿断裂带有明显的断块差异升降活动。

连云港市及周围地区在大地构造分区中隶属于扬子与华北断块之间的苏北—胶南地体，南以淮阴—响水口断裂为界，西与郯庐断裂为邻，东濒黄海。以市区为中心，在300km 范围内分布有 24 条主要断裂，除了起主导作用的北东向断裂和北北东向断裂外，断续分布的北西向断裂也起到了明显的构造分块作用，其中对连云港市产生影响的有（谢善才等，2006）：

（1）沂沭断裂带（F1～F5）是郯庐带的主体部分，在山东部分称沂沭断裂带，由 5 条（F1～F5）组成。该带位于市区西侧，距市区 80km 左右，是中国东部地区最大、切割地壳最深的断裂，其中 F5 现代活动强烈。

（2）淮阴—响水口断裂是苏北—胶南地体的南部边界断裂，北东走向，延伸入黄海。新生代以来，多有微震活动，是一条弱活动性的断裂。

（3）苏北—南黄海盆地断裂是新生代大型裂陷盆地，在盆地内分布着众多不同方向的断裂。黄海的中强地震多发生在这个断裂上。

（4）海—泗断裂带（海州—沭阳—泗阳—洪泽湖）位于连云港中部，对海州湾海岸线的变迁有一定的控制作用。根据资料推测，海—泗断裂带具有一定的新的活动性。

（5）烧香河断裂由沭阳桑墟经板浦镇一带至板桥镇南延伸入海，被海—泗断裂带所截。到第四纪早、中期仍有一定的活动性。

连云港市位于华北地震区内，跨越长江中下游—南黄海地震带、郯—庐带、华北平原及河淮四个地震带，可能给连云港市造成震灾的是郯—庐带的沂—沭段和长南带及黄海地震区。

根据连云港地区的区域地质构造调查发现该区主要存在以下几条断裂：

（1）海韩断裂。北起赣榆县以东海州湾边，向南经罗阳、浦汪、前张湾至韩山以西的官墩附近，走向 NE15°，倾向 SE，倾角 56°～70°，是由 3～4 条断层组成的断裂带，断裂最宽处有 4km，是一条隐伏基底断裂，总长度达 88 km。推测该断裂最新一次活动为中更新世晚期。

（2）邵店—桑墟断裂。其又称烧香河断裂，由宿迁曹集向北东经邵店、桑墟、新坝，板桥南入海全长 120 km，断裂走向 NE45°～55°，倾向 SE，倾角 30°～65°，全部被第四系覆盖，据江苏省地震局《连云港核电厂工程地震研究》，该断裂为前第四纪活动断裂。

（3）排淡河断裂。位于后云台山和中云台山之间，在排淡河东北侧，长约 18km。断裂走向 310°（北西向），倾向南西，倾角约 60°，断裂发育在基岩中，断距 5～8m，上覆 Q2 地层没有受影响。据此推测该断裂为前第四纪活动断裂。

监测区域后云台山的地质构造断层主要是正断层，通过分析连云港地质构造图，发现在后云台山附近存在断裂带，如图 4-1 所示，1 号线所示的是一条物探推测断裂。从前云台山的东南方延伸向临洪河口。全长约 16.1km。2 号线和 3 号线为地质界线，可能存在断层。2 号线长约 11.4 km，3 号线长约 5.9 km。受地质灾害影响岩层向东—北方向移动。岩层移动方向与连云港港口主航道正交，将对其主航道稳定性产生影响，需要开展港口航道区域地质构造稳定性监测工作。

另外，根据连云港地震局资料分析，后云台山存在不稳定滑坡区域，主要分布在凰窝风景区、高公岛以及陶庵地区。高公岛村的滑坡区域位于高公岛乡，面积约 3000m²，体积近 17000 m³。由于人工切坡的影响，滑坡体的稳定性受到破坏，目前，该滑坡体处于发展阶段，存在较大的危险性。黄窝风景区滑坡隐患点位于黄窝风景区入口处的山坡上，体积约 2000 m³，在雨水的冲刷下非常容易下滑。并且，该滑坡体距离居民区较近，危险性很大，需要重点进行稳定性监测。

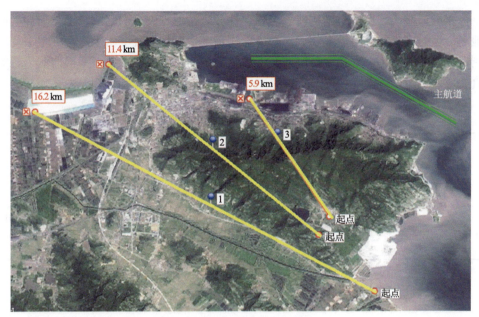

图 4-1 后云台山断层带分布

4.1.2 港口航道区域地质结构稳定性监测指标

　　航道全流程性能安全监测与预警是对航道及敏感影响区域或物体（简称"变形体"）进行建设和营运全周期监测，以确定其回淤、形变等空间位置及内部形态随时间的变化特征。监测的目的是分析和评价港口深水航道等重要基础设施（建筑物）的安全状态、验证设计参数、反馈设计施工质量，研究正常的变形规律和预报变形方法。

　　连云港港地处江苏省北部黄海海州湾西南岸，是陇海、兰新铁路沿线广大地区最为经济便捷的出海口，是我国沿海主枢纽港之一，是我国沿海中部能源外运和外贸运输的重要口岸。依托广阔的腹地和良好的集疏运条件，连云港港已成为我国沿海 25 个主要港口和 12 个区域性中心港口之一，在我国能源、原材料、粮食等战略性物资的运输中发挥着重要的作用。加快连云港航道工程建设更是江苏沿海开发的基础和先导。为实现长三角地区的可持续发展和增强该区域的国际竞争力，促进东部沿海与中、西部地区区域经济协调发展，加快江苏沿海地区开发，振兴苏北，实现江苏省"两个率先"目标，2009年 1 月国家发展和改革委员会对连云港港 30 万 t 级航道工程作了正式批复，同意建设30 万 t 级航道。连云港港 30 万 t 级航道是迄今为止国内外开挖厚度最大的人工航道，疏浚工程量大，而边坡工程量占整个疏浚工程量的 20%～30%，边坡坡度的确定不仅关系到航道边坡稳定和航道的正常营运，而且关系到疏浚工程量和工程投资的大小。边坡的优化一直是许多专家关心的主要问题之一，而稳定边坡与水深、地质、开挖厚度、潮流、波浪等因素有关，其地质条件的复杂性和变形机制的多样性使得对边坡稳定性及其支护效果进行准确的预测和判断存在着很大的难度，而全面的现场监测和分析将为这方面的工作提供强有力的支持。

根据港口航道区域地质结构特点与稳定性分析，地震灾害引起的岩层移动和大面积的地表滑坡等隐患是重要的影响源。相应监测精度指标如表 4-1 所示，考虑水平变形以监测地震影响源为主，垂直变形以监测滑坡影响源为主，故确定水平变形监测为二等，垂直变形监测为四等。

表 4-1　变形监测等级划分及精度指标

| 等级 | 垂直位移监测 | | 水平位移监测 | 适用范围 |
	变形监测点高程中误差/mm	相邻变形监测点高程中误差/mm	变形监测点中误差/mm	
一等	0.3	0.1	1.5	变形特别敏感的高层建筑、高耸建筑物、工业建筑、重要古建筑、大型坝体、精密工程设施、特大型桥梁、大型直立岩体、大型坝区地壳变形监测等
二等	0.5	0.3	3.0	变形比较敏感的高层建筑、高耸建筑物、工业建筑、古建筑、特大型和大型桥梁、大中型坝体、直立岩体、高边坡、重要工程设施、重大地下工程、危害性较大的滑坡监测等
三等	1.0	0.5	6.0	一般性高层建筑、多层建筑、工业建筑、高耸建筑物、直立岩体、高边坡、深基坑、一般地下工程、危害性一般的滑坡监测等
四等	2.0	1.0	12.0	观测精度要求较低的建（构）筑物、普通的滑坡监测、中小型桥梁等

4.2　基于 GNSS 区域地表形变监测模型研究

4.2.1　GNSS 形变监测模型

变形监测是指在各种荷载作用下，确定变形体在空间状态和时间上的变化特征，即获取点与点之间的相对位移信息，了解变形体的形变规律，为减灾、防灾提供依据。变形测量一般分为大地形变监测、工业与民用建筑物变形监测、建筑物稳定性监测、钢筋混凝土建筑物变形监测、地表沉降观测等，根据不同的应用领域，变形监测的精度要求在亚毫米级至毫米级。

变形监测方法主要有两大类：一是大地测量与工程测量方法，二是物理学传感器方法。前者具有监测范围大、测量精度高、资料可靠等优点，但又有观测工作量大、数据处理复杂、受气候影响大等缺点；后者主要是指应力应变计、倾斜仪等方法，这些方法的优点是能获得观测对象内部的一些信息及高精度局部的相对变形信息，并且能实现长期连续的自动化观测，缺点是只能观测有限的局部变形。

当前，在工程形变测量领域，主流的监测技术包括基于自动全站仪（测量机器人）的自动化监测系统、GNSS 技术、合成孔径雷达干涉测量（interferometric synthetic aperture radar，InSAR）技术、管线雷达技术、激光扫描技术、光纤监测技术、静力水准仪技术、测量传感器技术等。变形监测技术逐渐向一体化、自动化、数字化、智能化及实时化等方向发展。

适合大区域地表形变监测的主要方法是 GNSS 技术和 InSAR 技术。InSAR 是一种雷达遥感技术，主要用于测量 DEM 和监测地表变形。其主要优点是可以轻易覆盖很大的地表范围、测量点分辨率高、不需要野外作业等，缺点是受地面条件（如地表植被覆盖及地形）和大气的影响。另外，时间分辨率受卫星周期的限制，不能做到连续监测。GNSS 技术近年来越来越多地成功应用于滑坡和结构健康监测，尤其是大型结构物，如大桥、高楼、大坝等的监测。GNSS 已经发展为全自动的监测技术，可以提供实时高精度的监测结果。与其他方法相比，利用 GPS 进行工程结构变形监测主要具有以下几方面优点：①不受气候条件的限制，能在台风、大雾、暴风雨等恶劣天气条件下全天候进行工作；②监测点与已知参考点间无须通视；③能够直接测定监测点的三维坐标值，与监测点振动的幅度和频率无关，是目前测定结构在外界因素下产生的三维静态位移或低频振动的最好的手段；④自动化程度高，能够进行实时动态监测；⑤不同监测点可以进行同步测量。

作为一种全新的自动变形监测方法，GNSS 具有独特的优越性，其克服了传统变形监测方法的众多缺陷，为监测工程建筑物动态和静态变形提供了有效的手段。

GNSS 地表形变监测模型有静态相对定位监测网模型、CORS 网监测模型、动态实时差分定位模型、动态实时非差定位模型、一机多天线 GNSS 监测模型、伪卫星技术监测模型等。

（1）静态相对定位监测网模型是经典 GNSS 静态相对测量方法，用于缓慢变形场合，如地壳板块运动、城市地表沉降等。对于缓慢变形场合，在监测区域布设 GNSS 监测网，在监测站安置 GNSS 接收机，先连续同步采集 GNSS 观测数据和环境数据，然后下载数据并进行处理，采用载波相位观测值在测站、卫星或历元之间求差组合，解算静态基线，进而计算变形量，如图 4-2 所示。此模型的优点是精度高、可靠性好，但是也凸显出以多期复测、事后处理为主的现有监测技术的不足。

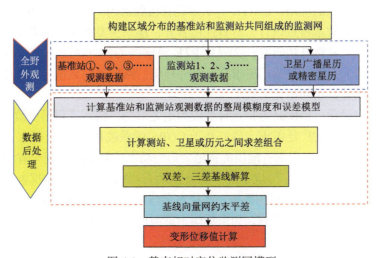

图 4-2　静态相对定位监测网模型

（2）CORS 网监测模型是将已经在国内外广泛建立的连续运行卫星定位服务系统作为变形监测基准网，在 CORS 网内布设与之关联的变形监测站点，共同构成变形监测网。在维护区域大地测量基准和城市或工程测绘工作中提供网络 RTK 差分定位服务的同时，将长时间序列载波相位观测值作为整周未知数估算和双差、三差计算的基础，以获得稳定、可靠的高精度形变监测基准解算结果，如图 4-3 所示。

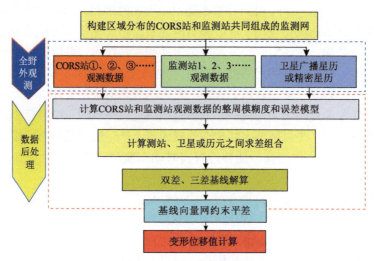

图 4-3 CORS 网监测模型

在城市地面沉降监测方面，该模型仍存在基准站不稳定、测量精度对平面及高程形变的影响等问题。需要进一步研究基于 CORS 系统变形监测网的稳定性分析方法。CORS网运行管理软件与地表形变动态监测信息共享接口有待开发，且同样存在以多期复测、事后处理为主的监测技术应用领域的有限性。

（3）动态实时差分定位模型一般指采用载波相位 RTK 技术，基于固化在商用双频GNSS 接收机内部的 RTK 算法实现厘米级实时形变监测。但以下缺陷限制了该监测模式在其他形变监测领域的应用：①RTK 算法固化在接收机内，由各厂商开发研制。目前，并非面向形变监测技术特点设计，解算性能各异，还缺少专业化功能开发，需提高监测数据精度和加强可靠性算法研究；②固化 RTK 算法的 GPS 双频机价格昂贵，系统应用成本高；③对双向无线网络通信要求高，野外环境的网络通信数据延迟和中断往往导致接收机反复初始化甚至初始化失败。

全天候、自动化、精度高等特点日益成为地壳形变、精密工程形变监测、地质灾害地表形变监测等领域的广泛需求。研究基于 CORS 的载波相位 RTK 技术，即网络 RTK监测技术成为新的方向。广东省地质灾害地表形变动态监测系统依托全省均匀覆盖的 78个连续运行参考站网支撑，构成了统一的连续动态高精度的空间数据参考框架，利用CORS 高质量、连续的 GPS 观测数据，直接在全球统一空间基准框架下（如 ITRF2005）实现地质灾害地表形变动态监测，为采集国土资源地质灾害信息提供了空间信息和专题数据支撑平台，如图 4-4 所示。

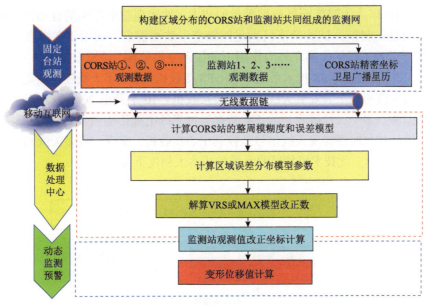

图 4-4　基于 CORS 的动态实时差分定位模型

（4）动态实时非差定位模型一般采用固定连续静态 GPS 监测阵列和实时动态非差相位精密单点定位技术相结合，如图 4-5 所示。固定连续静态 GPS 监测阵列的实施模式与 CORS 的模式类似，所有监测数据通过数据传输设备发送至数据中心，然后由相应的非差相位精密单点定位数据处理软件自动进行实时动态处理。该技术的主要优势是定位算法模型简单、计算效率高；可用观测值数量比差分模型多至少 1 倍，监测站间观测值不相关有利于质量控制，能直接获得高精度的三维坐标；监测站间无距离限制。如果监测频率要求较高的监测应用（如大坝、处于滑动期的滑坡、矿山采空区的变

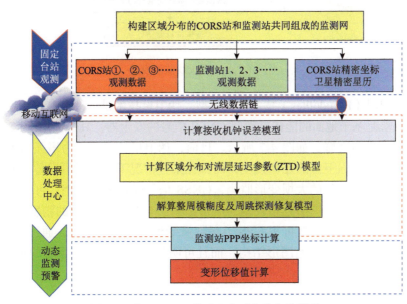

图 4-5　基于 CORS 的动态实时非差定位模型

形监测），则可以大大降低野外数据采集的成本，并实现整个监测的自动化，提高灾害预报的实时性。目前，试验精度已满足四级变形监测需求，适用于在缓慢变形中存在突变的变形以及工程结构物在外力作用下的振动变形监测，该模型是未来发展的趋势。

（5）一机多天线 GNSS 技术采用一台 GPS 接收机，通过多天线控制器能连接多个天线。这样每个监测点上只安装天线，不安装接收机。10 个乃至 20 个监测点共用 1 台接收机。将监测点多个天线接收到的 FR 数据通过光纤电缆传输到多天线控制器，多天线控制器按设计接收时序转发天线信号至控制中心接收机，实现一机多天线 GNSS 数据接收，如图 4-6 所示。此技术可使监测系统的成本大幅度下降。

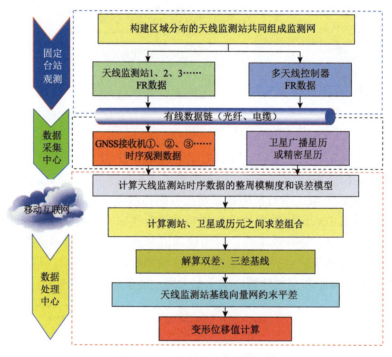

图 4-6　一机多天线监测模型

（6）伪卫星（Pseudolites）技术监测模型。伪卫星技术是一种 GNSS 卫星定位增强系统。伪卫星是基于地面的能传播类似 GNSS 信号的发生器，其最简单的形式是 GNSS 信号产生器和发射装置，如图 4-7 所示。目前，伪卫星已发展成为增强 GPS 应用的信号源，其不仅能增强卫星的几何强度，而且在某些情况下，甚至可以替代 GPS 卫星星座，如山区环境下峡谷的大坝变形监测，GNSS 信号受到地形遮挡，可视 GPS 卫星数量受到限制，卫星几何图形分布较差，严重影响到 GPS 导航定位的精度，有时甚至无法保障导航定位的需要。在可视 GPS 卫星数量受到限制的环境下，通过增设伪卫星，不仅可大大改善卫星的几何图形结构，而且可明显提高整个定位系统的精度、可靠性和完整性。

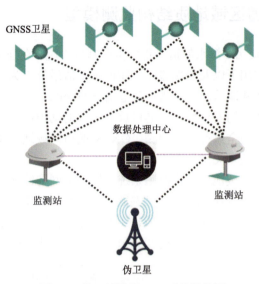

图4-7 伪卫星增强GPS系统结构图

目前，伪卫星主要发射GPS频段（如L1、L2频率）的信号，这些信号可用于伪距和载波相位测量。作为GPS卫星增强系统的伪卫星，无论是在测距码还是在载波相位定位方面都十分具有吸引力。伪卫星的应用不仅增加了GPS卫星的数量，而且大大改善了新星座的几何分布。一方面，在载波相位测量中，由于卫星几何位置的较大改变，可得到较好的模糊度参数矩阵，减少模糊度搜索空间，从而使用户更快地得到模糊度解；另一方面，采用伪卫星技术可大幅度地提高垂直方向的定位精度，如图4-8所示。此外，伪卫星还可作为独立定位系统，如海堤坝结构变形监测与GPS一起构成真正意义上的全球导航定位系统。

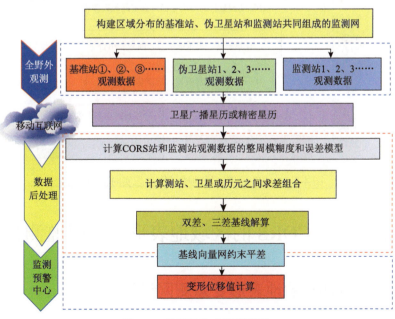

图4-8 伪卫星技术监测模型

4.2.2 GNSS 航道区域地质结构监测模型

针对连云港港口 30 万 t 深水航道等重要生产基础设施，在强地震动场和强、极端风暴潮灾害性气候动力作用下以及船舶碰撞、航道施工清淤等人为因素影响下的动力灾变安全问题，确定航道区域地质结构监测示范范围≥25km²，为了能够实现远程实时监测，及时掌握航道区域地质结构安全性，对港口重大工程的动力灾变过程从简单监测效应分析到传感网多效应耦合的全过程分析预测。GNSS 航道区域地质结构监测系统需要解决远程实时动态超长基线监测关键技术。

为此，GNSS 航道区域地质结构监测系统采用基准网与监测网双网组合设计模型。基准网由区域分布的 CORS 站和工作基站共同组成，组网采用 CORS 网监测模型。监测网由监测区域工作基站和监测站共同组成，组网采用动态实时差分定位模型，如图 4-9 所示。基准网解决工作基站超长基线精度问题，监测网解决实时动态监测问题。

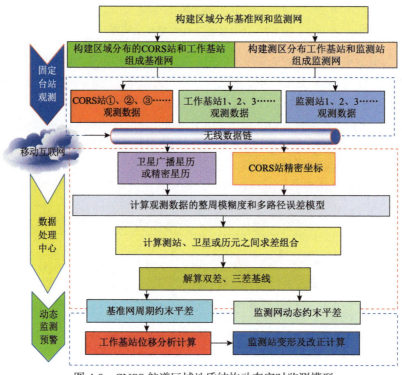

图 4-9 GNSS 航道区域地质结构动态实时监测模型

4.3 基于 CORS 的区域地表形变实时监测技术

4.3.1 基于 CORS 的地表形变监测网设计

设计地表形变监测控制网时，首先设计监测台站选址方案。

1. 后云台山断层监测

1）1 号断层监测站

1 号断层为物探推测断裂，全长 16.1km，在前云台山区域的部分全长约为 12.1 km，大约每隔 3 km 按线性设一个监测站，如图 4-10 所示。

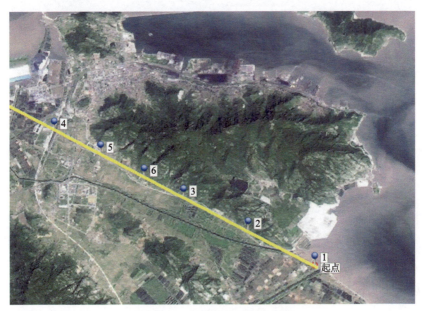

图 4-10　1 号断层监测站分布图

2）2 号断层监测站

2 号线表示的是地质界线，全长 11.6km，前云台山区域的长度约为 7.8 km，大约每隔 3 km 布设一个监测点，以线性方式布设 4 个，如图 4-11 所示。

图 4-11　2 号断层监测站分布图

3）3号断层监测站

3号线全长约7.8 km，前云台山区域的长度约为4.2 m，以3 km左右为间距，按线性方式布设3个监测站点，如图4-12所示。

图4-12　3号断层监测站分布图

2. 后云台山滑坡监测

1）凰窝风景区滑坡监测

凰窝风景区滑坡隐患点位于景区入口处右侧山坡，119°28′6.8″E，34°42′59.5″N 处。图4-13椭圆部分为凰窝风景区滑坡隐患区域，由于滑坡方向不确定，监测点位布设为放射形。

图4-13　凰窝风景区滑坡隐患区域

2）高公岛乡滑坡监测

该隐患点位于高公岛乡西山村后云台山东南坡，119°28′23.7″E，34°42′12.7″N 处，前期人工切坡影响滑坡稳定性。图 4-14（a）为高公岛乡滑坡隐患区域位置，图 4-14（b）所示为高公岛乡滑坡监测点区域，由于滑坡区域小且方向不确定，所以按放射形布设点位。

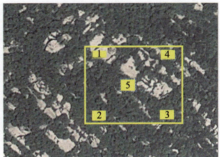

(a) 高公岛乡高公岛村滑坡隐患区域　　　　　(b) 高公岛乡高公岛村滑坡监测点

图 4-14　高公岛乡西山村滑坡隐患点及监测站分布

4.3.2　基于 CORS 的地表形变监测网点环境影响评估

针对地表形变监测控制网各 CORS 台站进行观测环境影响质量控制（quality control，QC）分析，评估 CORS 台站的卫星信号接收质量。

1. 选址台站 GNSS 评价数据采集

人员配备：从滑坡区域和断层区域中各选一个具有代表性的区域，滑坡区域选择凰窝风景区，断层区域选择 3 号断层带，每个区域各选 3 个点，由于观测时间较短，只需两个人观测；设备配备：华测 GPS 一套（包括 GPS 接收机、基座、三脚架）；观测时间：以 10s 采样间隔记录 45min 的卫星信号观测数据。由于各方面因素影响，如 GPS 卫星运行、电离层影响等均具有一定的周期性，所以基本观测周期为一天。

2.1 号断层带环境影响评价

如图 4-15 所示，依据 1 号断层带上 1-1 号 CORS 台站点环视图、可视卫星分布图等分析可知 1-1 号 CORS 台站点在观测高度角<15°范围内以植被、局部建筑物遮挡为主，高度角>15°范围观测窗口良好。

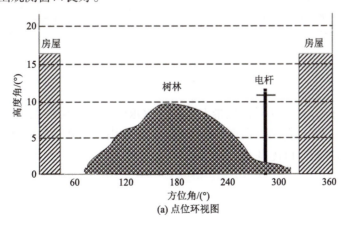

(a) 点位环视图

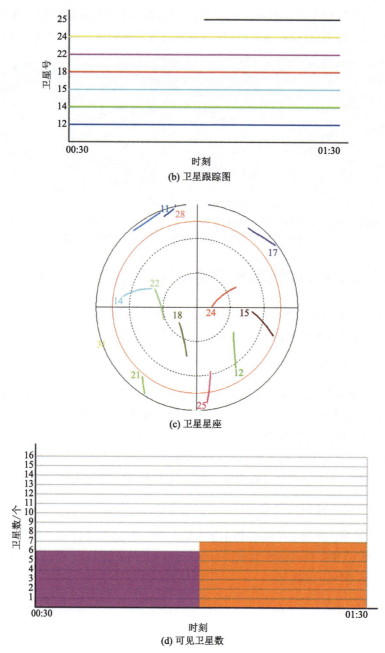

(b) 卫星跟踪图

(c) 卫星星座

(d) 可见卫星数

图4-15 1号断层带1号点环境影响示意图

如图 4-16 所示，依据 1 号断层带上 1-2 号 CORS 台站点环视图、可视卫星分布图等分析可知 1-2 号 CORS 台站点在观测高度角<15°范围内以植被、局部建筑物遮挡为主，高度角>15°范围观测窗口优良。

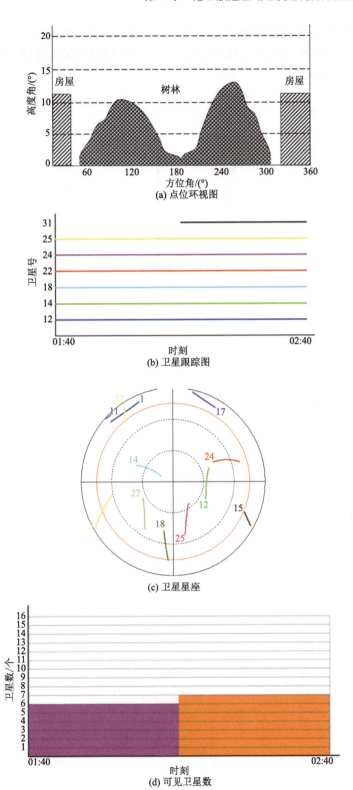

图 4-16　1 号断层带 2 号点环境影响示意图

　　如图 4-17 所示，依据 1 号断层带上 1-3 号 CORS 台站点环视图、可视卫星分布图等分析可知 1-3 号 CORS 台站点在观测高度角<15°范围内以局部建筑物、围墙遮挡为主，高度角>15°范围观测窗口优良。

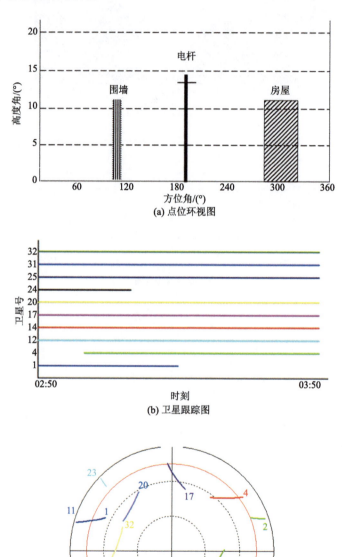

(a) 点位环视图

(b) 卫星跟踪图

(c) 卫星星座

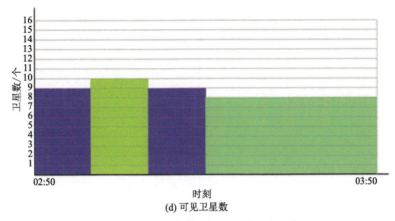

(d) 可见卫星数

图 4-17　1 号断层带 3 号点环境影响示意图

综上所述，1 号断层带上 CORS 台站点，在观测高度角>15°范围观测窗口优良。

3. 凰窝风景区滑坡监测点环境影响评价

如图 4-18 所示，依据凰窝风景区滑坡监测区域 F-1 号 CORS 台站点环视图、可视卫星分布图等分析可知 F-1 号 CORS 台站点在观测高度角<15°范围内以植被遮挡为主，高度角>15°范围观测窗口优良。

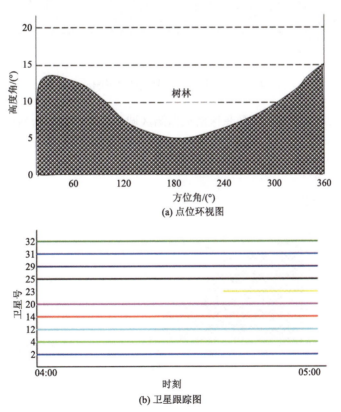

(a) 点位环视图

(b) 卫星跟踪图

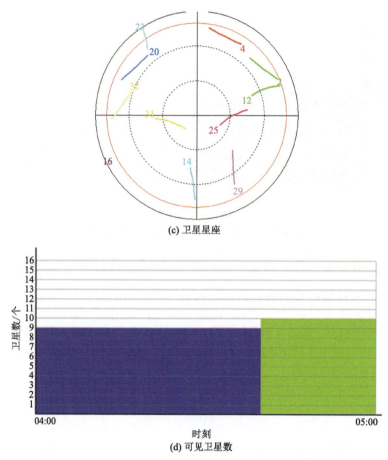

(c) 卫星星座

(d) 可见卫星数

图 4-18　凰窝风景区 1 号点环境影响示意图

如图 4-19 所示，依据凰窝风景区滑坡监测区域 F-2 号 CORS 台站点环视图、可视卫星分布图等分析可知 F-2 号 CORS 台站点在观测高度角<15°范围内以植被、山坡遮挡为主。高度角>15°范围观测窗口良好。

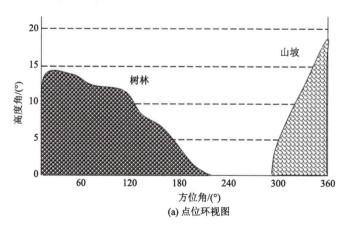

(a) 点位环视图

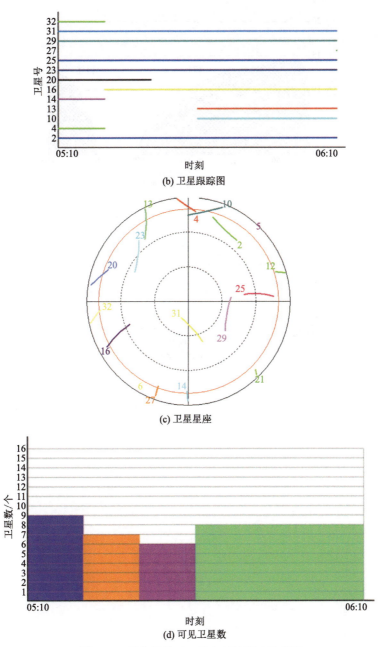

(b) 卫星跟踪图

(c) 卫星星座

(d) 可见卫星数

图 4-19　凰窝风景区 2 号点环境影响示意图

如图 4-20 所示，依据凰窝风景区滑坡监测区域 F-3 号 CORS 台站点环视图、可视卫星分布图等分析可知 F-3 号 CORS 台站点在观测高度角<15°范围内以植被遮挡为主，高度角>15°范围观测窗口良好。

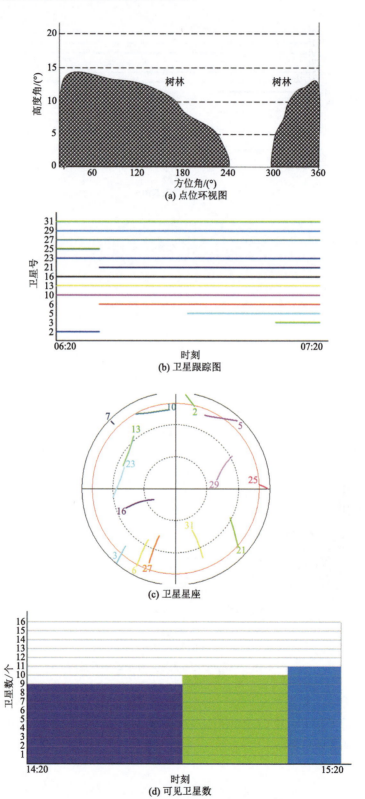

图 4-20　凰窝风景区 3 号点环境影响示意图

综上所述，凰窝风景区滑坡监测 CORS 台站点，在高度角<15°范围内以地面起伏、植被遮挡为主，在观测高度角>15°范围观测窗口良好。

4.3.3　基于 CORS 的地表形变监测网点布设

根据设计评估结果确定 CORS 台站，布设针对 1、2、3 号断层带，以及凰窝风景区、高公岛乡、陶庵等滑坡监测区域的 CORS 地表形变监测控制网。

（1）1 号断层带监测网如图 4-21 所示。7～8 号点为工作基点。利用 3 台接收机，采用边连式同步观测。

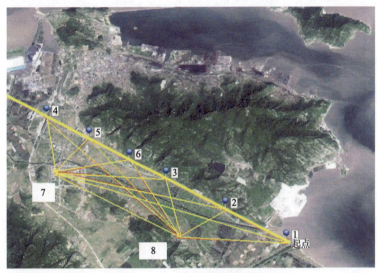

图 4-21　1 号断层平面控制网布设

（2）2 号断层带监测网如图 4-22 所示。5～6 号点为工作基点。利用 3 台接收机，采用边连式同步观测。

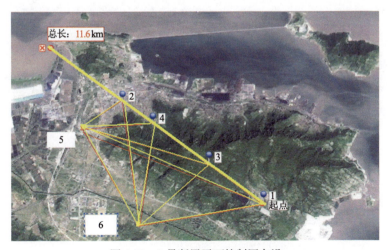

图 4-22　2 号断层平面控制网布设

（3）3号断层带监测网如图4-23所示。4～5号点为工作基点。利用3台接收机，采用边连式同步观测。

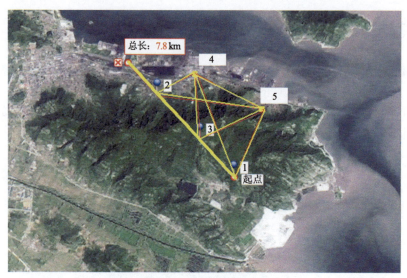

图4-23　3号断层平面控制网布设

（4）凰窝风景区滑坡监测网如图4-24所示。1～4号点为工作基点。利用3台接收机，采用网连式布网。

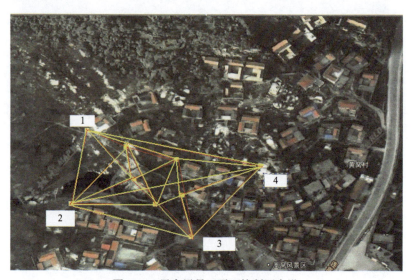

图4-24　凰窝风景区平面控制网布设

（5）高公岛乡滑坡监测网如图4-25所示。1～4号点为工作基点。利用3台接收机，采用边连式同步观测。

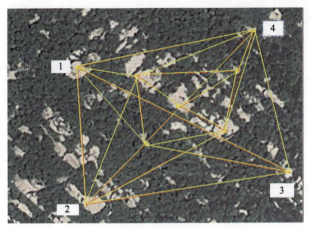

图 4-25 高公岛乡平面控制网布设

（6）陶庵滑坡监测网如图 4-26 所示。1～4 号点为工作基点。利用 3 台接收机，采用网连式同步观测。

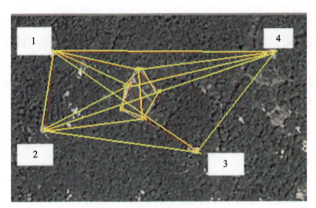

图 4-26 陶庵平面控制网布设

断层带平面网形参数与评价如下。

由上述公式计算出各断层带的网形参数，见表 4-2。

表 4-2 断层带平面网形参数

点位名称	观测时段数/个	总基线数/个	必要基线数/个	独立基线数/个	多余基线数/个
1 号断层	8	24	7	16	9
2 号断层	6	18	5	12	7
3 号断层	5	15	4	10	6

各等级控制网中独立基线的观测总数宜为必要基线数的 1.5 倍以上。表 4-2 中各断层带控制网中的独立基线数都在必要基线数的 1.5 倍以上，所以断层带的平面控制网布设较为合理。

滑坡监测平面网形参数与评价见表 4-3。

表 4-3　滑坡平面网参数

滑坡区域	观测时段数/个	总基线数/个	必要基线数/个	独立基线数/个	多余基线数/个
凰窝风景区	12	36	8	24	16
高公岛乡	12	36	8	24	16
陶庵	12	36	8	24	16

各等级控制网中独立基线的观测总数宜在必要基线数的 1.5 倍以上，表 4-3 中各滑坡平面控制网的独立基线数约为必要基线数的 3 倍，符合规范要求，所以滑坡区域的平面控制网布设较为合理。

4.3.4　GNSS 地表形变实时监测系统集成设计

GNSS 地表形变实时监测系统主要由四个部分构成：接收机部分、数据服务中心、数据通信部分、监控用户部分，如图 4-27 所示。区域监测站接收机组接收卫星信号并发送给数据服务中心服务器，服务器对收到的卫星数据进行实时处理，解算监测站动态坐标及三维位移，并对超限数据提供预警服务。监控用户端可用远程连接服务器，并请求实时及历史数据进行分析和统计绘图。

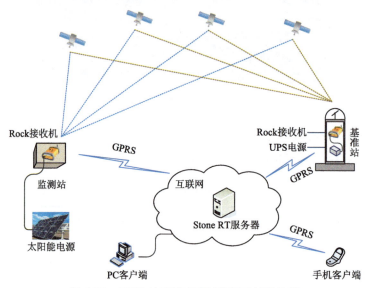

图 4-27　GNSS 地表形变实时监测系统结构图

监测台站设备集成设计设备配置主要包括 GNSS 接收机、GNSS 天线、天线电缆和接收机电源几部分。

1. GNSS 接收机

GNSS 接收机是根据监测网系统模型特点，为监测站应用而设计的专业测量型参考站接收机（图 4-28）。它采用最新型高精度 GNSS OEM 主板，兼容单频和双频模式。可以通过 RS232 接口、有线网络、通用分组无线业务（GPRS）无线通信网络进行实时数据传输，同时借助于高性能的内置处理器，实现高达 20Hz 的数据采样率。

参考站的 GNSS 接收机通常采用双频接收机，并且应具有足够多的接口，以便用于以下用途：①连接运行参考站软件的控制计算机；②如果需要，将原始数据连续传送到控制计算机；③连接通信设备，用于发送 RTK 和 DGPS 数据；④连接主电源和后备电源；⑤连接外围设备，如气象和倾斜传感器。

2. GNSS 天线

对于主要支持测量工程的参考站，通常采用标准的扼流圈测量天线（图 4-29）。扼流圈测量天线采用抗扼交变电流的电感器应圈。利用线圈电抗与频率成正比，可扼制高频交流电流，让低频和直流通过达到抗地面信号干扰的效果。因此，扼流圈测量天线测得的数据质量能够满足测量精度标准。

图 4-28　参考站 GNSS 接收机　　　　图 4-29　扼流圈测量天线

3. 天线电缆

通常情况下，10m 的标准电缆就足以将天线连接到接收机上。为了减小能耗，所采用的电缆最好尽可能地短，很少需要长度超过 30m 的电缆（图 4-30）。

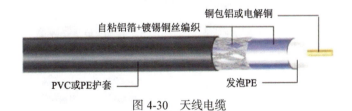

图 4-30　天线电缆

4. 接收机电源

为保证参考站的实时运行，参考站需要一个可靠、不间断的电源来为接收机以及其他设备充电。每个 GNSS 参考站都需要配置可靠的不间断的电源。通常采用将一台交流直流转换器连接到市电线路上的方式对 GNSS 接收机及通信装置等辅助设备供电。

在没有电的地区建立 GNSS 参考站，需要配置太阳能或风能电源系统，通过充电电池为 GNSS 接收机和通信设备供电，如图 4-31 所示。

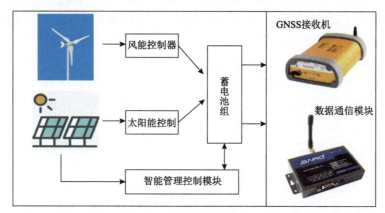

图 4-31　太阳能或风能电源系统

为保证电源能给设备提供 24h 供电，建议选择蓄电池容量大于 500W·h 的不间断电源。不间断电源只给仪器和路由器供电，不给其他设备供电。为提高不间断电源为设备供电的时间，最好选择功率小于 5W 的数据通信（路由器）设备。

GNSS 地表形变实时监测数据中心与数据通信系统配置集成设计如下。

（1）监测数据中心配置。如图 4-32 所示，数据中心是整个监测系统的核心运作单元，它通过连接互联网，使各项设备系统化运作。作为整个服务系统的核心，数据中心具备数据处理、系统运行监控、信息服务、网络管理、用户管理等功能。

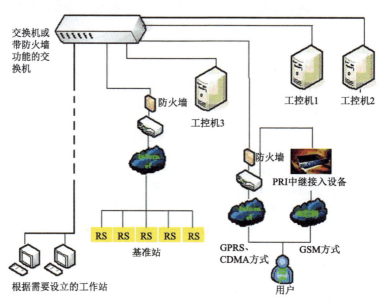

图 4-32　CORS 数据中心配置

（2）服务器软件。如图 4-33 所示，服务器软件配置 Stone RT 等，根据系统性能指标的要求，数据中心软件主要有以下几种工作模式：第一种为实时计算数据流，观测数据→数据分流→数据解算分析→数据传输；第二种为备份数据流，用于对各基准站数据的实时备份，RS→DBMS；第三种为实时监控数据流，对各基准站工作状态进行监控，RS→数据分流→屏幕；第四种为发播数据流，正常工作条件下，系统管理中心输出数据流。

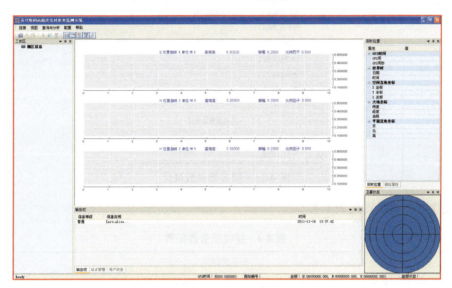

图 4-33　Stone RT 主界面

CORS 台站数据通信系统配置如下：①GSM；②GPRS/CDMA 天线；③GSM、GPRS/CDMA 信号收发单元；④信息调制解调单元、信息处理单元；⑤RS232 口。

基准站和监测站与服务器主要是通过互联网来实现通信的，接收机通过互联网实时将接收的数据上传给数据服务中心。在某些互联网没有普及的地方，接收机也能通过SIM 卡拨号上网，将数据实时发送到数据服务中心，如图 4-34 所示。

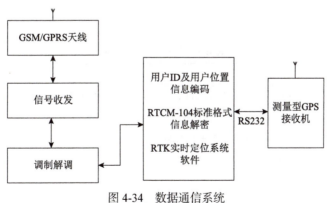

图 4-34　数据通信系统

数据中心数据接收服务器参数设计与配置如下。

服务器参数设计如图 4-35 所示。

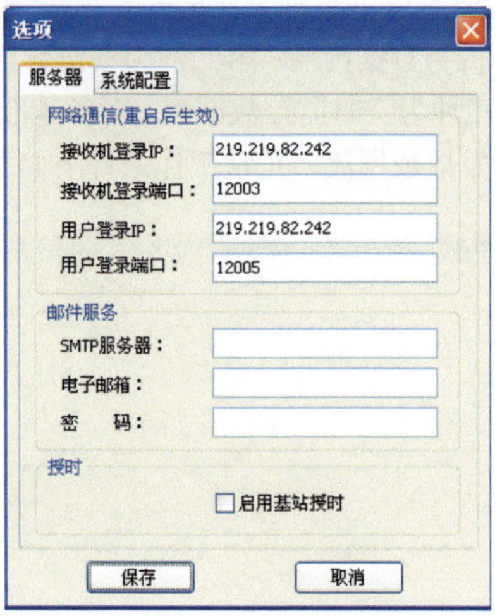

图 4-35　服务器参数设计

接收服务器配置见表 4-4。

表 4-4　接收服务器配置

服务器配置
1 个 Xeon 至强服务器 CPU，主频>1.73GB，4MB 以上二级缓存
内存容量大于 1GB，DDRII 内存
硬盘>500GB×3（无磁盘阵列柜）硬盘>73GB（有磁盘阵列柜），SAS，硬盘转速>10000
主板 FSB>1067MHz，扩展槽>4
一块千兆网卡
接口：4 个以上 USB 2.0 接口、Video、Serial、2 RJ-45、RSA II Ethernet
散热系统：4 个以上冷却风扇

处理服务器配置见表 4-5。

表 4-5　处理服务器配置

服务器配置
2 个以上 Xeon 至强服务器 CPU，主频>1.73GB，8MB 以上二级缓存
内存容量大于 4GB，DDRII 内存，内存主频>800MHz
硬盘>73GB，SAS，硬盘转速>15000
主板 FSB>1333MHz，扩展槽>4
两块千兆网卡
接口：4 个以上 USB 2.0 接口、Video、Serial、2 RJ-45、RSA II Ethernet
散热系统：6 个以上冷却风扇

4.4　基于传感网的地表形变 CORS 监测站技术研究

随着全球导航卫星系统、计算机、数据通信和互联网络等技术的不断发展，利用多基站网络 RTK 技术建立的 CORS 已成为 GNSS 应用的发展热点之一。CORS 系统建成后，利用其长期观测数据和因特网上随时可以收集到的周边地区或国家 GPS 连续运行站的观测数据，借助高层次科研软件（如 BERNESE 或 GAMIT 软件）周期性地更新参考站的地心坐标，这对于监测 CORS 基站网的稳定性，维持该地区高精度三维基准具有重要意义。

CORS 系统作为地理空间框架的重要基础设施，需向用户提供精确的三维定位服务。CORS 系统基准网自身的稳定性是确保系统正常运行的关键。

由于受板块运动、人类活动等因素影响，CORS 系统建成后各参考站会随着时间的变化产生不同程度的三维位移变化。因此对 CORS 的位移变化规律进行分析研究，可以解决 CORS 运营维护者普遍关心的系统稳定性问题，也能够为城市区域的地表变形提供一种高精度、有效的监测手段。

较常用的方法是通过国际地球参考框架（ITRF）实现和维持一个全球统一的、高精度的、三维地心坐标系的基准，作为一个长期稳定的坐标系统框架来监测 CORS 系统站点稳定性。另外，部分学者提出使用全站仪、三维激光扫描仪、倾斜计、温度计、太阳辐射计及风速风向传感器等组建传感网的方法来监测 CORS 的形变，通过全站仪、三维激光扫描仪或者倾斜计监测 CORS 的外部变形值，同时使用温度计等传感器监测 CORS 的其他影响因素参数，通过建立数学模型实现 CORS 的形变监测以及 CORS 的坐标改正，接下来就基于传感网的地表形变 CORS 监测站技术进行研究。

4.4.1　基于传感网地表形变 CORS 监测站模型

CORS 监测站模型的研究是监测工作的重点。CORS 动态解算数学模型由 CORS 网络误差模型、双频模糊度实时解算模型和 CORS 监测站形变修正模型构成，其定位参数估计的最终观测方程如下：

$$\lambda \Delta \varphi_{Vu}^{ij} + \lambda \Delta N_{Vu}^{ij} - \Delta \rho_{Vu}^{ij} = f \rho_{\varphi,Vu}^{ij}(S_\varphi) + \Delta M_{Vu\varphi}^{ij} + \varepsilon_{\Delta\varphi} + \theta \tag{4-1}$$

式中，λ 为载波相位波长；f 为载波频率；φ 为载波相位观测值；N 为整周模糊度；ρ 为站星之间几何距离；M 为多路径效应误差；ε 为接收机噪声；θ 为测站位移；i、j 分别为卫星标号；V、u 分别为虚拟参考站所对应的主参考站、移动站标号；$f\rho_{\varphi,Vu}^{ij}(S_\varphi)$ 为 CORS 网络误差模型纠正值；$S_\varphi = I + T + O$，为载波相位观测值所对应的综合距离相关误差，其中，I 为电离层延迟，T 为对流层偏差，O 为卫星轨道偏差。

基于传感网 CORS 动态解算模型流程可概括为模糊度固定（包括双频模糊度计、搜索、检核）、定位参数求解以及测站位移估计三个过程。定位参数求解采用式（4-1），模糊度固定过程如下。

（1）双频模糊度浮点值估计。采用载波相位观测值求解双频载波相位模糊度浮点值：

$$\lambda\Delta\varphi - \Delta\rho + f_\varphi(S_\varphi) = [\Delta MF(\theta_p)\Delta MF(\theta_q)\lambda] \cdot \begin{bmatrix} ZD_p \\ ZD_q \\ \Delta N \end{bmatrix} + \varepsilon \qquad (4\text{-}2)$$

式中，$\Delta MF(\theta_i)$ 与 ZD_i 分别为测站 $i(i=p,q)$ 所在位置的对流层映射函数及天顶对流层延迟。

（2）整周模糊度搜索。由于模糊度空间相关性较小，所以可以对每颗卫星进行独立搜索，其搜索空间为

$$\Delta\dot{y}\tilde{N} \in \left\{ x \,|\, \Delta\dot{y}\bar{N}(t_n) - \delta_N(t_n)t_{\frac{\alpha}{2}}(n) \prec x \prec \Delta\dot{y}\bar{N}(t_n) + \delta_N(t_n)t_{\frac{\alpha}{2}}(n) \right\} \cap Z \qquad (4\text{-}3)$$

式中，$t_{\frac{\alpha}{2}}(n)$ 为显著性水平为 α、自由度为 n 的 t 分布函数；Z 为整数集合。

（3）整周模糊度固定。计算每个候选模糊度的验后方差，它们的方差比 ratio 服从 F 分布，给定显著性水平 α，若满足下式，则接受方差最小的候选模糊度：

$$\text{ratio} = \frac{\sigma_1^2}{\sigma_0^2} \succ F_\alpha(n,n) \qquad (4\text{-}4)$$

式中，σ_0^2 为最小方差；σ_1^2 为次小方差。

同时使用温度计等传感器监测 CORS 形变及其他影响因素参数，CORS 监测站通过建立数学模型实现 CORS 的形变监测以及 CORS 台站的坐标改正。CORS 台站姿态修正模型采用连续时间序列台站姿态观测统计回归分析法建立。

设测试台站中心位移线量为 i，太阳辐射强度为 S_r，结构体温度为 T_i，风速为 F_i，内应力为 P，密度为 σ，则有

$$\begin{aligned} \Delta &= A \cdot f(S_r) + B \cdot f(T_i) + C \cdot f(F_i) + D \cdot f(P) + E \cdot f(\sigma) \\ &= A \cdot S_r + B \cdot T_i + C / F_i + D \cdot P + E / \sigma \end{aligned} \qquad (4\text{-}5)$$

通过统计回归计算 A、B、C、D、E 模型系数，统计相关系数均大于 8.5，模型相关性较好。变形监测 CORS 台站一般采用大地测量坐标系或工程坐标系。因此，模型估算的台站中心位移线量应归算到变形监测坐标系统中，并分解为坐标改正数，设计了实时坐标系统转换方法，如图 4-36 所示。

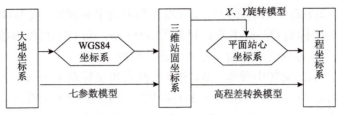

图 4-36 坐标系统转换模型

WGS84 坐标系与三维站固坐标系转换方法。在台站上构建站固坐标系。在站体铅垂的状态下，选定过 CORS 台站天线强制归心螺杆顶端且与其垂直的水平面为站体高程基准面。站体纵轴线定义为在站体高程基准面内过强制归心螺杆中心 O 与地理北一致的方向线；O 点定义为站固三维坐标系的原点，在站体高程基准面上 O 点至纵轴线定义为站固三维坐标系的 X_s 轴正向，在站体高程基准面内 X_s 轴正向右转 90°为 Y_s 轴正向，Z_s 轴垂直向上，构成左手坐标系统，即三维站固坐标系统。

站固坐标系统建立在站体垂直理想状态站心平面之上，随着站体的位置变化而变化，但固定在站体上的点在坐标系中的坐标不变。在站固坐标系中，测试台站圆柱体上东、南、西、北四个方向观测点也是固定的，它们在站固坐标系中的坐标不会发生改变。影响站固坐标系统的因素主要是站体的姿态、纵横倾斜和高程。通过 1 台 GPS 接收机连续观测，可以确定站体中心不同时态上三个点以上的坐标，因此可以确定站体的姿态，从而确定站固坐标系。

坐标转换是实现 CORS 台站姿态改正的重要环节。应用 GPS 测量获得的站心动态三维坐标是 WGS84 下的空间直角坐标，通过七参数坐标转换的迭代算法将 GPS 给出的 WGS84 坐标转换至三维站固坐标系，便于建立台站理化参数形变估算模型。该模型以纯粹反映两坐标系间几何联系的 Buras 模型为基础，以三维站心坐标系统原点为变换中心，假定所有参心位置矢量都具有同一尺度变换和旋转变换。

如图 4-37 所示，设有 WGS84 空间直角坐标系 $O_1—X_1Y_1Z_1$ 和站心坐标系 $O_2—X_2Y_2Z_2$，其原点 O_1 和 O_2 不重合，且坐标轴不平行，尺度不一致。设坐标系 $O_1—X_1Y_1Z_1$ 的原点

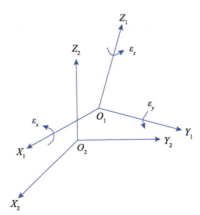

图 4-37 Buras 模型

O_1 在坐标系 O_2—$X_2Y_2Z_2$ 中的坐标为 (X_0,Y_0,Z_0)，称其为平移参数。设 WGS84 O_1—$X_1Y_1Z_1$ 的尺度为 1，站心坐标系 O_2—$X_2Y_2Z_2$ 的尺度为 $\mu=1+\delta\mu$，$\delta\mu$ 称为尺度参数。ε_x、ε_y、ε_z 为站心坐标系绕三个坐标轴的旋转角，称其为旋转参数。

其定义可从下面的旋转中理解。WGS84 空间直角坐标系 O_1—$X_1Y_1Z_1$ 经过如下旋转后，其相应的坐标轴与站心坐标系 O_2—$X_2Y_2Z_2$ 相应的坐标轴平行：首先绕 Z_1 轴从坐标轴正向看逆时针旋转 ε_z，使 Y_1 轴平行于 $X_2Y_2Z_2$ 平面；绕 Y_1 轴从坐标轴正向看逆时针旋转 ε_y，使 Z_1 轴平行于 $X_2Y_2Z_2$ 平面。此时 X_1 轴与 X_2 轴平行；绕 X_1 轴从坐标轴正向看逆时针旋转 ε_x，使 Y_1 轴、Z_1 轴分别与 Y_2 轴、Z_2 轴平行，因此任意点 i 在两个坐标系间的关系为

$$
\begin{aligned}
R_1(\varepsilon_x) &= \begin{bmatrix} 1 & 0 & 0 \\ 0 & \cos\varepsilon_x & \sin\varepsilon_x \\ 0 & -\sin\varepsilon_x & \cos\varepsilon_x \end{bmatrix} \\
R_2(\varepsilon_y) &= \begin{bmatrix} \cos\varepsilon_y & 0 & -\sin\varepsilon_y \\ 0 & 1 & 0 \\ \sin\varepsilon_y & 0 & \cos\varepsilon_y \end{bmatrix} \\
R_3(\varepsilon_z) &= \begin{bmatrix} \cos\varepsilon_z & \sin\varepsilon_z & 0 \\ -\sin\varepsilon_z & \cos\varepsilon_z & 0 \\ 0 & 0 & 1 \end{bmatrix}
\end{aligned} \tag{4-6}
$$

一般情况下三个坐标轴的旋转角 ε_x、ε_y、ε_z 为秒级微小量，因此有

$$
R_1(\varepsilon_x) = \begin{bmatrix} 1 & 0 & 0 \\ 0 & 1 & \varepsilon_x \\ 0 & -\varepsilon_x & 1 \end{bmatrix} \quad R_2(\varepsilon_y) = \begin{bmatrix} 1 & 0 & -\varepsilon_y \\ 0 & 1 & 0 \\ \varepsilon_y & 0 & 1 \end{bmatrix} \quad R_3(\varepsilon_z) = \begin{bmatrix} 1 & \varepsilon_z & 0 \\ -\varepsilon_z & 1 & 0 \\ 0 & 0 & 1 \end{bmatrix}
$$

令

$$
R(\varepsilon) = R_1(\varepsilon_x)R_2(\varepsilon_y)R_3(\varepsilon_z)\begin{bmatrix} 1 & \varepsilon_z & -\varepsilon_y \\ -\varepsilon_z & 1 & \varepsilon_x \\ \varepsilon_y & -\varepsilon_x & 1 \end{bmatrix}
$$

则

$$
\begin{bmatrix} X_i'' \\ Y_i'' \\ Z_i'' \end{bmatrix} = \begin{bmatrix} X_0 \\ Y_0 \\ Z_0 \end{bmatrix} + \mu\left\{ \begin{bmatrix} 1 & 0 & 0 \\ 0 & 1 & 0 \\ 0 & 0 & 1 \end{bmatrix} + \begin{bmatrix} 0 & \varepsilon_z & -\varepsilon_y \\ -\varepsilon_z & 0 & \varepsilon_x \\ \varepsilon_y & -\varepsilon_x & 0 \end{bmatrix} \right\}\begin{bmatrix} X_i' \\ Y_i' \\ Z_i' \end{bmatrix} \tag{4-7}
$$

误差方程式如下：

$$
\begin{bmatrix} X_i''+V_{X_i''} \\ Y_i''+V_{Y_i''} \\ Z_i''+V_{Z_i''} \end{bmatrix} = \begin{bmatrix} X_0(k)+\delta X_0(k) \\ Y_0(k)+\delta Y_0(k) \\ Z_0(k)+\delta Z_0(k) \end{bmatrix} + \left[\mu(k)+\delta\mu(k) \right] \left\{ \begin{bmatrix} 1 & 0 & 0 \\ 0 & 1 & 0 \\ 0 & 0 & 1 \end{bmatrix} + \begin{bmatrix} 0 & \varepsilon_z(k) & -\varepsilon_y(k) \\ -\varepsilon_z(k) & 0 & \varepsilon_x(k) \\ \varepsilon_y(k) & -\varepsilon_x(k) & 0 \end{bmatrix} \right.
$$

$$
\left. + \begin{bmatrix} 0 & \delta\varepsilon_z(k) & -\delta\varepsilon_y(k) \\ -\delta\varepsilon_z(k) & 0 & \delta\varepsilon_x(k) \\ \delta\varepsilon_y(k) & -\delta\varepsilon_x(k) & 0 \end{bmatrix} \right\} \begin{bmatrix} X_i' \\ Y_i' \\ Z_i' \end{bmatrix}
$$

$$
\approx \begin{bmatrix} \delta X_0(k) \\ \delta Y_0(k) \\ \delta Z_0(k) \end{bmatrix} + \begin{bmatrix} 1 & \varepsilon_z(k) & -\varepsilon_y(k) \\ -\varepsilon_z(k) & 1 & \varepsilon_x(k) \\ \varepsilon_y(k) & -\varepsilon_x(k) & 1 \end{bmatrix} \begin{bmatrix} X_i' \\ Y_i' \\ Z_i' \end{bmatrix} \delta\mu(k)
$$

$$
+ \mu(k) \begin{bmatrix} 0 & \delta\varepsilon_z(k) & -\delta\varepsilon_y(k) \\ -\delta\varepsilon_z(k) & 0 & \delta\varepsilon_x(k) \\ \delta\varepsilon_y(k) & -\delta\varepsilon_x(k) & 0 \end{bmatrix} \begin{bmatrix} X_i' \\ Y_i' \\ Z_i' \end{bmatrix}
$$

$$
+ \begin{bmatrix} X_0(k) \\ Y_0(k) \\ Z_0(k) \end{bmatrix} + \mu(k) \begin{bmatrix} 1 & \varepsilon_z(k) & -\varepsilon_y(k) \\ -\varepsilon_z(k) & 1 & \varepsilon_x(k) \\ \varepsilon_y(k) & -\varepsilon_x(k) & 1 \end{bmatrix} \begin{bmatrix} X_i' \\ Y_i' \\ Z_i' \end{bmatrix} \tag{4-8}
$$

$$
\begin{bmatrix} V_{X_i''} \\ V_{Y_i''} \\ V_{Z_i''} \end{bmatrix} = \begin{bmatrix} \delta X_0(k) \\ \delta Y_0(k) \\ \delta Z_0(k) \end{bmatrix} + \begin{bmatrix} 1 & \varepsilon_z(k) & -\varepsilon_y(k) \\ -\varepsilon_z(k) & 1 & \varepsilon_x(k) \\ \varepsilon_y(k) & -\varepsilon_x(k) & 1 \end{bmatrix} \begin{bmatrix} X_i' \\ Y_i' \\ Z_i' \end{bmatrix} \delta\mu(k)
$$

$$
+ \mu(k) \begin{bmatrix} 0 & -Z_i' & Y_i' \\ Z_i' & 0 & -X_i' \\ -Y_i' & X_i' & 0 \end{bmatrix} \begin{bmatrix} \delta\varepsilon_x(k) \\ \delta\varepsilon_y(k) \\ \delta\varepsilon_z(k) \end{bmatrix} + \begin{bmatrix} l_x(k) \\ l_y(k) \\ l_z(k) \end{bmatrix} \tag{4-9}
$$

$$
\begin{bmatrix} l_x(k) \\ l_y(k) \\ l_z(k) \end{bmatrix} = \begin{bmatrix} X_0(k) \\ Y_0(k) \\ Z_0(k) \end{bmatrix} + \mu(i) \begin{bmatrix} 0 & -Z_i' & Y_i' \\ Z_i' & 0 & -X_i' \\ -Y_i' & X_i' & 0 \end{bmatrix} \begin{bmatrix} \varepsilon_x(k) \\ \varepsilon_y(k) \\ \varepsilon_z(k) \end{bmatrix} - \begin{bmatrix} X_i'' \\ Y_i'' \\ Z_i'' \end{bmatrix} \tag{4-10}
$$

式中，k 为迭代次数，迭代计算直到满足要求为止。旋转角一般以秒为单位，因此其系数阵应分别除以 206265，尺度的变化以 ppm 为单位，其相应的系数阵应乘以 10^{-6}。

三维站固坐标系与瞬时水平站心坐标系间的转换方法如下。水平站心坐标系是站固三维坐标系的一个特例，它指的是当站体高程基准面水平时站固坐标系。在水平站心坐标系中，点位坐标以 $(X_P、Y_P)$ 表示，站固坐标系与水平站心坐标系的 X 轴和 Y 轴在同一个铅垂面内，两者坐标原点在一条垂直线上。水平站心坐标系通过平移、旋转可以与工程坐标系重合，两者之间的关系可以通过两个相同点在两个坐标系中的坐标计算出来。

如图 4-38 所示，坐标系 O—XYZ 对应的是三维站固坐标系。假设某一时刻站体姿态纵倾和横倾分别为 α 和 β，它们均为微小量，即假设站体的倾斜在一定范围内。首先绕

X 轴顺时针旋转 β 角，得到坐标系 $XY''Z'$，该坐标系绕 Y 轴逆时针旋转 α 角得到过三维站固坐标系原点且位于水平面的坐标系 O—$X''Y''Z''$，称该坐标系为站心水平坐标系。该坐标系中的平面坐标与工程坐标系存在平移、旋转的关系。

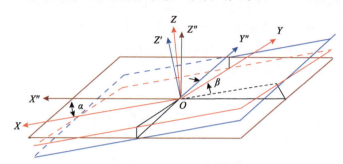

图 4-38　X、Y 旋转转换模型

旋转角为台站中心线（水平面）在 X/Y 方向的倾斜角，可以通过内置测斜传感器或外部全站仪测量获得。从各个旋转轴的正向看，逆时针旋转角为正，顺时针旋转角为负。

三维坐标系之间的旋转矩阵分别为

$$R_x(\alpha)=\begin{bmatrix}1 & 0 & 0\\ 0 & \cos\alpha & -\sin\alpha\\ 0 & \sin\alpha & \cos\alpha\end{bmatrix},\ R_y(\alpha)=\begin{bmatrix}\cos\alpha & 0 & \sin\alpha\\ 0 & 1 & 0\\ -\sin\alpha & \sin\alpha & \cos\alpha\end{bmatrix},\ R_z(\alpha)=\begin{bmatrix}\cos\alpha & -\sin\alpha & 0\\ \sin\alpha & \cos\alpha & 0\\ 0 & 0 & 1\end{bmatrix}$$

$$\text{（4-11）}$$

由三维站固坐标系 O—XYZ 转换到水平站固坐标系 O—$X''Y''Z''$ 的转换矩阵为

$$R=R_x(\beta)\cdot R_y(-\alpha) \tag{4-12}$$

瞬时水平站心坐标系与工程坐标系间的转换方法如下。如图 4-39 所示，工程坐标系 XOY 与水平站心坐标系 xoy 之间的坐标变换一般采用相似变换法。

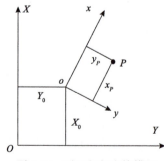

图 4-39　平面相似变换模型

转换模型采用平面相似变换模型，其实质是使一个坐标系下的坐标进行平移、旋转和尺度因子改正，变换到新的坐标系下，两坐标系中网的形状保持不变，变换方程为

$$\begin{bmatrix} X_P \\ Y_P \end{bmatrix} = \begin{bmatrix} X_0 \\ Y_0 \end{bmatrix} + k \begin{bmatrix} \cos\alpha' & -\sin\alpha' \\ \sin\alpha' & \cos\alpha' \end{bmatrix} \begin{bmatrix} x_P \\ y_P \end{bmatrix} \tag{4-13}$$

式中，α' 为 x 轴逆时针旋转到 X 轴的角度；$X_0 Y_0$ 表示平移；k 为尺度因子。当具有两个以上的公共点时，应采用最小二乘法来求解参数 X_0、Y_0、α'、k 的最或然值。令 $c=k\cos\alpha'$，$d=k\sin\alpha'$，则

$$\begin{bmatrix} X_i \\ Y_i \end{bmatrix} = \begin{bmatrix} 1 & 0 & x_i & -y_i \\ 0 & 1 & y_i & x_i \end{bmatrix} \begin{bmatrix} X_0 \\ Y_0 \\ c \\ d \end{bmatrix} = A_i X \tag{4-14}$$

列误差方程式：

$$V_i = A_i X + l_i, \quad i = 1, \cdots, n \tag{4-15}$$

其中，

$$V_i = \begin{bmatrix} V_{X_i} & V_{Y_i} \end{bmatrix}^{\mathrm{T}}, A_i = \begin{bmatrix} 1 & 0 & x_i & -y_i \\ 0 & 1 & y_i & x_i \end{bmatrix},$$

$$l_i = \begin{bmatrix} X_0^0 + c^0 x_i - d^0 y_i - X_i \\ Y_0^0 + c^0 x_i - d^0 y_i - Y_i \end{bmatrix}, \quad X = \begin{bmatrix} X_0 & Y_0 & c & d \end{bmatrix}^{\mathrm{T}}$$

式中，由 $X = (A^{\mathrm{T}} P A)^{-1} A^{\mathrm{T}} P l$ 求解出 X_0、Y_0、c、d，P 为单位矩阵。

工程坐标系高程转换方法如下。由 GPS 相对定位得到的三维基线向量，通过 GPS 网平差，可以得到高精度的 WGS84 空间直角坐标 Z_{84}。经过七参数模型转换成三维站固空间直角坐标 Z_s。但在实际应用中，CORS 台站的工程坐标系高程采用正常高系统。地面点的正常高是地面点沿铅垂线至似大地水准面的距离。这种高程是通过水准测量来确定的。因此，采取一定的方法将 CORS 台站 WGS84 大地高 H_{84} 转换为工程坐标系高程 H_g。

如图 4-40 所示，假设工程坐标系正常高程与 WGS84 大地高之间的高程异常为 ζ。

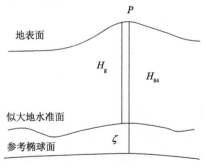

图 4-40　高程差转换模型

则可以求得各站点的正常高程值为

$$H_g = H_{84} - \zeta \qquad (4\text{-}16)$$

式中，高程异常 ζ 可以通过 CORS 台站与工程坐标系高程网测量，直接求解台站 WGS84 大地高 H_{84} 与工程坐标系高程 H_g 之差，即

$$\zeta = H_{84} - H_g \qquad (4\text{-}17)$$

4.4.2 基于传感网地表形变 CORS 监测站集成技术

CORS 监测数据采集系统主要集成了 GNSS 接收机、温度传感器、太阳辐射传感器、数据采集器、无线数据传感器以及太阳能电池供电系统，如图 4-41 所示。温度传感器和太阳辐射传感器等实现 CORS 站物理参数的获取；传输层主要包括通信串口、光纤/电缆、互联网和无线通信等，保证数据的传输；应用层包括计算机及其配套软件，实现数据的存储与处理。这形成一个全自动的智能化监测系统。

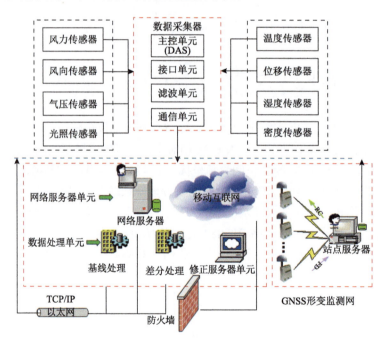

图 4-41 全自动的智能化监测系统模型

采用这种方式集成多传感器的测量系统，可以通过 CORS 台站测量系统测量监测站地质结构形变。通过在 CORS 台站混凝土桩内部和表面安装的传感器采集台站内部和周围的气象参数，分析 CORS 台站外部姿态的形变量与台站内部及外部环境的影响因子之间的关系，构建一定的数学模型，对 CORS 台站的坐标进行差分改正。在完成数学模型的构建后，就可以只通过采集 CORS 台站的气象参数来预测 CORS 姿态的外部变形，以

提高 CORS 系统的精度和可靠性，相信随着大型构筑物的不断建设以及各地 CORS 系统建设的大力推进，测量精度的要求越来越高，未来将会有更多的此类监测系统产生。

4.4.3 基于传感网地表形变 CORS 监测站数据采集系统

根据 CORS 台站的特点制定出合理的传感器网络方案，CORS 台站姿态的变化受外界温度和太阳辐射量等因素的影响，并且其姿态变化量极其微小，因此传感网的 CORS 台站监测具有以下特点。

（1）在传感器分布上，传感器安装位置需要经过科学设定，实现合理的传感器分布。

（2）在监测内容上，传感网模式下 CORS 台站的监测内容包括方向矢量数据（位移）和非方向标量数据（温度、太阳辐射量）。

（3）在监测周期与数据采集上，要实时采集传感网数据，因此需要对其实现远程控制，从而实现数据采集和传输的实时自动化。

（4）在监测精度上，不同的传感器所对应的监测精度要求不一样，由于 CORS 台站形变量较小，因此对全站仪的测量数据精度要求较高，必须获得高精度的 CORS 台站姿态形变数据。

由于 CORS 系统在一定区域内具有高精度三维基准的作用，因此对 CORS 台站的实时形变监测就具有重要意义，需要获取 CORS 台站的实时形变以及对形变监测模型进行研究，需要监测的内容见表 4-6。

表 4-6　CORS 台站姿态形变监测内容

监测内容	监测技术	监测仪器	监测周期	监测类型
CORS 台站内部温度	物理学传感器	温度计	实时	实时自动监测
CORS 台站表面太阳辐射量	物理学传感器	太阳辐射计	实时	实时自动监测
CORS 台站形变量监测	电子测量仪器	全站仪	1h	人工

根据系统需要监测的内容可将各种传感器集成，构建一个基于传感网的 CORS 台站姿态形变监测系统。CORS 姿态监测技术实现方法流程如图 4-42 所示。

1. 温度传感器

目前能够满足自动化测量系统集成的温度传感器的品种和厂家有很多，Campbell 公司生产的 109 温度传感器可以用来测量空气、土壤和水的温度。该类型温度传感器用途广泛，可适用于较恶劣的环境。其由一个封装在环氧树脂中的热敏电阻组成，如图 4-43 所示。外层包裹的铝制外壳使传感器既能埋入土中，也可以完全浸入水里。当其用于测量混凝土温度时，探头通常被安置在混凝土内部，这样可以防止太阳光照射到传感器上，以确保测量数据的准确性。该类型温度传感器能够适用于 Campbell 公司出品的所有型号的数据采集器。其主要技术参数：

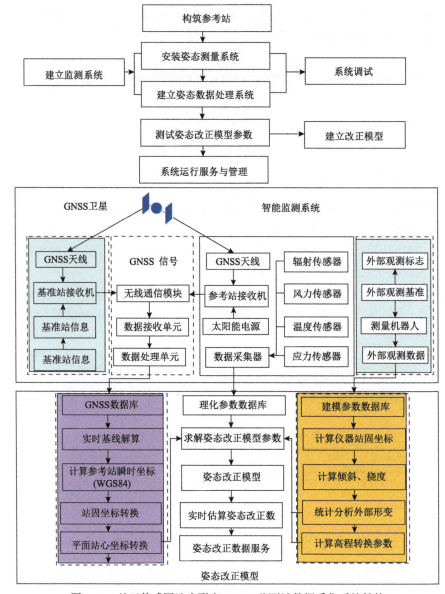

图 4-42　基于传感网地表形变 CORS 监测站数据采集系统结构

- 量程：-50～70℃
- 传感器类型：BetaTherm 10K3A11B 型热敏电阻
- 互换性误差：±0.2℃（0～70℃，±0.5℃ @-50℃）
- 线性误差：<0.03℃（-50℃时）
- 响应时间：30～60ms（风速 5m/s 时）

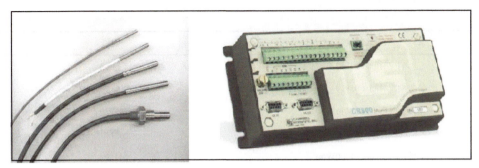

图 4-43　自动化温度传感器集成测量系统

2. 太阳辐射传感器

太阳辐射传感器的选择同样也很重要，不仅要满足测量精度的要求，还要支持数据采集器的数据格式。SMP3 智能型短波辐射传感器是荷兰 Kipp & Zonen 公司最新推出的一种用于测量短波辐射的系列产品，如图 4-44 所示，SMP3 智能型短波辐射传感器是由 Kipp & Zonen 的 CMP 系列短波辐射传感器改进而来的，增加了智能型数字信号处理接口，可以提供标准化的工业模拟输出信号。

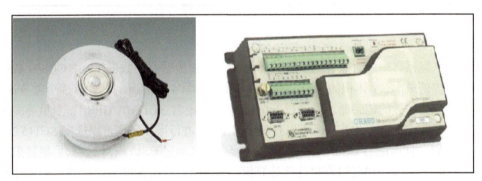

图 4-44　自动化太阳辐射传感器集成测量系统

Kipp & Zonen 开发的智能型数据接口支持 Modbus 数据通信协议，可用于连接可编程逻辑器、逆变器、数字控制设备和新一代数据采集器。智能接口使得输出标准化，可降低系统的响应时间，标准化的模拟输出也使得 SMP 短波辐射传感器具有优异的兼容性，兼容市场上大多数数据采集器。

SMP3 太阳辐射传感器主要技术参数见表 4-7。

表 4-7　SMP3 太阳辐射传感器主要技术参数

参数项	数值
ISO 标准等级	二级（second class）
光谱范围	300～2800nm

参数项	数值
响应时间（63%）	<1.5s
响应时间（95%）	<12s
热辐射偏移（200W/m^2 时）	<15W/m^2
非稳定性（年变化）	<1%
非线性误差（100～1000W/m^2）	<1.5%
方向误差（≤80º，1000W/m^2）	20W/m^2
倾斜误差（0～90º，1000W/m^2）	<1%
数字输出范围	0～2000W/m^2
视角	180º
电压输出	0～1V，−200～2000W/m^2
电流输出	4～20mA，0～1600W/m^2
功耗	55mW（电压）；100mW（电流）
工作环境	−40～80℃，0%～100%RH

3. 数据采集器

数据采集器必须同时兼容温度传感器和太阳辐射传感器的数据格式，CR800 数据采集器是一款低成本、小体积的研究性数据采集器，如图 4-45 所示，其含有 3 个差分通道，可以连接差分信号的传感器。可通过 Internet、无线电台、CDMA/GPRS、卫星等多种方式进行远程数据传输。此外，还可以直接连接 PDA 进行操作。也可以选配 SC115 2G 数据存储 U 盘，同时配有 CS I/O 和 USB 两种接口，可通过 CSI/O 存储数据采集器采集到的观测数据，USB 接口可以直接连接计算机。其既可以作为存储介质在数据采集器和电脑之间转移数据，也可以实现数据采集器与电脑的直接连接。主要技术参数：

- ◆ 扫描频率：100Hz
- ◆ 通信端口：1 个 CSI/O，1 个 RS-232
- ◆ A/D 装换：13bit
- ◆ 耗电量：约 0.6mA（睡眠模式），1～16mA（w/o RS-232 通信时）
- ◆ 模拟量输入：6 个单端通道（3 个差分通道）
- ◆ 测量分辨率：0.33μV
- ◆ 脉冲通道：2 个
- ◆ 控制口：4 个

协议支持：PakBus、Modbus、DNP3、FTP、HTTP、XML、POP3、SMTP、Telnet、NTCIP、NTP、SDI-12、SDM。

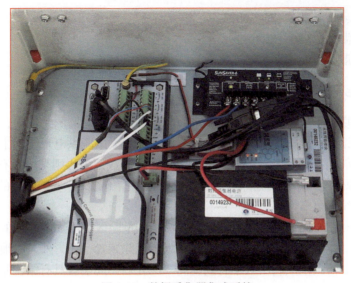

图 4-45　数据采集器集成系统

4. 无线数据传输传感器

数据的传输在整个系统集成中起到纽带的作用，如果一个系统没有了观测数据便会成为无源之水，因此无线数据传输传感器必须满足数据传输的稳定性和可靠性。宏电 GPRS DTU（H7118）是一款可以为用户提供高速、永远在线、透明数据传输的虚拟专用数据通信网络，如图 4-46 所示。利用 GPRS 网络平台实现数据信息的透明传输，同时考虑各应用部门组网方面的需要，在网络结构上实现虚拟数据专用网。

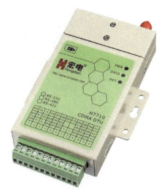

图 4-46　无线数据传输传感器

GPRS DTU 系统应用范围较广，几乎所有中低速率的数据传输业务都可以应用，如供热系统实时监控和维护、水文监测、煤矿安全监控以及形变监测等。

H7118 GPRS DTU 主要技术参数：

◆ 功耗外供电压值：12V/1A
◆ 不拨号空闲状态电流：40（±10）mA
◆ 拨号过程状态电流：80（±20）mA
◆ 无收发数据空闲状态电流：45（±10）mA
◆ 收发数据状态电流：80（±20）mA

其他参数：

◆ 尺寸：83.5 mm×47 mm×17.5mm（不包括天线和安装件）
◆ 重量约 200g

◆   工作环境温度：-25～60℃
◆   储存温度：-40～85℃
◆   相对湿度：95%（无凝结）

5. 太阳能供电系统

电源是一切电子仪器正常工作的基础，尤其在实时形变监测工作中，必须保证监测工作的实时连续性，因此户外的供电设备一般会选用太阳能供电系统，主要包括太阳能电池板、太阳能控制器、电瓶以及电线等各种设施。数据中心则采用含有 UPS 功能的220V 交流电源供电；户外设施部分还要做好防雷电措施，保证各类设备的安全性，以提高整个监测系统的可靠性。

在太阳能利用方面，特定场所如海岛、高山和危险区域等无电区域的监测站不易实现对太阳跟踪。本节设计并开发了无源自动太阳跟踪装置，在野外无电地区亦能实现自动对太阳跟踪，使太阳能利用效率有效提高 35%左右。此装置具有结构紧凑、简单、安全的特点，如图 4-47 所示。

图 4-47　太阳能自动跟踪装置

该装置由光热转换、转动、压力传输、阻尼四部分构成。通过光热转化使液体流动，产生相对转轴的力矩，转动框架使太阳光线垂直入射到框架表面，达到自动跟踪目的。借助阳光的光热效应加热金属圆筒内的液体，随着液体质量的增加，其产生的重力矩使得转动装置发生转动；该装置中的转轴可以使太阳能集热器或电池板跟踪太阳转动。依靠覆盖在金属圆筒上的遮光板随转动后接受阳光照射面积的不同对装置转动进行自动调节，最终使阳光垂直射到太阳能集热器或电池板上。该装置配有阻尼器，防止大风等外力作用使仪器装置剧烈转动，在无外力下可以使装置恢复平衡状态，如图 4-48 所示。转动装置结构俯视图如图 4-49 所示。

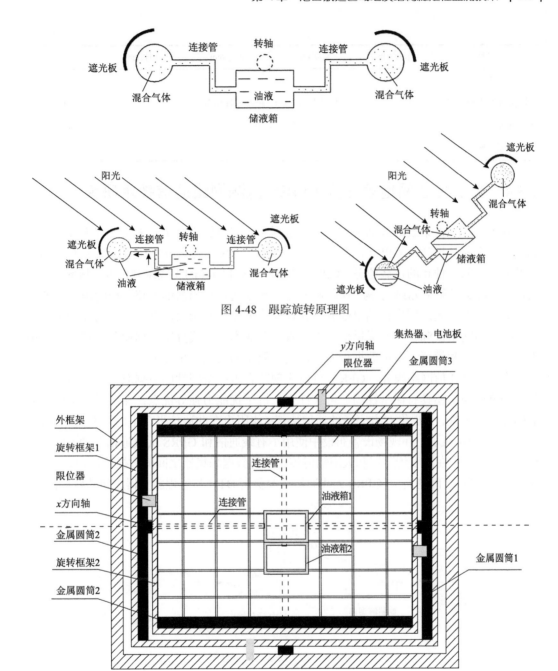

图 4-48 跟踪旋转原理图

图 4-49 转动装置结构俯视图

太阳能自动跟踪系统设计技术参数见表 4-8。

表 4-8 设计技术参数

名称	长度/cm	宽度/cm	高度/cm	周长/cm	质量/g
支架	59	40.2	61.7		
遮光板	57.3	14.5			

续表

名称	长度/cm	宽度/cm	高度/cm	周长/cm	质量/g
黑管	50			18	
横向配重（平衡状态）		距离左端15cm，距离右端16.5cm			305
竖向配重（平衡状态）		距下端10.5cm			807
最大倾角		18°			

4.4.4 基于传感网地表形变 CORS 监测网络通信技术研究

基于多传感器集成的数据采集系统与数据中心的数据交互主要采用远程无线方式。无线通信主要是指基于 GPRS 的数据传输，GPRS 是在现有全球移动通信系统（GSM）上发展出来的一种新的承载业务。GPRS 采用与 GSM 同样的无线调制标准、频率、突发结构、跳频规则和 TDMA 结构，这种新的分组数据通道与当前的电路交换的语音业务信道相似。GPRS 允许用户在端对端分组转移模式下发送和接收数据，而不需要利用电路交换模式的网络资源，从而提供了一种高效、低成本的无线分组数据业务。其特别适用于间断、突发和频繁、少量数据传输，也适合偶尔的大数据量传输。

作为数据通信网络媒介，GPRS 可以实现跨省市区全国性的数据双向实时通信。此外，GPRS 通信还具有保密性高、可靠性强、抗干扰能力强等优点，保证了数据传输的准确性和稳定性，并提供双方完备的通信协议，使用户在此通信平台上的开发简单易行。

如图 4-50 所示，在现场设备布设中使用了有线通信和 GPRS 无线通信两种方法，有线通信主要集中在温度传感器和太阳辐射传感器与数据采集器之间的数据传输，以及数据采集器与 DTU 之间的通信。GPRS 无线通信主要负责 DTU 与远程服务器之间的数据传输。

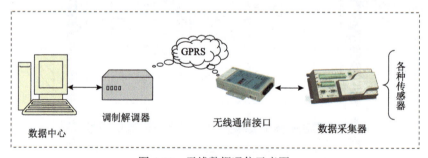

图 4-50　无线数据通信示意图

GPRS 数据传输系统是基于中国移动的 GPRS 外网络平台，整个系统的设计内容包括终端软硬件设计、接口设计、通信方案的选择、服务器和数据库的设计，其中 GPRS 数据传输单元（DTU）和数据中心的设计至关重要。

1. DTU 终端控制

宏电 GPRS DTU 是基于中国移动 GPRS 数据通信网络的无线数据终端，内嵌 PPP、TCP/IP、DDP 等多种协议，可实现远程观测站数据采集器与数据中心服务器接口设备之间的高速、实时、透明数据无线传输通道，组成专用数据通信网络。

CR800 数据采集器将采集到的数据通过电缆传输到 DTU，再由 DTU 通过 GPRS 将观测数据发送到服务器终端，为保证数据能够安全传送到远端服务器，首先要对 DTU 进行一定的配置，保证该段数据的流畅，根据厂商提供的配置软件，对服务器中心的 IP 地址、端口号和波特率进行配置。

2. 远端服务器和数据中心的配置

数据中心组网形式的选择主要由业务数据量、时延、可靠性要求、数据保密性、网络状况决定。传输终端的 GPRS 通信模块内配置一张中国移动 GPRS 业务卡，服务器应开通固定 IP 地址，将该固定 IP 地址通知给每一个传输终端，终端通过该固定 IP 地址连接。一般情况下网络中心的 IP 需要固定不变，这样才能保证数据安全、有效地进行网络传输，然而在高校内，各实验室的网络一般是通过学校的总服务器进行转发，无法固定本地公网 IP，因此必须在网络中心设置映射，使得远端数据接收服务器具有固定的公网 IP。

在完成 DTU 设置之后，可以将 DTU 和数据采集器 CR800 连接，并设置接收端。安装虚拟串口软件，选择运行模式，进入虚拟串口设置界面，新建一个虚拟串口，选择 Com20 串口，IP 选择本地 192.168.1.105，数据通信的波特率为 9600，端口为路由器解析时的 12006，设置完成后的效果如图 4-51 和图 4-52 所示。

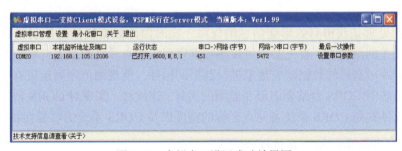

图 4-51　虚拟串口设置成功效果图

图 4-52　数据通信状态图

可以通过修改数据采集器的程序来改变数据连接的各种传感器的采集数据，可以设置自动数据采集下载，即实时的数据传输；也可以设置手动下载数据，这样可以减少 GPRS 流量的使用，大多数情况下设置为手动下载数据。

4.5 基于传感网地表形变实时监测数据处理研究

研究和分析由 GNSS 观测资料和传感网监测数据处理得到的 CORS 台站姿态坐标序列特征，有助于了解各种地球物理现象以及外界环境因素对基准站位置的影响规律，而且可以对各种误差模型进行修正，进一步提高 CORS 基准站位置的精度。数据采集过程中，不管测量仪器的精度有多高，测量误差（即噪声）总是不可避免的，这种误差包括各种客观条件的影响，如测量过程、测量条件和测量仪器。由于变形观测数据的特殊性，即各期观测数据之间的变化量很小，因此，很难辨别不同监测周期所获得的变化量是由变形造成的还是误差形成的。同时也影响对变形体变形规律的认识，以至不能发现变形信息或者出现假的变形信息。因此，在变形分析和预报数据处理之前必须对观测数据进行预处理，来识别干扰、排除干扰和突出信息。

4.5.1 实时监测数据质量控制

数据预处理是获得有效形变信息的保障，实时监测数据质量的控制包括粗差的剔除、系统误差的削弱等。首先必须对观测数据序列中的奇异观测值进行检验并剔除，然后对由各种原因造成的数据缺失现象进行数据的插补，使观测值序列连贯有序，以保障多传感器系统对 CORS 台站姿态形变监测的实时、连续性，实现对 CORS 台站坐标的实时改正，以期提高 CORS 系统各站点坐标的精度以及 CORS 系统的可靠性和稳定性。

1. 观测数据序列的奇异值检验

对于一个监测系统，其观测数据中难免会存在一系列奇异值，即会对预测结果产生不利影响的数据，因此变形监测数据的奇异值剔除是预测模型建立的第一步。

下文采用一种基于"3σ准则"的奇异值剔除检验方法，对于观测数据的测量误差 σ，可以通过观测值序列本身进行估计得到，也可以通过对长期观测结果进行统计分析得到，或者获取一个经验值。

对于观测数据序列 $\{x_1, x_2, \cdots, x_n\}$，观测数据的测量中误差为 σ，该序列数据变化的特征为

$$d_j = 2x_j - (x_{j+1} + x_{j-1}) \quad (j=2,3,\cdots,n-1) \tag{4-18}$$

由 n 个观测数据可得到 $n-2$ 个 d_j，由 d_j 值可计算数据序列变化的统计值 $\bar{d}$ 和均方差 $\bar{\sigma}_d$：

$$\bar{d} = \sum_{j=2}^{n-1} \frac{d_j}{n-2} \tag{4-19}$$

$$\bar{\sigma}_d = \sqrt{\sum_{j=2}^{n-1} \frac{(d_j - \bar{d})^2}{n-3}} \tag{4-20}$$

d_j 与均值的差的绝对值与均方差的比值：

$$q_j = \frac{|d_j - \bar{d}|}{\bar{\sigma}_d} \tag{4-21}$$

当 $q_j > 3$ 时，则认为是奇异值，应舍弃。

另外，对于舍弃的奇异值，可用一个与前一点数值相等的数据补上，或者用预测值代替，以保证数据序列的连续性。

2. 数据的插补

在形变监测过程中，由于各种主客观因素的存在，有时候监测数据会发生遗漏和缺失，不能保证数据的连续性，或者在数据处理时需要利用等间隔观测值时，需要根据已有的相邻周期的数据对原始监测数据进行数据内插处理。一般通过数学方法进行插补，数据的主要数学内插方法包括线性内插法、拉格朗日内插法、多项式曲线拟合法和周期函数的曲线拟合法。

线性内插法主要通过对某两个实际观测值的研究，实现在这两个值之间内插一个数据，其表达式如下：

$$y = y_i + \frac{t - t_i}{t_{i+1} - t_i}(y_{i+1} - y_i) \tag{4-22}$$

式中，y、y_i、y_{i+1} 为效应量；t、t_i、t_{i+1} 为时间。

对于变化情况比较复杂的效应量，可以根据拉格朗日内插法进行内插：

$$y = \sum_{i=1}^{n} y_i \sum_{\substack{i=1 \\ j \neq i}}^{n} \left(\frac{x - x_j}{x_i - x_j} \right) \tag{4-23}$$

式中，y 为效应量；x 为自变量；x_i 和 y_i 分别为某两个观测值。

多项式拟合法的基本思想是利用一个包含有 m 个连续观测值的序列进行多项式拟合，其表达式如下：

$$y = f(x) = a_0 + a_1 x + a_2 x^2 + \cdots + a_n x^n, \ m > n + 1 \tag{4-24}$$

式中，a_0、a_1、a_2、$\cdots$、a_n 为拟合系数，可通过最小二乘法求得。

周期函数的曲线拟合表达式如下：

$$y_t = a_0 + a_1 \cos \omega t + b_1 \sin \omega t + a_2 \cos 2\omega t + b_2 \sin 2\omega t + \cdots + a_n \cos n\omega t + b_n \sin n\omega t \tag{4-25}$$

式中，y_t 为时刻 t 的期望值；ω 为频率，$\omega = 2\pi / M$，M 为在一个季节周期中所包含的时段数，如以一年为周期，每月观测一次，则 $M=12$。

4.5.2　GNSS 实时监测数据计算模型

GNSS 精密定位的数学模型包括函数模型和随机模型，函数模型描述了观测量与未知参数之间的函数关系，一般用观测方程表示；随机模型描述了观测量的统计性质，一般用一个合适的方差阵或矩阵表示。为了获取高精度的定位结果，函数模型和随机模型都必须准确确定。GNSS 精密定位数据处理过程中的每一步都涉及随机模型，因此，正确的随机模型是获取高精度 GNSS 定位结果的重要因素。

1. 单基线解算模型

单基线解算模型是在进行基线解算时，一次同时提取两台 GNSS 接收机的同步观测数据来求解它们之间的基线向量，这种单基线解算模型的优点是模型简单，一次求解的参数较少，计算量小。

在 GNSS 实时快速精密定位中，基线处理基于整数最小二乘原理，主要通过以下 4 个步骤实现：①浮点解，即不考虑模糊度参数的整数特性，用一般的最小二乘原理得到模糊度和基线的浮点解及其方差、协方差阵；②整周模糊度的搜索，根据模糊度参数的浮点解及其相应的方差阵，用某种搜索方法求得模糊度的固定解；③整周模糊度的确认，一旦整周模糊度计算出来，它们将被确认是否接受这个整数解；④基线固定解，一旦模糊度解得到确认，则根据模糊度的固定解求基线固定解。其定位数据处理基本流程如图 4-53 所示。

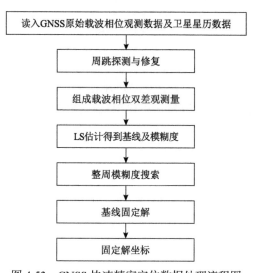

图 4-53　GNSS 快速精密定位数据处理流程图

从数据的处理过程来看，在 GNSS 实时快速精密定位中，关键是快速、准确地确认整周模糊度，一旦整周模糊度准确固定，就可以得到厘米级乃至毫米级的定位结果。要准确、快速地固定模糊度至少需要 3 个前提：首先，得到较准确的模糊度浮点解及相应的精度信息，模糊度浮点解的精度决定了模糊度搜索空间的大小，进而影响模糊度搜索效率和可靠性；其次，要有基于模糊度浮点解及其协方差矩阵的高效率搜索方法；最后，要对固定后模糊度的正确性进行有效的检验。

GNSS 精密定位函数模型描述了 GNSS 观测量与未知参数即模糊度和坐标参数之间的数学关系，一般在精密定位中采用双差模型。设测站 T_1、T_2 于历元 t 观测到 GNSS 卫星 s^j 和 s^k 时，地面两观测站 1、2 分别测量卫星至接收机之间的伪距 ρ，根据单差模型可得到双差模型为

$$\nabla\Delta\varphi^k(t)=\frac{1}{\lambda}[\rho_2^k(t)-\rho_2^j(t)-\rho_1^k(t)+\rho_1^j(t)]-\nabla\Delta N^k+\nabla\Delta\Delta\rho_{\text{ion}}+\nabla\Delta\Delta\rho_{\text{trop}}+\nabla\Delta\varepsilon \qquad (4\text{-}26)$$

式中，$\nabla\Delta N^k=\Delta N^k-\Delta N^j=[N_2^k(t_0)-N_1^k(t_0)-N_2^j(t_0)+N_1^j(t_0)]$，为双差整周模糊度；$\lambda$ 为 GNSS 卫星载波信号波长；$\nabla\Delta\varepsilon$ 为与卫星和接收机有关的误差；$\nabla\Delta\Delta\rho_{\text{ion}}$、$\nabla\Delta\Delta\rho_{\text{trop}}$ 分别为电离层延迟、对流层延迟系统误差的双差残差。

双差模型进一步消除了接收机钟差，卫星轨道误差和大气折射影响等系统误差则进一步减弱。对于 GNSS 短基线，卫星轨道误差和大气折射影响等系统误差的影响可以忽略不计，则双差模型可简化为

$$\nabla\Delta\varphi^k(t)=\frac{1}{\lambda}[\rho_2^k(t)-\rho_2^j(t)-\rho_1^k(t)+\rho_1^j(t)]-\nabla\Delta N^k+\nabla\Delta\varepsilon \qquad (4\text{-}27)$$

GNSS 实时计算流程如图 4-54 所示。

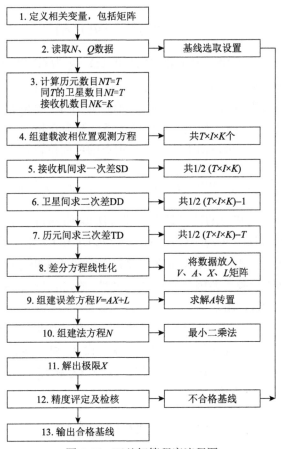

图 4-54　双差解算程序流程图

2. 单历元解算模型

单历元基线解算属于动态相对定位的一种，其观测方程与静态相对定位是相同的。对于短基线的相对定位，大气延迟（对流层延迟和电离层延迟）能较好地被削弱或消除。

如果仅采用载波相位观测值，单历元的观测法方程是秩亏的，若同时采用伪距观测值，尽管可以解决秩亏问题，但由于伪距观测值精度较低，得到的模糊度浮点解精度较差，要使用单历元解算，必须具备一定的先验约束条件。

首先选取 4 颗观测卫星构成模糊度搜索空间，这 4 颗卫星必须满足以下条件：高度角大于 15°；在参考站和待定测站上都有其 L1 相位观测值；由它们构成的位置精度几何因子（PDOP）最小。

构成双差观测方程时，选择一颗高度角大且两测站均有其 L2 相位观测量的卫星作为参考卫星。然后用卫星和参考站的坐标以及待定站的初始坐标计算 3 个距离的双差：

$$\rho_{ij}^{kl} = \left\| r^l - r_j \right\| - \left\| r^k - r_j \right\| - \left\| r^l - r_i \right\| + \left\| r^k - r_i \right\| \tag{4-28}$$

式中，r 为卫星（带上标）和测站（带下标）的位置矢量；i、j 为参考站；l、k 为参考卫星。利用 L1 相位观测双差 N_{ij}^{kl} 可计算整周模糊度双差：

$$N_{ij}^{kl} = \mathrm{WF\,int}[(\rho_{ij}^{kl} - \lambda_1 \Phi_{ij}) / \lambda_1] \tag{4-29}$$

式中，$\mathrm{int}(\cdot)$ 为凑整；λ_1 为 GNSS 卫星载波信号波长；Φ_{ij} 为 GNSS 卫星信号的相位；WF 为波长系数。为构成模糊度搜索空间，上式所计算的 3 个模糊度双差允许其变化 $\pm n$ 周。

选择 n 时要平衡搜索时间和搜索范围，n 值越大则待测站的初始坐标精度就越低。根据变形监测的特点，$n=3$ 时，相应的初始坐标精度约为 0.4m。有了 3 个模糊度的可能组合[共有 $(2n+1)^3$ 个组合]，可以由下式解算待定点的可能位置 r_j：

$$\lambda_1 \Phi_{ij}^{kl} - \lambda_1 N_{ij}^{kl} / \mathrm{WF} + \left\| r^l - r_i \right\| - \left\| r^k - r_i \right\| = \left\| r^l - r_j \right\| - \left\| r^k - r_j \right\| \tag{4-30}$$

待定点位置的最优解和解的检验是由上述方法得到 $(2n+1)^3$ 个待定点可能的位置矢量 r_j，利用式（4-27）和式（4-28）计算同一个历元 L1 和 L2 相位观测整周模糊度双差，共有 $(2n+1)^3$ 组。对于每一组，列出相位观测双差固定解的观测方程，用最小二乘原理解算待定点的坐标和估算后验方差因子或残差二次型。在 $(2n+1)^3$ 组解算结果中，选择具有最小残差二次型的解为最优解。

最优解还需进行检验，主要通过比较"最优"解和"次最优"解的残差二次型（次最优解是指相应的残差二次型为次最小的）实现。设 Z_m 和 Z_s 为两整周模糊度向量，它们分别相应最优解和次最优解，其残差二次型分别为 Ω_m 和 Ω_s。令 Q_z 为模糊度双差向量"浮动解"的协因数阵，那么中心参数为

$$\delta = (Z_s - Z_m) Q_z^{-1} (Z_s - Z_m) \tag{4-31}$$

新的检验方法为给定可以接受的犯第一类和第二类错误的概率分别为 α_0 和 β_0，由

α_0、β_0、$\mathrm{d}f$、δ可计算边界值 A 和 B。如果满足以下条件，则相应于最小残差二次型的固定解 Z_m 是有效的，否则不能确定 Z_m 还是 Z_s 是正确的。

$$\Omega_m < B,\ \Omega_m < A \tag{4-32}$$

式中，$A=x^2(\mathrm{d}f;\alpha_0)$，可以从概率分布表中查出；$B$ 为非中心 χ^2 的分布的分位值。

4.5.3 传感网实时监测数据修正模型

1. 监测点刚体运动模型

对监测点而言，本身的灾变可以视为变形体本身刚体运动，包括刚体平移和旋转，前者为刚体重心在坐标轴方向的移动，后者为刚体绕坐标轴旋转，如图 4-55 所示。

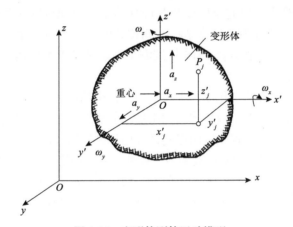

图 4-55 变形体刚体运动模型

刚体上一点 P 在刚体做微小运动时的运动方程为（左手坐标系）

$$\begin{bmatrix} \Delta x_j \\ \Delta y_j \\ \Delta z_j \end{bmatrix} = \begin{bmatrix} 1 & 0 & 0 & 0 & z'_j & -y'_j \\ 0 & 1 & 0 & -z'_j & 0 & x'_j \\ 0 & 0 & 1 & y'_j & -x'_j & 0 \end{bmatrix} \begin{bmatrix} a_x \\ a_y \\ a_z \\ \omega_x \\ \omega_y \\ \omega_z \end{bmatrix} \tag{4-33}$$

式中，Δx_j、Δy_j、Δz_j 为 P_j 在坐标轴方向的位移分量；x'_j、y'_j、z'_j 为 P_j 的重心坐标；a_x、a_y、a_z 为刚体（重心）在坐标轴方向的平移量；ω_x、ω_y、ω_z 为刚体绕坐标轴的微小旋转。

2. 监测点相对形变动态模型

监测点的相对形变为描述监测点观测台站的自身形变，如伸缩、错动、弯曲和扭转

等，又称均匀应变，由应变张量描述，即

$$
\begin{bmatrix} \delta x_j \\ \delta y_j \\ \delta z_j \end{bmatrix} = SX'_j = \begin{bmatrix} \varepsilon_{xx} & \varepsilon_{xy} & \varepsilon_{xz} \\ \varepsilon_{yx} & \varepsilon_{yy} & \varepsilon_{yz} \\ \varepsilon_{zx} & \varepsilon_{zy} & \varepsilon_{zz} \end{bmatrix} \begin{bmatrix} x'_j \\ y'_j \\ z'_j \end{bmatrix} \tag{4-34}
$$

式中，δx_j、δy_j、δz_j 为 P_j 相对于重心的坐标变化；S 为应变张量，由应变参数 ε_{xx}、ε_{yy}、ε_{zz} 和剪切参数 $\varepsilon_{xy} = (\varepsilon_{yx})$、$\varepsilon_{zx} = (\varepsilon_{xz})$、$\varepsilon_{yz} = (\varepsilon_{zy})$ 组成；X'_j 为 P_j 点相对于重心的坐标变化。监测站结构可视为无约束钢砼柱状体特征，剪切参数影响可忽略不计。

相对形变动态模型的特点是不仅研究监测点的自身运动，同时研究引起点运动的作用力。关键是构建监测站上监测目标点的运动和作用力的函数关系。本节采用卡尔曼滤波模型，重点试验研究了钢砼结构受温度应力产生的变化。

此次试验主要是为了研究温度变化与砼柱体结构空间位置变化之间的关系，试验分为两个部分，第一部分为砼柱体结构空间位置的变化测量；第二部分为砼柱体结构内部温度变化的测量。本节结合 2015 年淮海工学院某教学大楼楼顶一砼柱体结构进行研究。

砼柱体结构空间位置的变化测量主要采用精密全站仪，为了便于数据的后续处理，采用自定义独立坐标系。由于砼柱体结构不易安装反射棱镜，因此此次在观测目标体上粘贴反射片对其进行观测，观测定向点同样采用粘贴反射片的方式。为了提高观测结果的可靠性，工作基点采用强制对中观测台，观测台采用钢筋混凝土结构浇筑，高度较矮，底面积较大，不容易产生变形。观测仪器采用 Leica 公司生产的 TS30 型号全站仪，此款全站仪具有观测精度高、易实现观测自动化等优点，角度测量精度达到 0.5″，精密距离精度为 0.6mm + 1ppm。

砼柱体结构内部温度测量设计采用 Campbell 公司生产的 109 温度传感器，可以用其测量混凝土的温度。为了保证能够准确地测量混凝土内部的温度，用冲击钻在砼柱体上打出一个小孔，将温度传感器的探头装到混凝土的内部，然后用混凝土密封，这样可以防止太阳光照射到传感器上，确保测量数据的准确性。

为了获取 CORS 台站变形与外界因素之间的关系，现对连云港 CORS 的一个站点进行观测，通过精密全站仪和温度传感器采集了 123 期的数据，数据见表 4-9。

表 4-9　CORS 形变监测数据和温度数据

温度/℃	X/m	Y/m	H/m	温度/℃	X/m	Y/m	H/m
27.8000	91.1019	98.5462	10.9406	25.3100	91.1017	98.5461	10.9406
27.8500	91.1019	98.5462	10.9406	30.0800	91.1021	98.5463	10.9407
33.4000	91.1029	98.5468	10.9409	31.4300	91.1024	98.5465	10.9408
31.3800	91.1024	98.5465	10.9408	28.4800	91.1020	98.5463	10.9407
25.3500	91.1017	98.5461	10.9406	28.1200	91.1020	98.5462	10.9407

续表

温度/℃	X/m	Y/m	H/m	温度/℃	X/m	Y/m	H/m
30.0600	91.1021	98.5463	10.9407	21.0300	91.1015	98.5459	10.9405
31.4600	91.1025	98.5465	10.9408	24.4000	91.1017	98.5460	10.9406
31.4400	91.1025	98.5465	10.9408	31.0400	91.1022	98.5464	10.9408
29.2700	91.1020	98.5463	10.9407	24.7200	91.1017	98.5461	10.9406
33.0300	91.1028	98.5467	10.9409	30.1100	91.1022	98.5464	10.9407
26.1900	91.1018	98.5461	10.9406	24.4700	91.1017	98.5460	10.9406
31.8800	91.1026	98.5466	10.9408	35.3000	91.1030	98.5469	10.9410
36.6000	91.1032	98.5472	10.9410	32.0700	91.1026	98.5466	10.9408
26.8700	91.1019	98.5462	10.9406	27.8100	91.1019	98.5462	10.9406
23.5000	91.1017	98.5460	10.9405	33.3500	91.1028	98.5467	10.9409
22.9700	91.1016	98.5460	10.9405	31.5400	91.1025	98.5465	10.9408
25.3600	91.1017	98.5461	10.9406	30.1200	91.1022	98.5464	10.9407
34.3400	91.1030	98.5468	10.9409	22.8500	91.1016	98.5460	10.9405
32.2600	91.1027	98.5466	10.9408	29.2300	91.1020	98.5463	10.9407
33.5100	91.1029	98.5468	10.9409	31.6800	91.1025	98.5465	10.9408
32.6400	91.1028	98.5467	10.9409	30.0800	91.1022	98.5464	10.9407
30.1900	91.1022	98.5464	10.9407	27.7000	91.1019	98.5462	10.9406
23.4100	91.1017	98.5460	10.9405	28.6600	91.1020	98.5463	10.9407
31.1500	91.1023	98.5465	10.9408	28.7600	91.1020	98.5463	10.9407
26.3200	91.1018	98.5461	10.9406	31.7500	91.1025	98.5466	10.9408
33.4800	91.1029	98.5468	10.9409	24.5300	91.1017	98.5461	10.9406
30.9000	91.1022	98.5464	10.9408	31.8400	91.1026	98.5466	10.9408
26.7600	91.1019	98.5462	10.9406	29.4400	91.1021	98.5463	10.9407
25.3200	91.1017	98.5461	10.9406	33.8500	91.1029	98.5468	10.9409
33.0700	91.1028	98.5467	10.9409	35.8100	91.1031	98.5471	10.9410
36.8200	91.1032	98.5472	10.9410	25.5900	91.1017	98.5461	10.9406
37.3700	91.1032	98.5473	10.9411	27.9200	91.1020	98.5462	10.9406
29.4700	91.1021	98.5463	10.9407	20.7500	91.1015	98.5459	10.9405
36.7900	91.1032	98.5472	10.9410	26.3600	91.1018	98.5461	10.9406
27.2600	91.1019	98.5462	10.9406	21.2500	91.1015	98.5459	10.9405
26.7800	91.1019	98.5462	10.9406	28.0000	91.1020	98.5462	10.9407
20.2000	91.1015	98.5458	10.9405	30.0300	91.1021	98.5463	10.9407
35.0700	91.1030	98.5468	10.9409	17.2800	91.1014	98.5456	10.9405
28.2400	91.1020	98.5462	10.9407	14.3900	91.1013	98.5453	10.9404
35.4000	91.1031	98.5469	10.9410	14.6400	91.1013	98.5453	10.9404
29.8200	91.1021	98.5463	10.9407	16.7800	91.1014	98.5456	10.9404
27.5800	91.1019	98.5462	10.9406	17.4500	91.1014	98.5457	10.9405
26.6800	91.1018	98.5462	10.9406	14.6900	91.1013	98.5453	10.9404

续表

温度/℃	X/m	Y/m	H/m	温度/℃	X/m	Y/m	H/m
22.4900	91.1015	98.5460	10.9405	15.1800	91.1013	98.5454	10.9404
29.8500	91.1021	98.5463	10.9407	19.8700	91.1015	98.5458	10.9405
23.5200	91.1017	98.5460	10.9406	19.2700	91.1015	98.5457	10.9405
33.8600	91.1030	98.5468	10.9409	21.2100	91.1015	98.5459	10.9405
36.1800	91.1031	98.5472	10.9410	31.1200	91.1023	98.5465	10.9408
35.2800	91.1030	98.5469	10.9410	14.1900	91.1013	98.5453	10.9404
28.3300	91.1020	98.5462	10.9407	12.4100	91.1012	98.5451	10.9403
32.5200	91.1028	98.5466	10.9409	12.0400	91.1008	98.5447	10.9402
28.5400	91.1020	98.5463	10.9407	12.1200	91.1009	98.5449	10.9402
30.8900	91.1022	98.5464	10.9408	12.4000	91.1010	98.5451	10.9403
24.6300	91.1017	98.5461	10.9406	13.0100	91.1012	98.5452	10.9403
23.5400	91.1017	98.5460	10.9406	13.6800	91.1013	98.5453	10.9403
35.7400	91.1031	98.5469	10.9410	13.3900	91.1013	98.5452	10.9403
32.3100	91.1027	98.5466	10.9408	16.9300	91.1014	98.5456	10.9404
28.2900	91.1020	98.5462	10.9407	16.0700	91.1013	98.5454	10.9404
33.8200	91.1029	98.5468	10.9409	16.6100	91.1014	98.5456	10.9404
31.8800	91.1026	98.5466	10.9408	18.2100	91.1015	98.5457	10.9405
22.6400	91.1016	98.5460	10.9405	24.7100	91.1017	98.5461	10.9406

　　通过对 CORS 台站姿态的观测数据和温度参数进行统计分析，可以得出一些有利的结论，从图 4-56～图 4-58 中可以看出 CORS 台站姿态的观测数据与混凝土台站内部的温度参数具有一定的线性关系，模拟出不同的函数模型，从图中各种模拟函数曲线走势与实际观测值的符合程度来看，在 X、Y、H 三个方向都是三次方函数的曲线走势与实际观测数据吻合程度最高。

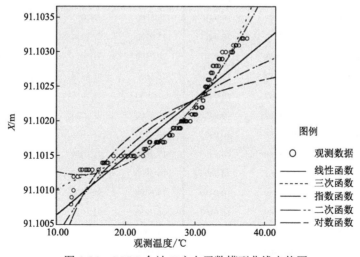

图 4-56　CORS 台站 X 方向函数模型曲线走势图

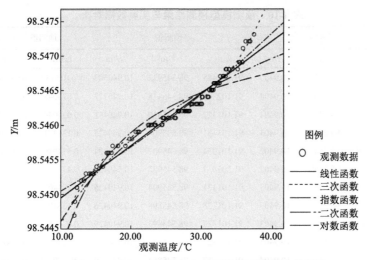

图 4-57 CORS 台站 Y 方向函数模型曲线走势图

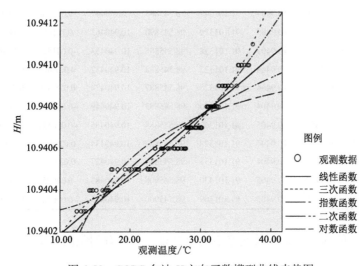

图 4-58 CORS 台站 H 方向函数模型曲线走势图

通过前 100 期的数据构建回归数学模型，可以得到 X 方向的数值与温度的三次方函数模型为

$$x = 91.10164 - 3.40110 \times 10^{-5} t + 5.93421 \times 10^{-8} t^3 \tag{4-35}$$

同理可以得到 Y 方向三次方函数模型为

$$y = 98.54603 - 1.67234 \times 10^{-6} t + 6.86185 \times 10^{-8} t^3 \tag{4-36}$$

同理可以得到 H 方向三次方函数模型为

$$h = 10.94045 - 4.42495 \times 10^{-6} t + 1.54309 \times 10^{-8} t^3 \tag{4-37}$$

通过后 23 期数据验证分析预测模型的精度和可靠性，详细分析情况见表 4-10。

表 4-10 预测模型预测结果与实测数据对比

温度/℃	实测值			预测值			预测值与实测值的差值		
	X/m	Y/m	H/m	X/m	Y/m	H/m	ΔX/m	ΔY/m	ΔH/m
21.2100	91.1015	98.5459	10.9405	91.101485	98.545932	10.940503	−0.015154	0.032406	0.003383
31.1200	91.1023	98.5465	10.9408	91.102370	98.546478	10.940777	0.070048	−0.021540	−0.022643
14.1900	91.1013	98.5453	10.9404	91.101327	98.545889	10.940431	0.026939	0.589324	0.031300
12.4100	91.1012	98.5451	10.9403	91.101331	98.545904	10.940425	0.131341	0.803593	0.124579
12.0400	91.1008	98.5447	10.9402	91.101334	98.545907	10.940424	0.534080	1.207337	0.223656
12.1200	91.1009	98.5449	10.9402	91.101333	98.545907	10.940424	0.433437	1.006508	0.223842
12.4000	91.1010	98.5451	10.9403	91.101331	98.545904	10.940425	0.331407	0.803691	0.124552
13.0100	91.1012	98.5452	10.9403	91.101328	98.545898	10.940426	0.128193	0.698043	0.126411
13.6800	91.1013	98.5453	10.9403	91.101327	98.545893	10.940429	0.026652	0.592705	0.128971
13.3900	91.1013	98.5452	10.9403	91.101327	98.545895	10.940428	0.027057	0.694897	0.127795
16.9300	91.1014	98.5456	10.9404	91.101352	98.545884	10.940450	−0.047845	0.283641	0.049965
16.0700	91.1013	98.5454	10.9404	91.101340	98.545883	10.940443	0.039713	0.482893	0.042929
16.6100	91.1014	98.5456	10.9404	91.101347	98.545883	10.940447	−0.052984	0.283064	0.047215
18.2100	91.1015	98.5457	10.9405	91.101379	98.545890	10.940463	−0.121002	0.189799	−0.037399
17.2800	91.1014	98.5456	10.9405	91.101358	98.545885	10.940453	−0.041518	0.284698	−0.046843
14.3900	91.1013	98.5453	10.9404	91.101327	98.545888	10.940432	0.027407	0.588172	0.032305
14.6400	91.1013	98.5453	10.9404	91.101328	98.545887	10.940434	0.028282	0.586878	0.033638
16.7800	91.1014	98.5456	10.9404	91.101350	98.545883	10.940449	−0.050330	0.283325	0.048656
17.4500	91.1014	98.5457	10.9405	91.101362	98.545885	10.940455	−0.038174	0.185377	−0.045222
14.6900	91.1013	98.5453	10.9404	91.101328	98.545887	10.940434	0.028496	0.586639	0.033914
15.1800	91.1013	98.5454	10.9404	91.101331	98.545885	10.940437	0.031290	0.484664	0.036806
19.8700	91.1015	98.5458	10.9405	91.101430	98.545908	10.940483	−0.070259	0.108045	−0.016868
19.2700	91.1015	98.5457	10.9405	91.101409	98.545900	10.940475	−0.090765	0.200011	−0.024852

观察图 4-59 的残差分布以及残差绝对值分布，可以看到预测模型具有下述特点。

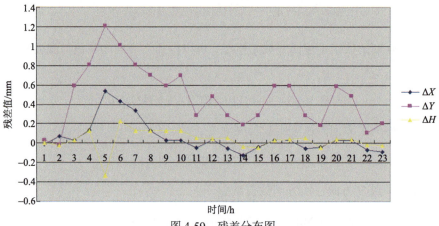

图 4-59 残差分布图

（1）拟合精度高。X 方向预测值与实测值差值 ΔX 最大为 0.53mm，其次为 0.43mm，剩余的拟合数值基本与原观测值保持在 0.2mm 误差范围以内；Y 方向预测值与实测值差值 ΔY 最大为 1.21mm，其次为 1mm，剩余的拟合数值基本与原观测值保持在 0.5mm 误差范围以内；H 方向预测值与实测值差值 ΔH 最大为 0.13mm，其次为 0.12mm，剩余的拟合数值基本与原观测值保持在 0.05mm 误差范围以内，说明预测模型结果具有较高的精度。

（2）残差无发散趋势。拟合效果一直比较稳定，因此这种预测模型比较适用于长期监测。

卡尔曼滤波模型的状态方程中若含监测点的位置、时间和变形主成分变化率等状态向量参数，则为典型的动态模型。这种模型特别适合监测站数据的动态处理，优点是有严密的递推算法，不需要保留使用过的观测值序列，而且可把模型的参数估计和预报结合在一起。与静态点场和似近静态点场相似，以下实例结合温度、时间等因素来分析砼柱体结构空间位置的变形规律，从而掌握砼柱体在日照、温差等外界条件变化影响下的摆动变形规律。示范监测站点场的卡尔曼滤波模型建立过程：数据采集完毕后，将观测数据下载到计算机内进行数据处理。首先对数据进行粗差分析检验，经检验不存在明显粗差。为了有利于成果分析和更加直观地显示变形情况，绘制 11 月 6～7 日砼柱体结构空间位置在各个方向上一天的变形过程曲线，同时为了分析砼柱体结构空间位置变化与温度的关系，绘制了温度与时间的变化过程曲线，如图 4-60 和图 4-61 所示。

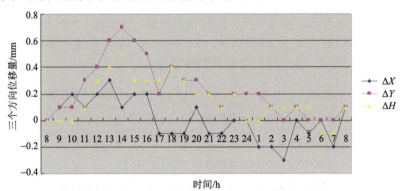

图 4-60 11 月 6～7 日无约束砼柱体顶端各方向位移变化图

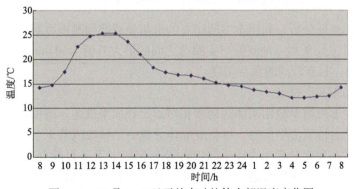

图 4-61 11 月 6～7 日无约束砼柱体内部温度变化图

再利用 SPSS 软件，通过对比各种常用函数，计算可得形变量与时间变量 t 的最适函数为

$$\begin{cases} \Delta x = -0.00015 + 0.07t - 0.008t^2 + 0.0002t^3 \\ \Delta y = -0.2 + 0.2t - 0.02t^2 + 0.0004t^3 \\ \Delta h = -0.23 + 0.16t - 0.013t^2 + 0.0003t^3 \end{cases} \quad (4\text{-}38)$$

计算可得形变量与温度变化的最适函数为

$$\begin{cases} \Delta x = -0.43 + 0.026T - 1.3 \times 10^{-6}T^3 \\ \Delta y = -0.54 + 0.049T - 2 \times 10^{-4}T^2 \\ \Delta h = -0.65 + 0.067T - 0.001T^2 \end{cases} \quad (4\text{-}39)$$

若同时顾及时间和温度变量 T 对无约束砼主体顶端空间位置变化的影响，那么变化函数可以表示为

$$\begin{cases} \Delta x_1 = a_0 + a_1(-0.00015 + 0.07t - 0.008t^2 + 0.0002t^3) + a_2(-0.43 + 0.026T - 1.3 \times 10^{-6}T^3) \\ \Delta y_1 = b_0 + b_1(-0.2 + 0.2t - 0.02t^2 + 0.0004t^3) + b_2(-0.54 + 0.049T - 2 \times 10^{-4}T^2) \\ \Delta h_1 = c_0 + c_1(-0.23 + 0.16t - 0.013t^2 + 0.0003t^3) + c_2(-0.65 + 0.067T - 0.001T^2) \end{cases}$$

$$(4\text{-}40)$$

运用卡尔曼滤波方程，结合观测值中的三组数据，可得式（4-40）中参数的估值为：$a_0 = -7.0441$，$a_1 = 10.3151$，$a_2 = -3.0710$；$b_0 = -0.7644$，$b_1 = 0.9356$，$b_2 = -0.0712$；$c_0 = 1.2590$，$c_1 = -2.8418$，$c_2 = 1.5828$。最终得到综合预测模型为

$$\begin{cases} \Delta x_1 = -7.0441 + 10.3151 \times (-0.00015 + 0.07t - 0.008t^2 + 0.0002t^3) \\ \qquad -3.0170 \times (-0.43 + 0.026T - 1.3 \times 10^{-6}T^3) \\ \Delta y_1 = -0.7644 + 0.9356 \times (-0.2 + 0.2t - 0.02t^2 + 0.0004t^3) \\ \qquad -0.0712 \times (-0.54 + 0.049T - 2 \times 10^{-4}T^2) \\ \Delta h_1 = 1.2590 - 2.8418 \times (-0.23 + 0.16t - 0.013t^2 + 0.0003t^3) \\ \qquad +1.5828 \times (-0.65 + 0.067T - 0.001T^2) \end{cases} \quad (4\text{-}41)$$

经后期数据验证分析，利用本书所建立的卡尔曼滤波预测模型对无约束砼主体顶端空间位置变化量进行预测，预测值与实测值之间的最大差值为 0.06mm，其余差值基本在 0.02mm 左右，具有较高的预测精度。

（3）综合动态变形模型。

变形体的变形可简单地用刚体运动和相对形变叠加来描述。根据对目标点位移向量图的分析，并结合地质力学信息，可将变形体分成一个整块或若干个子块，每个子块具有均匀的刚体运动和相对形变特性（称均质同性子块）。某一目标点 P_j 位于某一块上，将刚体运动和监测点相对形变进行叠加，可得 P_j 的坐标变化向量（或称位移量），$x_{j,k}$ 属于目标点向量 $x_{o,k}$ 的子向量：

$$X_{j,k} = \begin{bmatrix} x_j \\ y_j \\ z_j \end{bmatrix}_k = \begin{bmatrix} \Delta x_j \\ \Delta y_j \\ \Delta z_j \end{bmatrix} + \begin{bmatrix} \delta x_j \\ \delta y_j \\ \delta z_j \end{bmatrix} = H_j t \qquad (4\text{-}42)$$

式中，矩阵 H_j 主要由 P_j 的重心坐标描述

$$H_j = \begin{bmatrix} 1 & 0 & 0 & 0 & z'_j & -y'_j & x'_j & 0 & 0 & y'_j & z'_j & 0 \\ 0 & 1 & 0 & -z'_j & 0 & x'_j & 0 & y'_j & 0 & x'_j & 0 & z'_j \\ 0 & 0 & 1 & y'_j & -x'_j & 0 & 0 & 0 & z'_j & 0 & x'_j & y'_j \end{bmatrix}$$

t 向量包括刚体运动和相对形变的 12 个参数。当一个子块（或整块）上有 4 个目标点时，则可解出上述 12 个参数，目标点多于 4 个时，构成平差模型可得变形参数的最小二乘解。该模型称为描述变形体变形的综合变形模型，即

$$\begin{bmatrix} x_{1,k} \\ x_{2,k} \\ \vdots \\ x_{q,k} \end{bmatrix} + \begin{bmatrix} v_{1,k} \\ v_{2,k} \\ \vdots \\ v_{q,k} \end{bmatrix} = \begin{bmatrix} H_1 \\ H_2 \\ \vdots \\ H_q \end{bmatrix} t \qquad (4\text{-}43)$$

相应的随机模型即坐标变化向量的协方差矩阵 $\sum_{x_0,\ x_0,\ k}$ 可以从子块矩阵得到。

参 考 文 献

陈俊勇. 2002. 对我国建立现代大地坐标系统和高程系统的建议. 测绘通报, (8): 1-5.

陈俊勇. 2004. 关于我国采用三维地心坐标系统和潮汐改正的讨论. 武汉大学学报(信息科学版), (11): 941-944.

陈永奇. 1991. 海洋工程测量. 北京: 测绘出版社.

黄谟涛, 欧阳永忠, 陆秀平, 等. 2002. 海洋测量平面控制基准及其转换. 海洋测绘, (4): 3-9.

焦文海, 王刚, 贾小林. 2000. 全球 IGS 站数据与 GPS 区域网数据的联合处理. 测绘学报, (S1): 90-95.

宁津生. 2002. 现代大地测量参考系统. 测绘通报, (6): 1-5.

谢善才, 胡向明, 立金柱, 等. 2006. 连云港地区地震灾害背景分析. 防灾科技学院学报, 8(4): 67-70.

谢世杰, 奚有根. 2002. RTK 的特点与误差分析. 测绘工程, (2): 34-37.

许国辉, 余春林. 2004. 卡尔曼滤波模型的建立及其在施工变形测量中的应用. 测绘通报, (4): 22-23, 42.

闫昊明, 陈武, 朱耀仲, 等. 2010. 温度变化对我国 GPS 台站垂直位移的影响. 地球物理学报, 53(4): 825-832.

张军, 刘祖强, 王红, 等. 2012. 顾及降水因子的卡尔曼滤波在滑坡变形数据处理中的应用. 测绘科学, 37(6): 58-61.

赵威. 2012. 电离层对 GPS 定位的影响与研究. 南京: 南京信息工程大学.

周立, 赵新生, 蒋廷臣, 等. 2015. 港口航道陆域形变监测动态空间基准框架构建. 测绘通报, (4): 22-24.

周立. 1997. GPS 网约束平差基准可用性指标研究. 测绘通报, (8): 4-6.

周立. 2005. GPS-RTK 数据链误差特性的研究. 全球定位系统, (1): 5-9, 13.

第 5 章　港口航道全息扫描安全监测技术

港口航道全息扫描安全监测技术是一种针对港口航道区域海底地形地貌进行扫测，通过测量航道及边坡水深，构建港口航道海底表面三维模型，全面反映港口航道海底物质结构和变化的监测技术。

5.1　港口航道全息扫描安全监测技术体系

港口航道全息扫描安全监测技术是指采用多波束测深系统、GNSS、激光陀螺罗经等多种传感器集成，利用水面航行器对港口航道几何尺寸进行扫测，直接生成航道空间表面全息模型的监测技术。该技术包括扫测数据采集技术、全息三维建模技术、港口航道安全信息识别预报技术等。

港口航道安全监测数据采集主要利用船载的水下多传感器平台，结合多波束测量水下地形技术，得到精确的航道水深数据，再通过移动通信技术实时地将获取到的数据传输到岸基平台，通过三维可视化的显示，直观地将航道动态变化及测量船的位置标示出来，为预警决策提供支持。

船基扫测数据采集平台为整个系统提供数据支撑，主要组成部分包括多波束测深系统、GPS 定位系统、激光陀螺罗经、集成多种补偿辅助参数的传感器（包括姿态传感器、表面声速仪、声速剖面仪、高度计）、船载终端以及无线传输设备。其主要功能应该包括：

（1）航道水深数据采集。航道预警主要是通过水深数据的变化来实现的，因此水深数据是整个航道预警系统的基础。无论是前期的航道开挖还是后期的航道回淤，都是靠水深数据进行决策的。

（2）航道水深数据的预处理。利用船载终端自带的软件对水深数据的噪声进行必要的预处理，然后输出改正后的水深数据以及 GPS 数据，此时的数据量既要尽量精简又要真实全面地反映航道内部情况。

（3）航道水深数据的发送。利用 3G 移动通信技术将输出的水深数据以及 GPS 定位数据发送至岸基平台做后续的操作和处理。

航道全流程性能安全监测与预警是对航道进行建设和营运全周期监测，以确定其回淤、形变等空间位置及内部形态随时间的变化特征。监测的目的是分析和评价港口深水航道的安全状态、验证设计参数、反馈设计施工质量，研究正常的变形规律和预报变形方法。连云港港 30 万 t 级航道是迄今为止国内外开挖厚度最大的人工航道，疏浚工程量大，而边坡工程量占整个疏浚工程量的 20%～30%，边坡坡度的确定不仅关系到航道边坡稳定和航道的正常营运，而且关系到疏浚工程量和工程投资的大小。边坡的优化一直是许多专家关心的主要问题之一。而稳定边坡与水深、地质、开挖厚度、潮流、波浪等因素有关，其地质条件的复杂性和变形机制的多样性使得对边坡稳定性及其支护效果进行准确预测和判断存在着很大的难度，全面的现场监测和分析将为此项工作提供强有力的支持。

由于多波束测量系统是多传感器的综合系统，具有多误差来源的特点，而且这些误差直接影响监测点的测深要素，且多波束测量的成果最终均以测点的位置和水深测量偏差程度呈现在航道海底三维空间模型上。因此航道安全监测数据采集精度评估的主要目标就是评价多波束测量数据的位置精度和水深精度。《HOS-44 标准》是国际上公认的海道测量标准。它明确规定了水深和位置的不同精度标准，是多波束测量数据精度评估的重要依据。根据《HOS-44 标准》规定测深精度时，根据不同海区对航海安全的重要程度制定了不同的精度要求，并将其划分为四个等级。相应监测精度指标见表 5-1。

表 5-1　《HOS-44 标准》海道测量等级划分及精度指标

等级	一级	二级	三级	四级
典型海区举例	重要航道锚地、浅水港口	航道、港口及入口（水深小于 100m）	一、二级测量中未规定的沿岸海区或水深小于 200m 的海区	一、二、三级测量中未规定的非沿岸海区
水平位置精度（置信度 95%）	±5m	±5m	±20m	±150m
改正后的水深精度（置信度 95%）	a=0.25m b=0.0075m	a=0.5m b=0.13m	a=1.0m b=0.23m	a=1.0m b=0.23m
覆盖率	100%	≤100%		
测深模拟精度（置信度 95%）	要求 100%覆盖	a=1.0m b=0.26m	a=2.0m b=0.26m	a=5.0m b=0.05m
最大测线间距（单波束测深仪为测线间距，多波束测深仪为测幅外侧间的距离）	要求 100%覆盖	2～3 倍平均水深	3～4 倍平均水深 若 4 倍平均水深仍小于 200m，则为 200m	4 倍平均水深

一级精度测量适用于海道测量明确规定的重要海区，如重要的海峡、航道、浅水港口、码头和锚地等，其对精度要求最高。航道安全监测数据采集按一级精度指标要求，必须把所有误差源降到最低限度。

港口航道安全监测数据在岸基监测平台上处理。岸基平台是整个预警系统的决策中心。在这个平台中，主要对多传感器采集到的水深数据进行加工处理，包括数据预处理获取精确的水深值、监测数据融合以及变形分析预报。其功能应包括以下几点。

（1）航道水深数据的接收。航道水深数据从船载终端上发送过来，首先要对其进行接收，将其导入服务器中的数据库内，然后使用系统平台从数据库中调用数据，做后续分析。

（2）航道水深数据的改正。本书的水深数据改正（包括姿态改正、声速改正、时延改正等）基本上都是通过集成在多波束测深系统上的传感器来实现的，并且对潮汐变化引起的水位变化进行改正。水深数据是否精确直接关系到航道预警的准确性，多波束测深受外界的影响比较多，需要对换能器以及波束做一系列补偿，减少数据的失真，使观测到的数据误差最小。

（3）航道水深数据的管理。主要是对数据的处理（包括多传感器的数据融合）和存储，提取所需要的水深数据，并且使用空间数据库对水深数据进行存储和访问，以及对历史数据进行提取和保存。

（4）对多源数据的应用分析和可视化。最后所需要的数据包括水深数据、GPS 数据、电子海图以及航道的栅格图，利用这些数据对航道的通航条件进行查询和分析。

（5）决策分析。通过对航道的统计分析来对航道的通航状况、回淤状况进行预警分析，然后通过专网或者互联网向管理者和用户发布预警通知，做好及时的应急指挥。

5.2　港口航道全息扫描安全监测模型

5.2.1　船载扫描平台结构模型

船载扫描平台是全息扫描数据的采集平台。如图 5-1 所示，主要包括测量船、多波束、激光罗经、GPS 卫星接收机、船载终端、5G 传输模块以及需要集成在换能器上的相关传感器（有水下姿态传感器、高度计、声速剖面仪等）。主要是采集航道的水深数据和水下地形数据，通过多传感器和多波束的集成，减少数据的误差，有效提高数据的精度，并且通过移动通信模块传输数据至数据中心，增加数据管理功能和时效性。

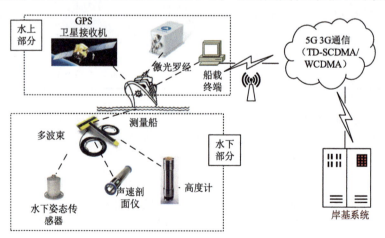

图 5-1　船载扫描平台结构

5.2.2　岸基监测平台结构模型

岸基监测平台是指港口航道监测预报预警数据中心。如图 5-2 所示，岸基监测平台主要包括岸基监测数据库、地理空间数据库、数据处理终端、管理监控终端。全息扫描岸基监测数据由船载扫描平台通过 5G、4G 等无线通信网络实时传输至岸基监测平台。

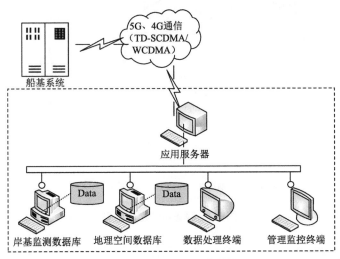

图 5-2　岸基监测平台结构

　　岸基监测数据中心承担着航道测量数据的存储、管理、处理以及应用的责任，为整个预警平台提供了技术和数据支撑，为数据库的构建、集成、更新、分发和共享提供了信息服务的基础环境，可以对数据进行统一的管理和共享，是平台建设的重要内容，其模型结构如图 5-3 所示。

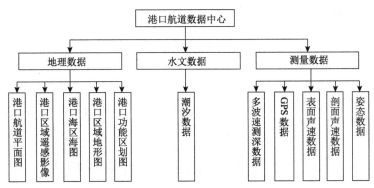

图 5-3　数据中心模型结构

　　岸基预警服务系统的主要任务是显示航道内部水深的变化，并且分析与航道有关的危险信息和险情分类，将这些危险信息分级，在预警平台中显示险情的具体位置，并将这些信息发送给决策者（图 5-4）。

　　数据传输是整个预警系统的链接枢纽（图 5-5），承担着连接船基平台和岸基平台的责任，为航道数据的实时传输提供了时间上的保证。

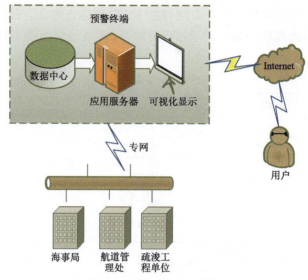

图 5-4　服务系统物理结构

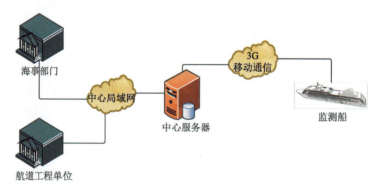

图 5-5　数据传输网络平台结构

5.3　基于传感网的航道全息扫描监测关键技术

5.3.1　基于多传感器的水下航道扫描系统集成技术

水下航道扫描设计采用多波束条带测深仪，其是由多个声学传感器组成的发射接收扇形波束的复杂测深系统。测量船是目前海上测深系统的主要载体。测量船在随机的、波浪方向紊乱的海上航行时，必然受到海浪的扰动产生振荡运动。如果把测量船作为刚体，则这种运动一般有 6 个自由度，即进退运动、横荡运动、升沉运动、横摇、纵摇和首尾摇。其中，横摇、纵摇与升沉运动较其他分量的振荡运动影响显著，而且对深度测量的影响起重要作用。因此，需要在测量船上集成监测运动测量船姿态的仪器，即姿态传感器（MRU）。基于高精度航道海底地形测量的要求，姿态传感器已成为航道海底地形测量设备的重要组成部分,特别是对于多波束测深系统,姿态传感器是必备设备。

当测量船在波浪中运动产生横纵摇和升沉运动时,在沿船长和船宽方向的某一位置处,测船上的每一点除了产生与测量船重心相同的升沉运动外,还有横纵摇运动引起的附加升沉运动(称为诱导升沉)。因此,测量船在波浪中运动产生的每一点升沉是不同的。姿态传感器仅能实时监测测量船上某一点的实时升沉。因此,测深换能器与姿态传感器两种独立设备集成时,应该尽量在物理上固定安装在测量船的同一空间位置。为了达到高精度实时监测测深换能器升沉的目的,有必要针对姿态传感器的安装位置对监测测深换能器升沉的影响进行分析,并探讨其偏心对测深换能器升沉的影响规律及其改正方法。

一般采用加速计和陀螺仪等安装在测量船上的姿态传感器对姿态进行测量,即换能器与传感器分开安装的分体测量模式。由于该模式将换能器与姿态传感器安装在测量船不同的空间位置,客观存在空间位置的偏心(或称物理偏心),横摇、纵摇运动使得某一时刻实际多波束换能器的升降和姿态传感器测量的升降不一定相等,两者之间的这种差异称为诱导升降 H_i,其中 x、y 方向上的偏移随横摇、纵摇角度变化导致的多波束换能器诱导升降比较明显,会直接造成测深基准面分米级的误差。如图 5-6 所示,必须考虑误差。实际状态下,某 t 时刻测深换能器升降 H 可表示为

$$H = H_m + H_i \tag{5-1}$$

式中,H_m 为 t 时刻姿态传感器的测量升降。

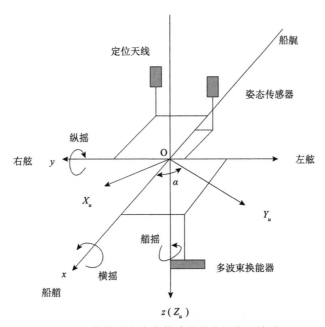

图 5-6 换能器与姿态传感器的空间位置关系

本系统设计了换能器与传感器集成安装在一起的一体化测量模式解决以上问题。一体化测量模式是将姿态传感器直接固定安装在测深换能器上方或集成安装在换能器上,这样就不存在物理偏心,也没有诱导升降,姿态传感器就可以直接实时监测换能器的瞬

时升降，消除诱导升降误差来源。一体化测量模式在各项系统误差测定后，预先计算好并输入姿态传感器中即可，不需要对每一组横摇、纵摇以及航向都进行换算。可以有效地减少转换传感器坐标系轴系间的偏差带来的影响，在有效提高测量精度的同时，也可以通过不同方式的参数设置，实现不同的姿态数据输出，从而简化了数据的处理，提高了作业效率。

当测量船在波浪中运动时，姿态传感器仅能实时监测测量船上某一点的实时升沉，而测深换能器动态空间位置需精确定位。因此，在波浪中运动的测量船上集成 GNSS 和 TSS（电罗经）传感器，提供测船定位和航向数据。

测深换能器发出的声波通过水体达到航道海底反射回接收换能器过程中，声线会因为海水垂直介质密度变化产生弯曲。海水中声速变化也会引起采样点在大地坐标系统中位置和深度的变化，表现在：①基阵表面声速因温度不同产生变化，使按设计声速计算的波束控制角发生改变；②声速在海洋柱体剖面上的变化使声波发生折射，造成声线弯曲，产生深度与位置误差；③海水表面声速的变化还会造成波束投射角的变化。以上都需要进行补偿与修正。因此，需要同步观测海水垂直剖面密度，以进行声线跟踪改正。系统需要集成表面声速传感器和声速剖面传感器。

海底回波波束序列中通常携带着噪声和旁瓣的响应。中心波束跟踪窗是一个换能器发出的波束中心时间范围或角度范围，在其内的海底回波携带了声波照射面积上真实的信息，而落在其外的回波被认为信息较少，如图 5-7 所示。

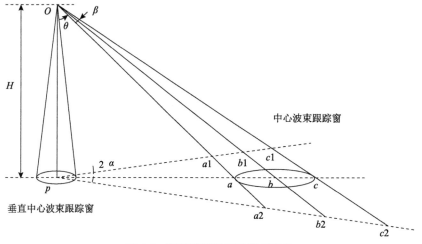

图 5-7　倾斜海底的声波传播轨迹

设定检测门限，获得相对"干净"的处理信号，即中心深度。中心深度是中心波束跟踪窗的设定位置，就是 p、b 点对应的深度 H。首先测定垂直中心窗的正确深度 H，可以作为其他波束跟踪窗当前周期参考深度计算的几何基础。所以，中心深度是以每个波束的深度为依据预测的，每个周期应该使用垂直中心深度来修正发射周期的波束跟踪窗设定的位置。一旦该垂直中心深度产生错误，波束跟踪窗将受到影响。因此，系统设计采用垂直剖面高度计同步测量垂直中心深度，检查和校正垂直中心深度，如图 5-8 所示。

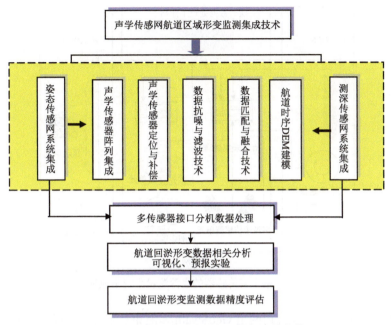

图 5-8 传感网航道区域形变监测集成技术体系

5.3.2 基于多传感器的水深测量系统集成技术与开发

多波束系统是计算机技术、导航定位技术以及数字化传感器技术等多种技术的高度组合。一个完整的多波束系统除了拥有结构复杂的多阵列发射接收传感器和用于信号控制与处理的电子单元外，还应该配备高精度的运动传感器、定位系统、声速断面和计算机软、硬件及相应的显示设备。因此，现代多波束测深系统实际上已经发展成为由声学系统、波束空间位置传感器子系统以及数据采集与处理系统组成的综合系统。多波束发射接收传感器、电子单元及实时采集与控制计算机构成多波束系统的核心部分；高精度的定位设备、运动传感器以及声速断面组成的波束空间位置传感器子系统是多波束系统必不可少的组成部分。

本节开发的测深传感网系统主要由多波束测深系统、声学传感器、定位和姿态传感器系统集成。多波束测深技术系统是当代海洋测深的高新技术产品，它与声学传感器、定位和姿态传感器系统集成，可实现全新的高精度全覆盖式扫描测深。系统集成传感器配置与性能如图 5-9 所示。

（1）多波束测深传感器。多波束测深系统选择相干多波束传感器，由于具有较大的覆盖率（10～20 倍 H）和数据点密度（100 倍声波反射），因此可以利用其海底声学散射强度数据来生成高分辨率的航道 DEM 模型。在浅水区，相干多波束系统的性能指标明显优于声波反射—散射多波束系统。

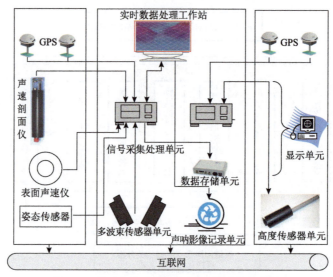

图 5-9 基于多传感器的水深测量系统集成框图

系统选用 GeoAcoustlcs 公司两组 GeoSwath 多波束换能器，集成在 "V" 字形结构支架上，每组与竖直方向呈 30°角，使单边换能器的波束开角达到 120°，如图 5-10 所示。每组由 4 个换能器单元组成，其中一个用来发射和接收，另外 3 个只用来接收。采用 "V" 字形结构使发射与接收基阵的声轴外移，增加边缘波束信号的强度，有利于增加测量的覆盖宽度。换能器发射间隔可在 400~100ms 调节。例如，对于 200ms 的发射间隔，300m 的覆盖宽度，每次发射对反射声波信号进行 40000 组位样值及相应的振幅、时间采样测量，然后经过滤波处理得到大约 2000 个回波角和距离值。

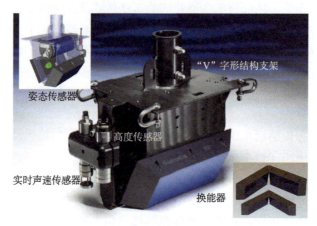

图 5-10 多传感器测深系统集成图

（2）声学传感器。海流、水文因素的复杂变化以及声速断面采样站分布的不合理等均会带来较大的代表性误差，且分布式系统环境不便于集成，自动化分布式系统环境不便于集成自动化的声速及其声线跟踪系统。本节希望多波束系统集成直接获取实时声速在海水中传播特性的声速传感器测量系统工具，构建智能化传感网时空声速场，包括测深换能器表面声速场和垂直剖面声速场。

测深换能器水下声波测量采用 Valeport MinSVS 实时声速计,集成在"V"字形结构支架上,同步精确地测量换能器发出声速,进行声速定标和实时声速改正。修正换能器基阵表面声速因界面温度不同产生变化,导致测深换能器波束投射角的变化。

海水垂直剖面密度变化。选用 Valeport MiniSVP 声速剖面传感器,集成在走航投放支架上采集数据,可以实现准实时声线跟踪改正。改正声速在海洋柱体剖面上变化导致的声波发生折射,以及声线弯曲产生的深度与位置误差。垂直中心深度测量采用 Tritech PA500 高度传感器,集成在"V"字形结构支架上,同步精确地测量换能器声波阵面至海底的深度,校正中心深度。

(3)姿态传感器。选用 TSS DMS-05 水下三维运动姿态传感器。与多波束测深传感器集成在同一"V"字形结构支架上,同步测量换能器受到风、流和涌浪的作用导致其姿态不断变化的参数,即方位、纵摇角、横摇角以及升沉等,从而对测深数据进行补偿与修正,消除换能器声基阵与海底的相对位置随时变化产生的影响,如图 5-10 所示。

(4)GNSS 传感器。选用 Trimble SPS351 差分 GPS 接收机,分别测量船的运动方位参数和多波束测深点的平面位置。其中,两台 GPS 接收机天线安装在船台首尾航向方向,测量船的运动方位。一台 GPS 接收机天线安装在多波束测深传感器"V"字形结构支架上端,测量测深传感器中心位置,如图 5-11 所示。

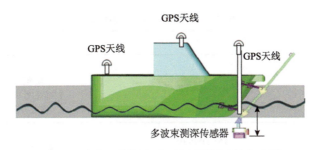

图 5-11　方位、测深点平面位置测量系统集成图

(5)实时信号采集处理分系统。实时信号采集处理分系统包括信号源/模拟器、接收机、信号处理分机、接口,如图 5-12 所示。信号源/模拟器产生激励信号(CW 脉冲或 FM 线形调频脉冲),发射机根据信息及声源级进行功放后,发射基阵向海底发射超宽声波束。接收基阵接收海底反向散射信号后由接收机进行放大、变频和归一化处理。信号处理分机对来自接收机的幅度和相位一致的基元信号进行采样、A/D 变换并形成波束。计算机进行深度和控制参数计算,并进行显示和存储。接口电路产生同步信号并执行主计算机对各分机的控制命令。测深过程中系统不断通过接口采集差分 GPS、姿态传感器、声学传感器等数据,并将它们与深度数据一起存储在硬盘内。为了降低数据存储文件的冗余度,使采集的数据更好地传输和处理,多波束数据采用二进制编码形式进行存储。

传感器接口

图 5-12　实时信号采集处理分系统

基于多声学传感器的水下航道扫描系统集成系统结构设计如下：①条带测深系统换能器安装在"V"字形换能器支架两侧，换能器支架固定安装在测船的侧面船舷，必须在测船焊接支架增加其稳定性和安全性。②RTK 坐标和 TSS（电罗经）提供的测船航向数据都是通过串口数据线传输至系统主机，这两种外接设备都安放在船舱内。③MRU（姿态传感器）和中心波束直接安装在"V"字形换能器内，一起进入水下工作，便于同步传送三维姿态并对数据进行质量控制，以完善系统的可靠性。④测船上需 24V 直流电和 220V 交流电，为避免意外断电，建议增配 UPS 电源。

基于多声学传感器的水下航道扫描系统集成传感器配置见表 5-2。

表 5-2　系统集成传感器配置表

名称	型号	性能
换能器阵列	GeoSwath Plus	工作频率 125kHz 波速数 5000 条 扫描宽度 12（倍水深） 深度分辨率<1cm
姿态传感器	TSS DMS-05	横摇补偿精度 0.05° 纵摇补偿精度 0.05°
实时声速计	Valeport MinSVS	声速量程：1400～1600m/s 声速精度：±0.001m/s
声速剖面仪	Valeport MiniSVP	声速量程：1400～1600m/s 声速精度：±0.03m/s
高度计	Tritech PA500	量程：1～100m　0.5～50 m
控制单元主机	GeoSwath Plus Compact	实时回波信号质量监控；实时声速改正；实时潮位改正，串行接口 6 个
GPS 接收机	Trimble SPS351	差分精度（±2cm+1ppm）
数据处理工作站	DELL XPS8300	Intel CPU 3.0GHz

5.3.3　多传感器高精度水深测量数据处理

多传感器高精度水深测量采用相干多波束水深测量模型。系统左右换能器轮流发射声波，声波到达海底后反射，连续的发射及反射信号又被换能器接收。利用往返的相位差测量回波角，从而对海底进行点位和深度测量。相干测量过程中，回波到达换能器时，其相位被测量。换能器由 1 个发射板和至少 2 个接收板组成。换能器与海底（假设海底平坦）一点的关系见图 5-13，其中各参量的意义如下。

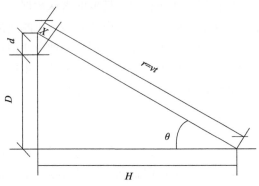

图 5-13　换能器与海底点的关系

设波束的相位差为 φ，波长为 λ，则有

$$\frac{X}{\lambda} = \frac{\varphi}{2\pi} \tag{5-2}$$

因为 $X = d\sin\theta$，所以

$$\varphi = \frac{2\pi d}{\lambda}\sin\theta \tag{5-3}$$

从而测量的回波角：

$$\theta = \arcsin\left(\frac{\varphi\lambda}{2\pi d}\right) \tag{5-4}$$

由式（5-4）可知，对于已知的接收声极间距 d，可由测量的 φ 计算出 θ。

$$r = vt \tag{5-5}$$

$$D + d = r\sin\theta \tag{5-6}$$

若 d 忽略不计，则

$$D = r\sin\theta \tag{5-7}$$

所以

$$H = r\sin\theta \tag{5-8}$$

式中，v 为声波在海水中传播的速度；t 为声波在海水中传播的时间。波束的方向是由回波信号走时和相位差决定的，通过检测每个海底散点到不同换能器单元的传播延时来估算各点的距离和方位角。

从以上表达式可以看出，影响水深数据精度的主要因素有声波在海水中传播的变化、船舶吃水、潮汐的变化、船舶姿态的变化以及 GPS 数据的同步。因此必须对这些问题产生的误差进行测量并且补偿，从而获得高精度的水深数据。

进行声速测量改正。声速的影响包含表层声速对多波束测量的影响和声速剖面对多波束测量的影响。在多波束测量过程中，需要使用到两种声速值：一种是多波束换能器深度处的声速值，称为表层声速，用于波束形成；另一种是水体各个深度处的声速值，称为声速剖面，用于声线追踪以获得波束点的位置与水深。

1. 表层声速对多波束测量的影响

多波束系统通过声线跟踪反演出波束测点的空间位置。在计算过程中，换能器表层声速对波束的指向角、波束脚印的平均位置和水深以及测量覆盖宽度等都有着直接的影响，尤其是对边缘波束的测量精度影响较大。

当换能器阵列由 N 个基元组成时，基元之间的间隔为 l，波束以一定的频率 f 从 θ 方向入射到波阵面时，第 k 个波束的波束指向角计算方程经过傅里叶变换后为

$$\theta_0(k) = \arcsin(k\lambda/Nl) \tag{5-9}$$

将 $\lambda = v_0/f$ 代入式（5-9）中可得

$$\theta_0(k) = \arcsin(kv_0/Nlf) \tag{5-10}$$

式中，v_0 为换能器表层声速。由式（5-10）可以看出，当波束发射频率一定时，换能器波束指向角 θ_0 只是表层声速 v_0 的函数，当表层声速 v_0 误差变大时，会造成波束指向角 θ_0 的误差也变大。根据反正弦函数，随着波束指向角的变大，表层声速误差增加对波束指向角带来的误差并不均匀增加，当波束指向角大于 60°时，表层声速误差对波束指向角的影响会迅速变大。

2. 声速剖面对多波束测量的影响

声音在海水中传播速度受很多因素的影响，温度、盐度及深度分布的不均匀性会引起声速随着海水深度变化而变化。声音在这些不同密度的介质层中传播时，会产生折射和反射现象，与光学类似，因此根据 Snell 法则得出：

$$\frac{\sin\theta_1}{C_1} = \frac{\sin\theta_2}{C_2} = \cdots = \frac{\sin\theta_i}{C_i} \tag{5-11}$$

即折射后的声线总是向具有较小声速的水层方向弯曲。这样，当声波非垂直入射海水时，由于穿过不同深度的水层，其传播轨迹实际上是一条曲线，这就是声线弯曲现象（图 5-14）。声线的弯曲直接影响多波束系统各个波束（特别是外侧波束）在海底的触底位置及测量的水深值。

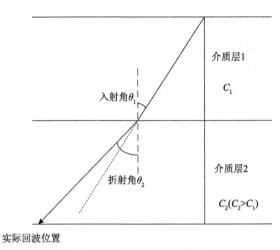

图 5-14　声线弯曲示意图

对于任意一个波束，其测深、测距公式为

$$H = C \int (\cos\theta)\, dt \tag{5-12}$$

$$X = C \int (\sin\theta)\, dt \tag{5-13}$$

式中，H 为波束点到换能器的垂直距离；X 为波束点到换能器的水平距离；dt 为波束点单程传播时的微分；C 为声音在不同介质层的传播速度；θ 为波束点的声线切线与垂线之间的夹角。

由于声音传播速度随着海水介质层深度的改变而不停变化，从而会导致多波束系统测量点与实际位置存在偏差，使得最后测量成果失真，并且随着波束角的不同而产生非线性变化，因此必须对声速剖面进行校正。

海水中声音传播的速度与温度、盐度和深度有密切的关系，利用这些相关性建立起来的经验模型称为声速经验模型。声速是一个重要的海水物理参数，它可以表示为温度 t（℃）、盐度 S（ppt）和深度 h（m）或者压力 P（Pa）的函数。经过大量的实验得出，在 0～17℃内，在海洋工程中常用的海水中声速与盐度、温度、深度的经验模型为威尔逊（Welson）公式：

$$C = 1449.2 + 4.6t - 0.0055t^2 + 0.00029t^3 + (1.34 - 0.01t)(S - 35 + 0.017h) \tag{5-14}$$

多波束测深系统以一定的开角发射和接收声波信号，声波信号在海水中在一个扇形的范围内传播。系统一旦完成一次声呐信号的发射和接收，回波时间就可以确定下来，但是最终测深值的获得还必须依赖该声波信号在海水中的传播速度，最后根据发射角的不同，利用声线追踪原理，获得声波在海底的回波位置及其水深值。声速对水深测量误差的影响可用以下公式表示：

$$E = D \cdot \Delta C \left[1 - 2\tan 2\alpha + 2\tan\beta\tan\alpha \right] / C_0 \tag{5-15}$$

式中，E 表示由声速引起的水深误差；α 为折射角的补角；β 为海底坡度角；ΔC 为声速变化；C_0 为折射介质声速；D 为水深值。由式（5-15）可以看出，由声速引起的误差由四部分组成，包括垂直误差、由声线弯曲引起的水深误差、回波的位置偏移以及在斜坡区由位置偏移引起的水深误差。

在多波束水深测量数据处理中，需要水位改正。船体吃水直接影响着多波束在垂直方向上的测量结果。船体吃水分为静吃水与动吃水，下文将分别讨论静吃水和动吃水模型。

（1）静吃水模型。根据多波束换能器相对于船体的位置，换能器静吃水可按如下几何关系得出，当船只无倾斜时，一阶近似条件下换能器的静吃水 D_t 为

$$D_t = \frac{aD_e + bD_f}{a+b} + d \qquad (5\text{-}16)$$

式中，D_f 为船艏吃水深度；D_e 为船艉吃水深度；a 为船首标记到换能器的距离；b 为船艉标记到换能器的距离；d 为换能器表面到龙骨地面的垂直距离，换能器表面在下为正，在上为负。

当测量船以一定的倾斜角航行时，一阶近似条件下换能器的静吃水 D_t 为

$$D_t = \left(\frac{aD_e + bD_f}{a+b} + d \right)\cos\theta \qquad (5\text{-}17)$$

式中，θ 为倾斜角，$\theta = \arcsin\dfrac{D_{ml} - D_{mr}}{W}$，其中 D_{ml}、D_{mr} 分别为船中左舷、右舷吃水，W 为船中吃水标记处的船宽。

（2）动吃水模型。动态吃水可通过船体处于动态和静态情况下，GPS 天线在垂直方向的差值来确定，它同深度在同一垂直面上，因而对测深有着直接影响。依照传统的计算方法，它对测深的影响如下：

$$\Delta d = Kv^2 \sqrt{\frac{H_s}{H}} \qquad (5\text{-}18)$$

$$K = \Delta d \ / \ (v^2 \sqrt{\frac{H_s}{H}}) \qquad (5\text{-}19)$$

式中，Δd 为动态吃水深度；v 为船速；H_s 为静吃水；K 为吃水系数；H 为平均深度。

K、H_s 与船体的模型有关，H 与测量的区域有关。对于一艘新型的测船而言，船体的静吃水 H_s 可以很方便地测定。动态吃水系数 K 的测定方法是，选择水底地势平坦且水深值已知的一块水域，在风浪非常小的情况下，测船以不同的速度沿着同一条测线测量水深。在同一点上，用实测深度同已有深度比较，其差值为动态吃水深度 Δd，代入式（5-19）即可确定动态吃水系数 K。

式（5-19）只考虑了船速、静吃水和测区平均水深对动态吃水的作用，实际的动态吃水还受到风力、风向、潮汐和波浪等因素的影响，因而传统的动态吃水公式还不够全面。参考传统的动态吃水计算公式，结合诸因素对动态吃水的贡献程度，提出了下列动态吃水模型：

$$\Delta d = a_0 + a_1 v + a_2 v^2 + a_3 v^3 - a_4 H_s + a_5 H + a_6 F(v_w, A_w) - H_{tide} \qquad (5\text{-}20)$$

式中，$a_0 \sim a_6$ 为动态吃水经验公式的系数；v、H、H_s 的意义同上；$F(v_w, A_w)$ 为风对动态吃水的影响函数，其中，v_w 为风速，A_w 为风向；H_{tide} 为潮汐对动态吃水的影响。

多波束水深测量姿态改正数据处理依据船体操纵性和耐波性理论，船姿主要受波浪、风速、风向等外界因素的影响。船姿的变化同时使换能器姿态发生变化，并使多波束理想的测量状态被破坏，影响测量数据的精度。为了获得海底点的精确位置信息，需要考虑船姿的受动因素，分析姿态对测量的影响，校正其带来的误差，提高测量成果的精度。

分析船姿动力因素及影响。多波束换能器接收的波束间角一般都在 1.25°～2.5°，而测量船只在航行过程中，船体有时会产生 5°～10°甚至更大的横摇和纵摇，相对于波束间角，船体的横摇、纵摇会使换能器发射姿态和接收姿态发生变化，从而影响到测量的真实结果，波束的空间归位将产生错位。船体姿态测量误差对多波束测深的影响主要体现在以下几个方面：

（1）航偏角 θ 动力因素分析。由于存在各方面因素的影响，测量船的航行方向与测线方向会绕着船体坐标的 z 轴在水平面上产生 θ 角的偏移，从而改变了波束脚印在地方坐标系（LLS）下的坐标位置。如图 5-15 所示，假设计划航向角度为 A_0，受航偏角的影响，此时的航向角度变成了 $A_0 + \theta$，波束的实际指向与垂直方向的夹角为 φ，斜距为 R，实际的深度为 L，则波束脚印在地方坐标系下的坐标及航向角测量误差 $\Delta\theta$ 对波束脚印坐标的影响为

$$\begin{bmatrix} x \\ y \\ z \end{bmatrix}_{LLS} = \begin{bmatrix} \cos(A_0+\theta) & \sin(A_0+\theta) & 0 \\ -\sin(A_0+\theta) & \cos(A_0+\theta) & 0 \\ 0 & 0 & 1 \end{bmatrix} \begin{bmatrix} 0 \\ R\sin\varphi \\ R\cos\varphi \end{bmatrix} \qquad (5\text{-}21)$$

$$\begin{bmatrix} dx \\ dy \\ dz \end{bmatrix}_{LLS} = \begin{bmatrix} L\tan\varphi\Delta\theta \\ L\tan\varphi\Delta\theta^2/2 \\ 0 \end{bmatrix} \qquad (5\text{-}22)$$

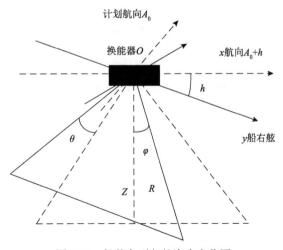

图 5-15　航偏角引起的姿态变化图

（2）涌浪 h_{ds} 的影响。由于涌浪只发生在垂直方向上，所以只对多波束测量的深度产生影响，对平面位置坐标不产生影响。h_{ds} 向上为正向下为负，则涌浪对波束脚印坐标归算的影响为

$$\hat{L}_{VFS} = L_{VFS} - h_{ds} \tag{5-23}$$

式中，$\hat{L}_{VFS}$ 为波束脚印坐标；L_{VFS} 为理想的波束脚印坐标。

（3）横摇 r 的影响。如图 5-16 所示，横摇使换能器绕 x 轴在 yOz 面内发生 r 角旋转（顺转为负，逆转为正），波束入射角从 θ_0 变化为 θ_0+r，则波束脚印在船体坐标系（VFS）下的坐标以及测量误差 dr 对坐标的影响分别为

$$\begin{bmatrix} x \\ y \\ z \end{bmatrix}_{VFS} = \begin{bmatrix} 0 \\ R\sin(\theta_0+r) \\ R\cos(\theta_0+r) \end{bmatrix} \tag{5-24}$$

$$\begin{bmatrix} dx \\ dy \\ dz \end{bmatrix}_{VFS} = \begin{bmatrix} 0 \\ R\cos(\theta_0+r)dr \\ -R\sin(\theta_0+r)dr \end{bmatrix} \tag{5-25}$$

根据上述表达式可知，横摇对 y 和 z 坐标有影响，对 x 坐标不产生影响。

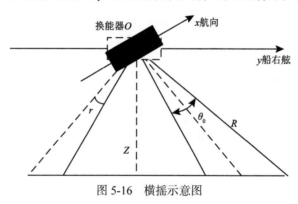

图 5-16　横摇示意图

（4）纵摇 p 的影响。如图 5-17 所示，纵摇使换能器绕 y 轴在 xOz 面内发生 p 角旋转，假设理想状态下波束脚印的坐标为（$\hat{x}, \hat{y}, \hat{z}$），则波束脚印在 VFS 下的坐标以及纵摇测量误差 dp 对坐标的影响分别为

$$\begin{bmatrix} x \\ y \\ z \end{bmatrix}_{VFS} = \begin{bmatrix} \cos p & 0 & \sin p \\ 0 & 1 & 0 \\ -\sin p & 0 & \cos p \end{bmatrix} \begin{bmatrix} \hat{x} \\ \hat{y} \\ \hat{z} \end{bmatrix} = \begin{bmatrix} R\cos\varphi\sin p \\ R\sin\varphi \\ R\cos\varphi\cos p \end{bmatrix} \tag{5-26}$$

$$\begin{bmatrix} dx \\ dy \\ dz \end{bmatrix}_{VFS} = \begin{bmatrix} R\cos\varphi\cos p\,dp \\ 0 \\ -R\cos\varphi\sin p\,dp \end{bmatrix} \tag{5-27}$$

根据上述分析，可得船姿对多波束测深的影响表达式为

$$\begin{bmatrix} \mathrm{d}x \\ \mathrm{d}y \\ 0 \end{bmatrix}_h + \begin{bmatrix} 0 \\ 0 \\ \mathrm{d}z \end{bmatrix}_{h_{ds}} + \begin{bmatrix} 0 \\ \mathrm{d}y \\ \mathrm{d}z \end{bmatrix}_r + \begin{bmatrix} \mathrm{d}x \\ 0 \\ \mathrm{d}z \end{bmatrix}_p = \begin{bmatrix} L\tan\varphi\Delta h + L\mathrm{d}p \\ L\tan\varphi\Delta h^2 \big/ 2 + L\mathrm{d}r \\ \Delta h_{ds} - L\tan\varphi\mathrm{d}r - L\tan p\mathrm{d}p \end{bmatrix}_h \quad （5\text{-}28）$$

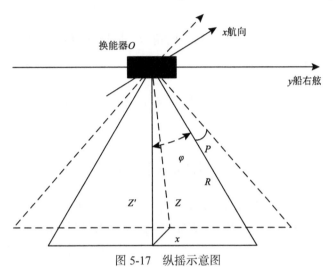

图 5-17　纵摇示意图

目前常见的滤波模型有卡尔曼滤波、变分同化模型、粒子滤波、层状贝叶斯模型等。在多波束水深测量数据滤波处理中，应用了简单有效的卡尔曼滤波模型。

（1）点位数据滤波。测量船或换能器的平面位置是利用 GPS 定位测量得出的。通过滤波可以对点位坐标（x,y,h）进行改正，若坐标和状态向量分别为 $L_{3\times1} = \begin{bmatrix} x,y,h \end{bmatrix}^{\mathrm{T}}$ 和 $X_{6\times1} = \begin{bmatrix} x,y,h,\dot{x},\dot{y},\dot{h} \end{bmatrix}^{\mathrm{T}}$，则观测模型和状态模型分别为

$$L_k = [E \quad 0]X_k + V_k \quad （5\text{-}29）$$

$$X_k = \begin{bmatrix} E & E\Delta t \\ 0 & E \end{bmatrix} X_{k-1} + \begin{bmatrix} E\Delta t^3/6 \\ E\Delta t^2/2 \end{bmatrix} W_{k-1} \quad （5\text{-}30）$$

式中，E 和 0 分别为 3×3 阶单位阵和零阵；Δt 为采样间隔；L_k、V_k 分别为 k 时刻的观测矢量、观测噪声；X_k、X_{k-1} 分别为 k、$k-1$ 时刻状态矢量；W_{k-1} 为 $k-1$ 时刻系统噪声。

（2）潮位数据滤波。在 GPS 验潮的航道测量中，GPS 高程在最后水深数据改正中起了很重要的作用。如果只确定潮位面，则观测量 L_k 只需要考虑高程 h，状态向量为 $X_{3\times1} = \begin{bmatrix} h & \dot{h} & \ddot{h} \end{bmatrix}$，则观测模型和状态模型分别为

$$h_k = \begin{bmatrix} 1 & 0 & 0 \end{bmatrix} \begin{bmatrix} h \\ \dot{h} \\ \ddot{h} \end{bmatrix} + V_k \quad （5\text{-}31）$$

$$\begin{bmatrix} h \\ \dot{h} \\ \ddot{h} \end{bmatrix}_k = \begin{bmatrix} 1 & \Delta t & \dfrac{\Delta t^3}{2} \\ 0 & 1 & \Delta t^2 \\ 0 & 0 & 1 \end{bmatrix} \begin{bmatrix} h \\ \dot{h} \\ \ddot{h} \end{bmatrix}_{k-1} + \begin{bmatrix} \dfrac{\Delta t^3}{6} \\ \dfrac{\Delta t^2}{2} \\ \Delta t \end{bmatrix}_{k-1} W_{k-1} \qquad (5\text{-}32)$$

（3）姿态数据滤波。姿态数据包括航向角 A、横摇 r、纵摇 p 以及涌浪 $\mathrm{d}s$，观测向量为 $L_{4\times1} = \begin{bmatrix} A & r & p & \mathrm{d}s \end{bmatrix}^\mathrm{T}$，状态向量为

$$X_{12\times1} = \begin{bmatrix} A & r & p & \mathrm{d}s & \dot{A} & \dot{r} & \dot{p} & \dot{\mathrm{d}s} & \ddot{A} & \ddot{r} & \ddot{p} & \ddot{\mathrm{d}s} \end{bmatrix}^\mathrm{T} \qquad (5\text{-}33)$$

则观测模型和状态模型为

$$L_k = \begin{bmatrix} E & 0 & 0 \end{bmatrix} X_k + V_k \qquad (5\text{-}34)$$

$$X_k = \begin{bmatrix} E & E\Delta t & E\Delta t^2/2 \\ 0 & E & E\Delta t \\ 0 & 0 & E \end{bmatrix} X_{k-1} + \begin{bmatrix} E\Delta t^3/6 \\ E\Delta t^2/2 \\ E\Delta t \end{bmatrix}_{k-1} W_{k-1} \qquad (5\text{-}35)$$

将卡尔曼滤波应用到水深测量数据的改正中可以取得很好的平滑效果，有效地减少了测量数据中的噪声，大大提高了测量成果的精度，改善了多波束作业的效益。

5.4 无人艇智能全息扫描监测技术

随着科技创新浪潮的高涨与智能需求的不断增加，无人技术发展空前繁荣，智能无人艇技术正在迅速进入大众的视野。智能无人艇具有自动化、高效率、低成本、安全可靠等优点，已被应用于海洋环境调查领域，必将成为未来海洋监测的智能平台。顺应新时代科学技术发展趋势，大力发展无人海洋监测技术是港口航道全流程安全监测的必然要求，智能无人艇港口航道监测理应成为当今和未来海洋监测技术发展的重要领域。

5.4.1 智能无人艇水深测量模式

多波束声呐具有分辨率高、精度高、覆盖宽等特点。因此优先采用无人艇搭载多波束测深系统水深测量模式，可以大大提高探测效率，也能保障数据的测量精度。无人艇搭载多波束进行水深测量有三种方式，第一种采用无人艇航行系统和多波束测深系统两套独立的系统，分别单独控制操作无人艇执行任务和多波束测深系统采集，如图 5-18 所示。无人艇航行主要分为五个模块，分别是操控模块、地图模块、数据管理模块、视

频模块和通信模块。操控模块负责无人艇具体任务的执行，包括控制模式的切换、设备管理、自动导航避障等。地图模块可用来设定预定航线，实时显示无人艇在海图上的当前位置。数据管理模块会显示无人艇作业中的相关参数信息，如航行信息、电池状态、设备管理信息等。视频模块会将摄像头拍摄的画面实时传回端显控软件，不同角度的视角可通过切换摄像头显示。通信模块是各模块之间的枢纽，通过系统的无线通信将命令传递给无人艇；无人艇通过无线通信将命令传递给人机交互系统，系统接收相应的指令信息，读取指令信息中相应的规定格式的数据内容并显示出来。在无人艇集成系统中航行和采集之间各自独立，测得的数据效果和工作效率并没有因为应用无人艇而提高。

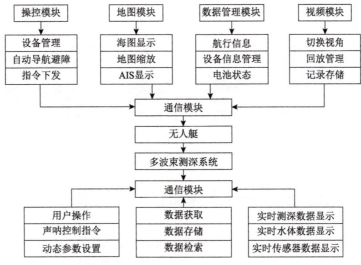

图 5-18　无人艇集成多波束方式一

第二种模式尚未大规模使用，是无人艇航行和多波束测深系统一体化集成，航行主控与数据采集系统是无人艇的核心控制系统，主要负责无人艇的自动航行和多波束测深系统的控制、数据采集，如图 5-19 所示。航行主控软件负责根据路径设定完成自主航行、自主避障等；数据采集软件负责根据相应指令，及时调整采集参数、处理数据等。船舱控制采集系统通过航行主控下发的各种操作控制命令，对无人艇船舱设备进行自检与控制，航行主控系统接收船舱反馈状态。

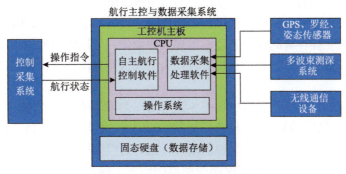

图 5-19　无人艇集成多波束方式二

无人艇集成多波束第三种方式介于前两者之间，无人艇控制系统与多波束测深系统在某些方面有关联，如图 5-20 所示，将多波束测深系统部分功能与无人艇控制系统融合，在设备管理方面达到航行/采集一体化。船端控制系统配置支持主流的多波束采集软件，如 Hypack、Qinsy、PDS2000 等，配合通信基站使用，可实时控制、更改参数及存储任务设备数据。通过远程桌面连接，即可进入远程桌面操作界面，对船端控制系统进行实时操作。采集的数据保存在船端，待测量结束返航后在岸端工控机进行数据后处理。

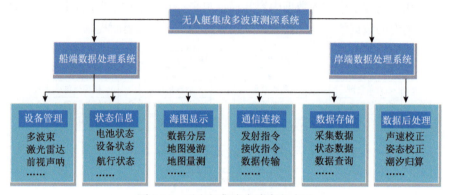

图 5-20　无人艇集成多波束方式三

5.4.2　自适应无人艇多波束水深测量控制技术

模糊控制系统是一种以计算机控制技术、自动控制理论作为技术基础的自动控制系统。在多波束水深测量无人艇集成系统中，多波束数据的采集需要通过无人艇的控制系统一体化操控，充分利用无人艇的控制系统扩展功能优势提高多波束水深测量集成效率和降低开发成本。多波束测深系统工作时，在数据采集过程中需要时刻关注数据质量，同时多波束系统的工作状态和各外围设备的运行状态是否正常、外界环境是否有干扰因素等都会对数据质量产生影响。采用模糊控制算法操控水深测量数据采集时的声学参数，模糊控制器会根据预先设定好的模糊规则针对不同情况做出不同的响应，如调整声波频率自动获取高质量的数据，替代人员自动完成数据采集工作，从而实现无人艇多波束智能水深测量工作。

多波束水深测量自适应控制系统中，多波束水深测量模糊控制是通过总结多波束水深测量操作者的经验和专家的行为过程形成规则，模糊控制器是由这些规则设计出来的。将多波束水深测量操作者的经验和经验的规则模糊化，使用模糊理论相关知识把模糊的语言规则转换为数值运算，用计算机去替代人实现这些具体规则，完成自动控制某些对象的要求。

多波束水深测量模糊控制系统如图 5-21 所示。模糊控制系统的核心是模糊控制器，这恰是模糊控制系统不同于其他自动控制系统的地方。模糊控制器是一种以模糊数学作为理论基础，模仿人工智能工作的控制系统，这恰是模糊控制与其他智能控制的不同之处。进行模糊控制首先需要确定模糊控制器的输入、输出变量，其次将输入、输出变量模糊化，用模糊子集表示。模糊语言变量语言值模糊子集的隶属度函数的确定是通过专家或操作人员的经验得到的。将模糊控制规则用模糊条件语句 R 表示，计算机根据每个采样时刻计算出的偏差模糊量 $E(k)$，利用推理合成运算进行模糊决策，确定对应时刻的输出模糊控制量 $\underset{\sim}{U}$。模糊控制器执行控制动作，进行模糊判决，将模糊响应变为确切响应。

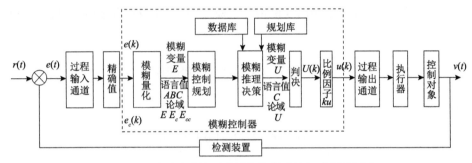

图 5-21　多波束水深测量模糊控制系统组成原理框图

　　实际采集过程中，声呐参数需要根据实际情况调节，如水越深，脉冲长度越大，根据水深度调节发射脉冲长度；当回波信号弱时接收增益需要适当调整；在水浅的情况下适当减小发射频率等。本书采用的是 250kHz、水深范围 0～100m 的相干型多波束 GeoSwath，选定多波束测深系统测得的水深值作为模糊控制器的输入变量，输出变量是脉冲长度、增益和功率，输入变量水深值的高低直接影响输出变量脉冲长度、增益和功率的变化，同时也影响着多波束测深系统的工作有效性和精确度。

　　将变量模糊化，设用模糊语言变量 $\underset{\sim}{H}$ 表示输入变量水深值，模糊子集 $\underset{\sim}{A}$ 用来表示模糊语言变量 $\underset{\sim}{H}$ 的语言值：

$$\underset{\sim}{H} = \underset{\sim}{A} = \{\text{NB, NS, ZO, PS, PB}\}$$

将输入变量水深值的模糊论域用 H 表示，偏差大小量化为 7 级：

$$H = \{-3, -2, -1, 0, 1, 2, 3\}$$

用模糊语言变量 $\underset{\sim}{U1}$ 表示输出变量脉冲长度，模糊子集 $\underset{\sim}{P1}$ 用来表示模糊语言变量 $\underset{\sim}{U1}$ 的语言值：

$$\underset{\sim}{U1} = \underset{\sim}{P1} = \{\text{NB, NS, ZO, PS, PB}\}$$

将输出变量脉冲长度的模糊论域用 $U1$ 表示，偏差大小量化为 9 级：

$$U1 = \{-4, -3, -2, -1, 0, 1, 2, 3, 4\}$$

用模糊语言变量 $\underset{\sim}{U2}$ 表示输出变量功率，模糊子集 $\underset{\sim}{P2}$ 用来表示模糊语言变量 $\underset{\sim}{U2}$ 的

语言值：

$$U2 = P2 = \{NB, NS, ZO, PS, PB\}$$

将输出变量功率的模糊论域用 $U2$ 表示，偏差大小量化为 9 级：

$$U2 = \{-4, -3, -2, -1, 0, 1, 2, 3, 4\}$$

用模糊语言变量 $U3$ 表示输出变量增益，模糊子集 $P3$ 用来表示模糊语言变量 $U3$ 的语言值：

$$U3 = P3 = \{NB, NS, ZO, PS, PB\}$$

将输出变量增益的模糊论域用 $U3$ 表示，偏差大小量化为 9 级：

$$U3 = \{-4, -3, -2, -1, 0, 1, 2, 3, 4\}$$

自适应控制量的一维模糊控制器如图 5-22 所示。

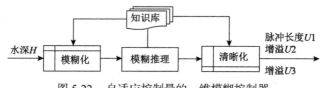

图 5-22　自适应控制量的一维模糊控制器

控制量优化决策库是选择控制变量，使随机系统所需性能指标达到最优的决策控制知识库或专家库。首先，设计构建控制量优化决策库，需要建立模糊隶属度函数，在模糊数学中，隶属函数刻画模糊集合，隶属函数具有举足轻重的地位，模糊控制的好坏是根据确定的隶属函数来判断的。隶属函数的确定需遵从三条原则：

（1）模糊集合用凸模糊集合表示。凸模糊集合呈现单峰馒头形，通常用三角形或梯形设定隶属函数，如图 5-23 所示。

随机最优控制是指选择控制变量，使随机系统某个性能指标达到最优的控制。

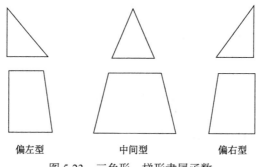

图 5-23　三角形、梯形隶属函数

（2）隶属函数变量选取对称、平衡。在模糊系统中可用多个标称名来定义一个输入变量，语言值的数量影响着控制响应的结果。语言值多会增加计算时间；语言值少，控制响应不敏感，在期望值附近系统输出会产生振荡。

（3）按语意顺序、避免重叠。模糊控制系统的性能好坏受隶属函数之间的重叠程度影响。因为不恰当的重叠，模糊控制系统会偏离设定好的模糊规则产生任意的凌乱行为，相隔的模糊集合不要形成交集超过界限。

鉴于以上原则，本章采用专家经验法选取三角形为隶属度函数图形。隶属度函数通过该领域专家的实践经验对模糊信息进行处理得到，称为专家经验法。三角形易数学表达，运算简便，内存空间占用小，曲线如图 5-24 所示。

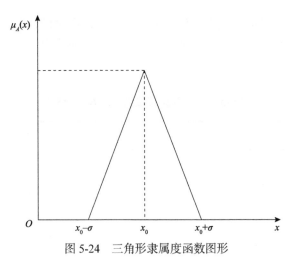

图 5-24　三角形隶属度函数图形

设计构建控制量优化决策库确定模糊控制规则是通过系统控制经验的总结形成模糊控制规则，模糊控制器要根据模糊控制规则设计。模糊条件语句组成模糊控制规则，用"if…then…"的形式表达，根据被控对象的行为特性和专家的控制经验编写，阐述了控制目的和在这领域里专家的控制策略。

多波束测深仪在探测海底地形作业时，声呐的参数因受到海况、海水的浊度、声速、无人艇的航速等因素的影响而需要调整，基于人工智能系统的模糊控制技术需要根据影响因素考虑各种探测时出现的情况建立控制规则。控制规则的好坏对多波束测深仪的工作状态造成影响，数据采集的质量也受其影响。设输入变量水深值 H 高于 50m，记为"正"；低于 50m，记为"负"。输出变量脉冲长度增大记为"正"，减小记为"负"；功率增大记为"正"，减小记为"负"；增益增大记为"正"，减小记为"负"。

通过经验得出与之相关的规则，用模糊条件语句表示如下：

IF H=NB THEN $U1$=PB $U2$=PB $U3$=PB

IF H=NS THEN $U1$=PS $U2$=PS $U3$=PS

IF H=ZO THEN $U1$=ZO $U2$=ZO $U3$=ZO

IF H=PS THEN $U1$=NS $U2$=NS $U3$=NS

IF H=PB THEN $U1$=NB $U2$=NB $U3$=NB

模糊条件语句用被控制量 H 到控制量 $U1$、$U2$、$U3$ 的模糊关系 $\underset{\sim}{R1}$、$\underset{\sim}{R2}$、$\underset{\sim}{R3}$ 表示，生成规则库。

$$\underset{\sim}{R1} = (NB_h \times PB_{u1}) \cup (NS_h \times PS_{u1}) \cup (ZO_h \times ZO_{u1}) \cup (PS_h \times NS_{u1}) \cup (PB_h \times NB_{u1})$$

$$\underset{\sim}{R2} = (NB_h \times PB_{u2}) \cup (NS_h \times PS_{u2}) \cup (ZO_h \times ZO_{u2}) \cup (PS_h \times NS_{u2}) \cup (PB_h \times NB_{u2})$$

$$\underset{\sim}{R3} = (NB_h \times PB_{u3}) \cup (NS_h \times PS_{u3}) \cup (ZO_h \times ZO_{u3}) \cup (PS_h \times NS_{u3}) \cup (PB_h \times NB_{u3})$$

依据模糊控制器的输入、输出语言变量的选取，将模糊控制器设计为单输入三输出的一维模糊控制器，构建模糊控制系统。输入变量和输出变量模糊子集的隶属度见表 5-3～表 5-6，模糊关系见表 5-7～表 5-9。

表 5-3　不同 H 论域量化等级 $\underset{\sim}{H}$ 的隶属度

$\underset{\sim}{H}$ 的语言变量值	−3	−2	−1	0	1	2	3
NB	1	0.5	0	0	0	0	0
NS	0	0.5	1	0	0	0	0
ZO	0	0	0.5	1	0.5	0	0
PS	0	0	0	0	1	0.5	0
PB	0	0	0	0	0	0.5	1

表 5-4　不同 $U1$ 论域量化等级 $\underset{\sim}{U1}$ 的隶属度

$\underset{\sim}{U1}$ 的语言变量值	−4	−3	−2	−1	0	1	2	3	4
NB	1	0.5	0	0	0	0	0	0	0
NS	0	0.5	1	0.5	0	0	0	0	0
ZO	0	0	0	0.5	1	0.5	0	0	0
PS	0	0	0	0	0	0.5	1	0.5	0
PB	0	0	0	0	0	0	0	0.5	1

表 5-5　不同 $U2$ 论域量化等级 $\underset{\sim}{U2}$ 的隶属度

$\underset{\sim}{U2}$ 的语言变量值	−4	−3	−2	−1	0	1	2	3	4
NB	1	0.5	0	0	0	0	0	0	0
NS	0	0.5	1	0.5	0	0	0	0	0

$U2$ 的语言变量值	−4	−3	−2	−1	0	1	2	3	4
ZO	0	0	0	0.5	1	0.5	0	0	0
PS	0	0	0	0	0	0.5	1	0.5	0
PB	0	0	0	0	0	0	0	0.5	1

表 5-6　不同 $U3$ 论域量化等级 $U3$ 的隶属度

$U3$ 的语言变量值	−4	−3	−2	−1	0	1	2	3	4
NB	1	0.5	0	0	0	0	0	0	0
NS	0	0.5	1	0.5	0	0	0	0	0
ZO	0	0	0	0.5	1	0.5	0	0	0
PS	0	0	0	0	0	0.5	1	0.5	0
PB	0	0	0	0	0	0	0	0.5	1

表 5-7　模糊关系 $R1$

H	−4	−3	−2	−1	0	1	2	3	4
−3	0	0	0	0	0	0	0	0.5	1
−2	0	0	0	0	0	0.5	0.5	0.5	0.5
−1	0	0	0	0.5	0.5	0.5	1	0.5	0
0	0	0	0	0.5	1	0.5	0	0	0
1	0	0.5	1	0.5	0.5	0.5	0	0	0
2	0.5	0.5	0.5	0.5	0	0	0	0	0
3	1	0.5	0	0	0	0	0	0	0

注：表头中的各数值为 $U1$。

表 5-8　模糊关系 $R2$

H	−4	−3	−2	−1	0	1	2	3	4
−3	0	0	0	0	0	0	0	0.5	1
−2	0	0	0	0	0	0.5	0.5	0.5	0.5
−1	0	0	0	0.5	0.5	0.5	1	0.5	0
0	0	0	0	0.5	1	0.5	0	0	0
1	0	0.5	1	0.5	0.5	0.5	0	0	0
2	0.5	0.5	0.5	0.5	0	0	0	0	0
3	1	0.5	0	0	0	0	0	0	0

注：表头中的各数值为 $U2$。

表 5-9　模糊关系 $\underset{\sim}{R}3$

$\underset{\sim}{H}$	−4	−3	−2	−1	0	1	2	3	4
−3	0	0	0	0	0	0	0	0.5	1
−2	0	0	0	0	0	0.5	0.5	0.5	0.5
−1	0	0	0	0.5	0.5	0.5	1	0.5	0
0	0	0	0	0.5	1	0.5	0	0	0
1	0	0.5	1	0.5	0.5	0.5	0	0	0
2	0.5	0.5	0.5	0.5	0	0	0	0	0
3	1	0.5	0	0	0	0	0	0	0

注：表头中的各数值为 $U3$。

根据隶属度得到相应的隶属函数，如图 5-25～图 5-28 所示。

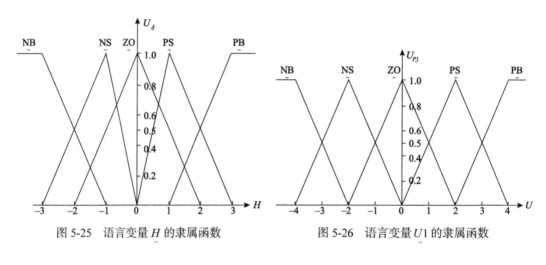

图 5-25　语言变量 $\underset{\sim}{H}$ 的隶属函数　　　　图 5-26　语言变量 $U1$ 的隶属函数

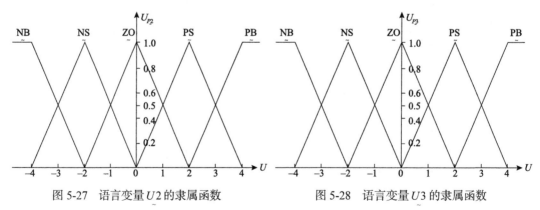

图 5-27　语言变量 $U2$ 的隶属函数　　　　图 5-28　语言变量 $U3$ 的隶属函数

编制模糊控制算法的应用程序如下：

```
float Fuzzy_controller::trimf(float x,floata,floatb,float c)
{
```

```cpp
    float u1;
    if（x>=a&&x<=b）
        u1=（x-a）/（b-a）;
    else if（x>b&&x<=c）
        u1=（c-x）/（c-b）;
    else
        u1=0.0;
    return u1;
float u2;
    if（x>=a&&x<=b）
        u2=（x-a）/（b-a）;
    else if（x>b&&x<=c）
        u2=（c-x）/（c-b）;
    else
        u2=0.0;
    return u2;
float u3;
    if（x>=a&&x<=b）
        u3=（x-a）/（b-a）;
    else if（x>b&&x<=c）
        u3=（c-x）/（c-b）;
    else
        u3=0.0;
    return u3;
}
void Fuzzy_controller::setRule（int rulelist[N][N]）
{
for（int i=0;i<N;i++）
for（int j=0;j<N;j++）
        rule[i][j]=rulelist[i][j];
}
void  Fuzzy_controller::setMf（ const  string  &mf_type_h,float
*h_mf,const string &mf_type_u1,float *u1_mf,const string & mf_type_u2,
float *u2_mf,float *u3_mf,const string & mf_type_u3）
{
mf_t_h=mf_type_h;
        mf_t_u1=mf_type_u1;
        mf_t_u2=mf_type_u2;
```

```
        mf_t_u3=mf_type_u3;
    h_mf_paras=new float [N*3];
        u1_mf_paras=new float [N*3];
        u2_mf_paras=new float [N*3];
    u3_mf_paras=new float [N*3];
    for ( int i=0;i<N*3;i++ )
    h_mf_paras[i]=h_mf[i];
    for ( int i=0;i<N*3;i++ )
        u1_mf_paras[i]=u1_mf[i];
    for ( int i=0;i<N*3;i++ )
        u2_mf_paras[i]=u2_mf[i];
    for ( int i=0;i<N*3;i++ )
        u3_mf_paras[i]=u3_mf[i];
    }
    float Fuzzy_controller::realize ( float t,float a )
    {
        float u_h[N],u_u1[N],u_u2[N], u_u3[N];
        int u_h_index[3];
        float u;
        int M;
        max=t;
        actual=a;
        h=max-actual;
        de=e-e_pre;
        e=Ke*e;
        de=Kde*de;
    mf_t_e=="trimf"
            M=3;
        int j=0;
    for ( int i=0;i<N;i++ )
        {
        u_h[i]=trimf
( h,h_mf_paras[i*M],h_mf_paras[i*M+1],h_mf_paras[i*M+2] ) ;
            if ( u_h[i]!=0 )
    u_h_index[j++]=i;
        }
        for ( ;j<3;j++ ) u_h_index[j]=0;
```

在利用智能无人艇多波束水深测量系统对海底航道区域水深数据扫描采集前，需要对航道测区规划路径。通过网络把路径信息发送给无人艇控制单元计算机，无人艇接收控制计算机指令，并按指令航行至指定航道测线上，当多波束测深系统接收到无人艇控制单元计算机发送的任务指令时，例如启动多波束测深系统电源、新建测线、设置参数等，在无人艇进行航道扫测数据采集中，无人艇需要通过自主感知、自动避障、自适应水深测量控制完成航道测区多波束水深扫测任务。

工作人员可以在岸端港口航道监测预报中心，通过远程无线通信关注水深数据采集情况，随时监控调节多波束水深测量系统工作参数，例如根据水深度调节发射脉宽；回波信号较差时，需要通过调大接收增益来加强回波信号；当水位变浅时需相应调整发射Ping 率，使发射 Ping 率变小等。采用模糊控制技术自动控制声呐参数的设置。人工的控制行为模糊控制能大约模拟。根据不同探测情况建立控制规则，模糊控制器根据被控对象、控制规则、系统状态等实现模糊量化处理、模糊推理和非模糊化推理的功能。自动化数据采集可以自动进行计划与实施任务，同时针对不同情况进行处理，具有高度的自动化管理机能。

以 M80 智能无人艇集成 GeoSwath 多波束水深测量系统的多波束扫描数据控制技术开发为例，通过无人艇 5002 端口套接数字广播调用远程控制包对 GeoSwath 进行远程控制，更改声呐参数设置，使其达到最优工作状态。具体参数见表 5-10。

表 5-10　GeoSwath 远程控制参数

字段名称	格式	描述
pinging	unsigned char	切换 ping（0 或 1） 默认值：pinging（1）
strings	unsigned char	Kongsberg GeoAcoustics 系统专用 默认值：编辑_设备
transmit	unsigned char	切换传输（0 或 1） 默认值：开启[1]
test	unsigned char	切换内部测试信号（0 或 1） 默认值：安培[1]
side	unsigned char	传感器选择（左舷/右舷或两侧） 0：左舷；1：右舷；99：两侧 默认值：标志[1]
group_on	unsigned char	切换滤波器组（0 或 1） 默认值：继续[1]
bottom_track_on	unsigned char	切换底部跟踪滤波器（0 或 1） 默认值：跟踪[1]
water_column_on	unsigned char	切换水柱滤波器（0 或 1） 默认值：开启[1]
water_column_auto	unsigned char	切换自动水柱滤波器（0 或 1） 默认值：自动[1]

续表

字段名称	格式	描述
water_column_height	double	手动设置水柱滤波器，单位为米，低于传感器 默认值：高度
ping_length	short	Ping 长度（m） 默认值：Ping 长度
pulse_length	unsigned char	发射脉冲长度 默认值：脉冲长度
power	unsigned char	发射功率 默认值：功率
sidescan_gain	unsigned char	选择侧扫增益 默认值：侧扫增益
update_comms	unsigned char	Kongsberg GeoAcoustics 系统专用 默认值：错误
comm_port[10]	unsigned char	未使用
comm_string[4][10]	char	未使用
commconfig[10]	COMMCONFIC	未使用
logging_control	unsigned char	未使用的日志记录控制字节
line_id[4]	char	线路标识符，例如"线路"
line_number	short	行号，例如 1234

GeoSwath 多波束声呐变频部分控制代码如下：

```
{
REMOTECONTROL    remote_control;//see remote control packet
description
short     rc_command;
short     bytes_sent;
remote_control.pinging = pinging;
remote_control.strings = editing_equipment;
remote_control.transmit = tx_on;
remote_control.test = amp;
remote_control.side = tx_flag;
remote_control.group_on = consec_on;
remote_control.bottom_track_on = tracker_on;
remote_control.water_column_on = nelson_on;
remote_control.water_column_auto = nelson_auto;
remote_control.water_column_height = nelson_height;
```

```
remote_control.ping_length = rt_ph.ping_length;
remote_control.pulse_length = rt_ph.pulse_length;
remote_control.power = rt_ph.power;
remote_control.sidescan_gain = rt_ph.sidescan_gain;
remote_control.update_comms = FALSE;
rc_command = RC_SEND_ENABLE;
  switch(rc_command)
  {
  case RC_LOGGING_NEWLINE:
    //set line id and number to create a new line "Line1234"
strcpy(remote_control.line_id, "Line");
remote_control.line_number = 1234;
break;
  case RC_LOGGING_SELECT:
    //set line id and number to select line "Line1234"
strcpy(remote_control.line_id, "Line");
remote_control.line_number = 1234;
    break;
  case RC_LOGGING_START:
   //start logging
   break;
  case RC_LOGGING_PAUSE:
   //pause logging
   break;
  case RC_LOGGING_STOP:
   //stop logging
   break;
  case RC_SEND_ENABLE:
   //enable broadcast of raw data
   break;
  case RC_SEND_DISABLE:
   //disable broadcast of raw data
   break;
  case RC_SHUTDOWN:
   //cause remote PC to shutdown
   break;
  case RC_REBOOT:
   //cause remote PC to reboot
```

```
  break;
case RC_NEWPROJECT:
  //create new project on remote PC
  break;
case RC_SEND_HEADER:
  //enable broadcast of ping headers only
  break;
}
remote_control.logging_control = rc_command;
bytes_sent = sendto(control_sock,(const char *)&remote_control,
sizeof(remote_control), 0, 0, 0);
if(bytes_sent == SOCKET_ERROR)
print("Socket Send Error");
}
```

5.4.3 无人艇多波束智能测深系统设计与开发

基于智能无人艇的多波束水深测量系统设计与开发包括智能无人艇平台与多波束水深测量系统硬件、自适应自动化多波束水深测量系统与岸基监控中心显控软件。自适应自动化测量软件和显控软件的设计要符合港口航道安全监测数据采集规定的技术要求，实现港口航道安全监测的功能。

无人艇多波束测深系统总体分为无人艇平台系统和任务载荷系统两大结构，无人艇平台系统包括平台本体、动力系统、控制系统、感知系统、通信系统和定位导航系统，配备动力和操控等系统模块，是能完成不同任务的多用途通用平台。任务载荷系统为即插即用模块和多波束水深测量模块，模块实现简单、便捷、快速更换装卸任务设备，具备通用化、多用途接口。多波束水深测量模块主要包括声束发射接收传感器、换能器、定位器、姿态传感器等，图 5-29 为无人艇多波束测深系统总体架构。

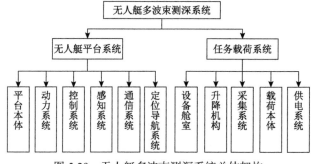

图 5-29　无人艇多波束测深系统总体架构

无人艇平台选用云洲智能科技的 M80 智能无人艇，其可根据任务的不同有选择性地搭载不同类型的中小型多波束水深测量系统。如图 5-30 所示，M80 为准三体船型，分为主体和左右片体，船线的稳定性好，换能器姿态变化较小，适用于多波束水深测量。主体舱内分为机舱、油舱、月池、设备舱和艏尖舱。左右片体采用支架与主体连接。机舱内设有主机、喷泵、尾轴、启动蓄电池、液压升降机构动力单元、喷泵控制系统。中部两侧设置油舱，中间设置月池。月池内安装升降鳍，用于搭载任务载荷水下部分，实现任务载荷的收放。艏部设置设备舱，设备舱内设有无人艇平台控制机箱、通信机箱及电源模块，下部设置水冷空调，可安装任务载荷系统相关部件及任务载荷数据采集系统。中部甲板重心处设置半圆形单点吊，通过起吊设备上的挂钩挂住无人艇单点吊缆绳实施无人艇吊放。

图 5-30　M80 智能无人艇线型结构

M80 无人船体采用带有通顶月池和任务载荷湿端升降机构的模块化三体船。三体船主体中前部配有通用卡槽的通顶月池，可适配多种升降机构，其底部可安装常规声学设备湿端；桅杆顶部可安装小型气象站。前部设备舱放置控制系统硬件设备和任务载荷系统干端。其船型结构优势如下。

（1）模块化设计的三体船型，侧片体可拆卸更换或调整间距，提高适航性的同时方便储运，丰富任务剖面；

（2）采用 SSB 球艏，配合深 V 主体，减小船体纵摇幅值和艏兴波产生的气泡，为声学设备提供良好的工作环境；

（3）通过增设通顶月池和升降机构，提高浅区和水面环境复杂区域通过性，减小任务载荷线缆穿舱水密难度，扩大设备适配性，降低布放、回收、储运难度。

按照波束形成的方式，多波束声呐分为四类，分别是电子单元方式、相干方式、电子单元相干组合方式、物理方式。研究采用 GeoSwath 相干多波束测深系统。GeoSwath Plus 甲板单元和换能器阵、GeoSwath GS+数据采集处理软件以及安装支架组成了基本的系统条带探测系统。GeoSwath Plus 硬件设备同时集成高度计、姿态传感器、声速传感器和 GNSS 定位仪等，艇载多波束测深系统如图 5-31 所示。

M80 智能无人艇搭载 GeoSwath 多波束测深系统硬件集成主要包括声学换能器单元集成、甲板声束发射接收单元与数据采集控制单元集成、传感器单元集成、数据通信单元集成、定位单元集成。

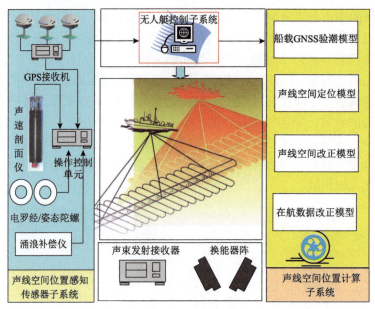

图 5-31　艇载多波束测深系统结构

（1）声学换能器单元集成。需要充分考虑水下换能器安装位置，不能妨碍声波的发射和接收，同时要远离噪声源避免噪声产生，靠近无人艇的中心位置，将俯仰引起的升沉误差降到最低。M80 无人船的中间设置了月池，月池内安装了升降鳍，采用双轨道结构设计，使用液压推杆进行驱动。如图 5-32 所示，将换能器固定在"V"字形安装架上，"V"字形安装架直接与升降鳍上的安装连接杆套合，控制换能器的入水深度，使用时进行下探，未使用时提升，起到保护设备湿端的作用。

图 5-32　换能器"V"字形安装架

将 GeoSwath Plus 换能器的左右探头安装在"V"字形探头架上，固定在升降鳍上，两边用绳子加固。通过控制升降鳍的液压推杆来控制换能器的入水深度，使得探头的吃水深度与船底齐平，保持探头不移位、不前后倾斜、不松动。安装位置如图 5-33 所示。

图 5-33 换能器安装位置

（2）甲板声束发射接收单元与数据采集控制单元集成。考虑甲板单元防水、密封性以及供电的需求，将 GeoSwath Plus 甲板单元放置于 M80 无人艇的设备舱，设备舱右侧下部拐角处为设备舱与片体间的线缆穿舱走线管，多波束甲板单元和换能器的连线通过走线管，放置在月池侧面，保证了传感器的电缆走线安全。设备舱除了放置甲板单元外，还需安放和 GeoSwath 甲板单元配套的激光罗经。将激光罗经置平固定在设备舱底板上，甲板单元置于罗经左侧，用螺丝固紧，防止因晃动损坏设备。罗经和甲板单元安装位置如图 5-34 所示。

图 5-34 罗经和甲板单元安装位置

设备舱采用密性设计，可为相关设备提供配电。M80 无人艇的供电单元放在密封性良好的设备舱内，设备舱默认配电分为 12V、24V 两种，各提供了 6 路带过流保护的线缆接口。GeoSwath Plus 甲板单元、激光罗经和 GPS 均需 24V 配电即可，任务载荷接电如图 5-35 所示。

（3）数据通信单元集成。多波束测深数据通信系统分为船端数据通信单元和岸端基站两部分。船端数据通信单元与无人艇集成固化，将多波束甲板单元通过网线连至船端主控上。岸端基站架设通信天线，岸端通信基站固定在室内机柜，通过连接外部电源线缆为基站供电。天线通过低损耗馈线连接到室外，安装在周围无遮挡的高点，将基站引出的网线接口接入交换机中，同时，将岸端基站显控电脑通过电脑接入交换机中。通信连接如图 5-36 所示。

图 5-35　任务设备配电

图 5-36　船端数据通信单元连接

（4）传感器单元集成。GeoSwath 多波束测深系统传感器单元主要配置指实时测量换能器运动姿态的三维运动姿态传感器，包括测量换能器水深的高度计传感器和测量换能器表面声速的传感器。传感器单元均集成于换能器"V"字形安装支架上，运动传感器置于换能器"V"字形支架中心位置，安装稳固，最大限度贴近了换能器的姿态变化，随换能器的升沉、俯仰而运动，减小了运动传感器与换能器安装之间的相对误差；高度计传感器和表层声速计安装在支架侧面。左右换能器各有一条电缆与主机相连，高度计、表层声速计和运动传感器电缆合并成一个电缆与主机连接。高度计、表面声速计、运动姿态传感器安装位置如图 5-37 所示。

（5）定位单元集成。GeoSwath 多波束测深系统配置高精度实时 GNSS，配置 Trimble SPS351 差分 GPS 接收机采用分体式结构。如图 5-38 所示，GPS 接收机主机集成安装在 M80 无人艇设备舱右侧上部拐角处，GPS 接收机天线安装在月池顶盖上，设备舱 GPS 接收机与天线的线缆穿舱走线管相连接。

图 5-37　高度计、表面声速计、运动姿态传感器安装位置

图 5-38　GPS 定位天线集成位置

基于智能无人艇的多波束测深系统离不开自适应测量软件，多波束测深系统的工作是在自适水深测量应用软件的实时控制基础上进行的，包括艇载甲板声束发射接收单元与数据采集的控制软件和岸基远程显控软件。岸基远程显控软件的作用很重要。显控软件的设计要符合规定的技术要求，实现相应的甲板控制功能。

自适应无人艇多波束测深系统分为岸端和船端两部分，岸端监控子系统设置于岸上，方便实时对无人船和测深设备的监控。无人艇子系统和多波束测深系统接收岸端监控子系统发送的控制指令，将无人艇的航行相关信息和多波束测深系统测得的原始数据发送给岸端监控子系统。船端部分由无人艇航行系统和搭载的任务载荷多波束测深系统组成，将无人船各子系统模块的工作状态及相关反馈信息发送到岸端监控子系统，并根据岸端监控子系统发出的控制指令做出响应，及时调整工作状态。智能无人艇多波束测深系统如图 5-39 所示。

船端无人艇的航行系统由船端导航定位系统、感知系统、通信系统、动力系统、控制系统 5 个子系统构成了无人艇的航行系统。控制系统是艇载系统的核心，各个子系统的相关数据，如定位导航系统中的航行状态相关信息和定位导航信息等；感知系统中的周围环境信息；能量系统中能量剩余信息；通信系统中的数据链路信息；动力系统中的航行控制信息，都反馈给控制系统。其根据接收的各子系统数据作出判断，下发相应指令去实时控制各子系统。控制系统将各子系统反馈的信息通过通信系统传输至岸端监控系统。

定位导航系统由 GPS、惯导等设备组成，无人艇航行的当前位置由 GPS 提供，惯导提供无人艇当前的航向，定位导航系统将收集到的数据通过无线网络传输，发送至岸端监控系统。定位导航系统根据感知系统获得的周围实时环境，及时调整航向，准确避障。

智能感知系统由 AIS、气象站、导航雷达、激光雷达、前视声呐五种传感器组成。AIS 负责采集无人艇周边的船舶信息，包括船籍、船速、位置、距离等，配合定位导航系统完成无人艇的航行避障。

动力控制系统实施无人艇推进器的航行控制功能。控制中心负责接收柴油主机连接的转速和温度传感器传输的数据，根据实时状况向动力系统发送航速调节和柴油主机的开关命令。航向借助喷泵、伺服液压缸来改变。同时，控制系统接收岸端显控系统下发的指令，向动力系统下发命令，进行航速、航向的调整。

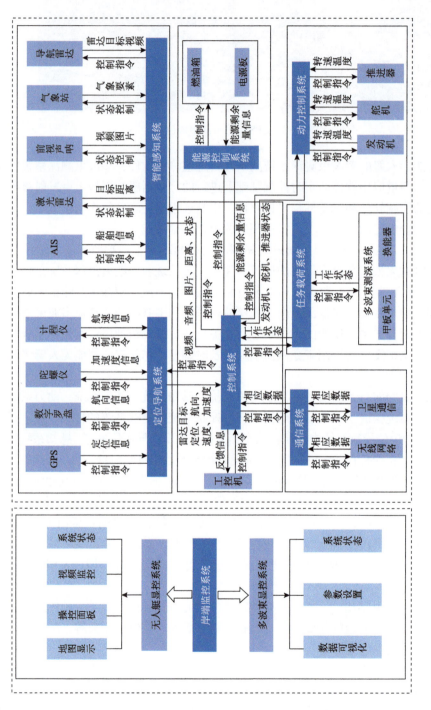

图 5-39 智能无人艇多波束测深系统功能架构

通信系统保障无人艇航行各子系统和无人艇显控系统之间的信息传输，以及任务载荷系统和多波束显控系统的数据传输。通信系统可实现最高 40Mbps 的数据传输速率，通过公用网络进行数据通信指令下发，数据回传。

能源控制系统提供无人艇航行的燃油及电量，将油量和电量的使用及剩余情况实时反馈给控制系统，控制系统通过通信系统将信息传递给无人艇显控系统。岸端操作人员可根据无人艇显控系统显示的能源情况，及时合理安排，通过控制系统下发指令，控制相关设备的开启或关闭，保证无人艇能安全执行航行任务，在能源不足前安全返航。

任务载荷系统的主要功能是实现多波束水深测量数据采集。岸端监控子系统通过通信系统向任务载荷系统下发任务载荷多波束设备控制指令，设置功率、增益、Ping 长等参数，艇载甲板声束发射接收做出相应的参数设置，并且将信息反馈回岸端监控子系统无人艇显控界面。艇载甲板多波束测深单元驱动艇载多波束换能器数据采集，同时，将实时采集的水深数据通过通信系统发送到岸端的监控子系统多波束显控界面上，实现无人艇多波束水深数据可视化。岸端操作人员可通过显控界面掌握设备的状态、航道的扫描测量情况，及时对测量参数设置做出优化调整。

根据无人艇多波束测深系统软件功能分析，把软件设计分为艇载和岸基两部分集成设计开发，采用面向对象的设计理念进行编程。使用 Visual C++ 平台结合 ECharts 等软件开发包及开发组件。ECharts 是一个开源的数据可视化工具，提供可交互的数据可视化图表。用户在数据视图、值域漫游等特性上增强了体验感，用户可以挖掘、整合数据。ECharts 品种多，功能实现简单，图形模板全，应用程序接口较丰富，兼容性好，有着良好的动画渲染效果。

岸基系统由无人艇操控系统和多波束显控系统组成。艇载系统的操作主界面分为 6 个区域：系统标题区、地图显示区、操控面板区、视频监控区、功能插件区、系统状态区，如图 5-40 所示。

（1）系统标题区：显示了时间及艇载系统的软件名称。

（2）系统状态区：包含了当前时刻基站的指令及 USV 的反馈。

（3）地图显示区：是艇载系统的主要显示和操作区域，该区域以地图为基础，集合了无人船的导航定位信息、环境传感器信息、任务规划信息等多种信息的融合和叠加显示。

（4）操控面板区：可以实时控制无人艇，无人艇搭载了各种设备、传感器以及各子系统的数据信息，在航行过程中需要关注数据信息和系统的状态，及时做出调整，以使航行正常运行。

（5）视频监控区：显示了无人艇一路航行的实时视频数据，用于观察无人艇周边的实时可视环境。

（6）功能插件区：包含了 USV 的管理、任务规划、AIS 信息、辅助操作、参数配置和录制回放。

设计多波束测深系统的岸基显控软件功能，由数据采集、无线通信、数据管理、数据可视化 4 个主要模块组成。详细功能模块阐述如下。

多波束测深系统显控软件的数据采集模块是对设备进行管理控制，以达到精准完成测深任务的目的。数据采集流程如图 5-41 所示。

图 5-40　无人艇操作主界面

图 5-41　数据采集流程

多波束测深显控系统的操作界面分为 4 个区域：系统标题区、数据可视化区、操控面板区、设备状态区。多波束远程控制系统界面如图 5-42 所示。

（1）系统标题区：显示了当前系统的软件名称及用户登录界面。

（2）数据可视化区：显示了当前实时测得的深度及瀑布图。

（3）操控面板区：可以实时控制多波束的数据采集，创造新项目新测线，开始停止记录，采集数据有自动和手动两种模式可供选择。手动模式可手动设置系统的相关参数。

（4）设备状态区：显示的是多波束测深系统的外围设备，导航、姿态传感器、表面声速计、陀螺仪、高度计的运行状态、是否连接、运行是否正常。

图 5-42　多波束远程控制系统界面

多波束测深系统通过 UDP 网络通信协议从 5001 端口向多波束显控系统发送实时采集的测量数据，包括测深数据、GPS 数据、表面声速数据、姿态数据、罗经数据、高度计数据、声呐工作参数、系统监控信息、日志信息。通过 5002 端口数据采集模块控制多波束测深系统换能器的声波发射，相关参数可通过手动操控设置，也可通过打开 auto 按钮自动控制执行多波束的测深任务，数据采集模块如图 5-43 所示。

图 5-43 数据采集模块

无线通信模块负责多波束测深系统甲板单元与多波束显控系统的数据传输，显控系统发送控制指令给测深系统，测深系统向显控系统反馈相应设备状态及采集的数据。显控系统向多波束测深系统的甲板单元发送的控制指令称为下行数据。甲板单元接收命令后进行处理，开始执行并将执行结果和设备运行状态反馈给用户，此为上行数据。每条下行数据对应一个按键控件，通过数据采集模块的控制功能传递到通信模块，通信模块与操控模块之间进行数据交互。每条上行数据对应一个显示控件，通信模块接收到上行数据，通过 UDP 广播通信协议，传输到多波束测深系统的信息通道。

通过配置好的端口号和 IP 地址对系统进行初始化，采用 UDP 连接方式，系统通过网络号和端口号处于可以通信的网段，多波束测深系统通过无线网络进行通信连接。无线通信模块的运行流程如图 5-44 所示。

数据管理模块是在计算机本地中新辟内存用于充当数据缓存池，将数据采集模块采集的数据通过通信模块中的通信接口发送给数据管理模块中的数据缓存池，发送完数据后，通信接口恢复原来的监听状态，继续等待接收新的实时数据。数据缓存池中的数据经过检查后，存储在本地数据文件中，等待数据显示模块对其进行解析处理。数据管理模块的流程如图 5-45 所示。

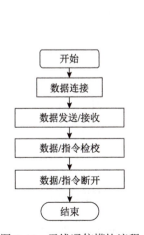

图 5-44 无线通信模块流程

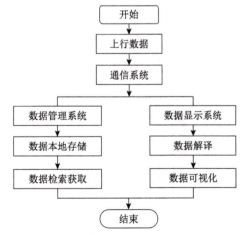

图 5-45 数据管理模块流程

数据显示模块提供人机交互界面的多波束测深系统硬件设备工作状态和实时采集到的数据显示功能。设计实现的设备工作状态如图 5-46 所示，绿色代表设备正常工作，红色代表设备无法正常运行，黄色代表设备出现某种问题但不影响工作。

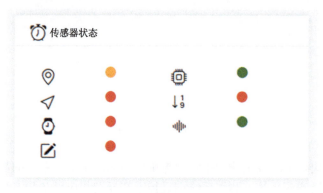

图 5-46　传感器的运行状态

多波束测深系统将实时采集的数据传递给通信模块，数据管理模块将接收的数据进行解析。检查数据是否完整，将接收到的二进制数据转换成字符串形式，最后读取数据帧中的数据部分并分析数据部分，将提取到的数据通过广播的形式传递给相应的显示区模块，数据显示模块流程如图 5-47 所示。

如图 5-48 所示，多波束测深数据瀑布图显示功能，瀑布图是实时数据扫描采集的动态显示模式，数据是从上向下的，最新的测深数据显示在上方。瀑布图用来显示海底地形的高低。针对港口航道设计了 0～100m 的深度范围，用伪彩编码条表示，不同的深度范围颜色也不相同，深度显示图显示的是当前左舷和右舷的声脉冲数据。经过滤波过滤掉的数据点是红色点，绿色点是优质点。

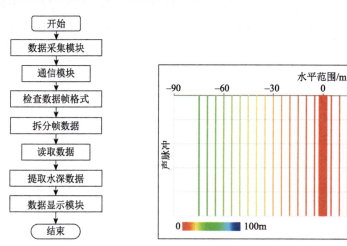

图 5-47　数据显示模块流程　　　　　图 5-48　多波束测深数据瀑布图显示

多波束测深数据经过滤波实时处理后可以显示如图 5-49 所示的测深声脉冲数据。

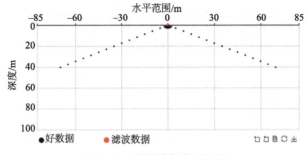

图 5-49 测深数据实时显示

为了验证数据自动采集的有效性,选择同一时间将自适应观测软件自动模式下采集的数据与多波束测深系统的数据采集软件采集的数据进行对比,结果显示自适应观测软件自动模式下采集的数据显示的水深图同多波束测深系统的 GeoSwath GS+数据采集软件采集的数据显示的水深图和瀑布图具有一致性,数据精度高。与 GeoSwath GS+软件相比,自适应观测软件在测深过程中不需人为干预,自动模式下会根据实际水深变化,根据设定好的模糊规则自动调整设备参数。

参 考 文 献

曹娟, 王雪松. 2018. 国内外无人船发展现状及未来前景. 中国船检, (5): 94-97.

陈立波, 罗正龙, 汪嵩. 2016. 无人船水下测量系统及水下测量实验分析. 城市勘测, (5): 151-154.

陈良周, 陈丽丽. 2017. 智能无人测量船在河道水下地形测量中的应用研究. 智能城市, 3(6): 199-200.

褚宏宪, 史慧杰, 杨源, 等. 2010. 利用涌浪滤波器提高水深测量精度的实践. 海洋测绘, 30(4): 51-53, 62.

冯俊. 2011. 浮泥发育时双频回声测深误差及其对适航水深监测的影响. 水运工程, (8): 83-87.

顾顺隆, 王良玉, 张祥文, 等. 2012. 一体化姿态传感器支持下多波束测深系统偏差处理. 海洋测绘, 32(6): 7-9, 16.

何伟, 张代勇, 林霞, 等. 2019. 基于单波束声呐的航道水深测量无人船设计与应用. 中国水运(下半月), 19(7): 10-11.

洪在地, 刘斌, 徐明, 等. 2020. 无人艇载多波束组网测量系统. 海洋测绘, 40(1): 58-61.

黄德全, 黄悦. 2008. 多波束测量声波图判读方法的研究. 实验室研究与探索, (1): 32-34.

黄国良, 徐恒, 熊波, 等. 2016. 内河无人航道测量船系统设计. 水运工程, (1): 162-168.

黄贤源. 2011. 多波束测深数据质量控制方法研究. 郑州: 解放军信息工程大学.

交通部. 2006. 淤泥质海港适航水深应用技术规范. 北京: 人民交通出版社.

金久才, 张杰, 马毅, 等. 2013. 一种无人船水深测量系统及试验. 海洋测绘, 33(2): 53-56.

李莉丽. 2005. 浅水多波束条带测深仪实时显控系统技术的研究. 哈尔滨: 哈尔滨工程大学.

刘胜旋, 关永贤. 2002. 多波束系统的参数误差判断及校正. 海洋测绘, (1): 33-37.

刘胜旋, 屈小娟, 高佩兰. 2008. 声速剖面对多波束测深影响的新认识. 海洋测绘, (3): 31-34.

刘雁春, 肖付民, 暴景阳, 等. 2006. 海道测量学概论. 北京: 测绘出版社.

刘毅, 王佑喜, 周兴华. 2019. 多波束声线跟踪改进模型研究与分析. 浙江水利科技, 47(2): 45-48.

马建林, 金菁, 刘勤, 等. 2006. 多波束与侧扫声纳海底目标探测的比较分析. 海洋测绘, (3): 10-12.

马建文, 秦思娴. 2012. 数据同化算法研究现状综述. 地球科学进展, 27(7): 747.

马诗聪, 刘吉桃. 2016. 一种基于自主航行的无人水面测量船的研制. 江苏船舶, 33(3): 6-8, 5.

马天宇, 杨松林, 王涛涛, 等. 2014. 多 USV 协同系统研究现状与发展概述. 舰船科学技术, 36(6): 7-13.

马新星. 2013. 水面无人艇自主控制调整方法研究. 哈尔滨: 哈尔滨工程大学.

庞启秀, 杨华, 闫新兴, 等. 2009. 连云港港口泥适航水深应用研究. 天津: 交通部天津水运工程科学研究所.

容亦夏. 2010. 水下测深系统信息处理技术研究. 南京: 南京航空航天大学.

沈彤茜. 2010. 多波束系统交互式数据处理软件设计与实现. 哈尔滨: 哈尔滨工程大学.

唐秋华, 陈义兰, 周兴华, 等. 2004. 多波束海底声像图的形成及应用研究. 海洋测绘, (5): 9-12.

王克平, 欧阳永忠, 翟国君, 等. 2012. 2011 年《海洋测绘》论文综述. 海洋测绘, 32(6): 79-82.

王魏. 2014. 无人监测船远程控制系统的研究. 杭州: 浙江大学.

王向红. 2005. 多波束条带测深系统数据后置处理技术研究. 哈尔滨: 哈尔滨工程大学.

王志东. 2002. GeoSwath 条带测深仪原理探析及其应用. 水运工程, (10): 31-33.

熊晋健, 杨保, 周立. 2013. 航道水深测量技术新进展. 现代测绘, 36(3): 7-10.

许保华. 2006. 浮泥条件下的适航水深应用研究. 中国科技论文在线, (2): 161-164.

张浩昱, 刘涛. 2017. 一种微小型无人船控制系统设计及航向控制方法研究. 计算机测量与控制, 25(1): 88-90, 93.

张毅乐, 李海森, 么彬, 等. 2010. 基于相干原理的多波束测深新算法. 海洋测绘, 30(6): 8-11.

张毅乐. 2010. 多波束相干测深技术研究及其算法 DSP 实现. 哈尔滨: 哈尔滨工程大学.

赵建虎, 李娟娟, 李萌. 2009. 海洋测量的进展及发展趋势. 测绘信息与工程, 34(4): 25-27.

赵建虎, 刘经南, 周丰年. 2000. GPS 测定船体姿态方法研究. 武汉测绘科技大学学报, (4): 353-357.

赵建虎. 2008. 多波束深度及图像数据处理方法研究. 武汉: 武汉大学出版社.

赵薛强. 2018. 无人船水下地形测量系统的开发与应用. 人民长江, 49(15): 54-57.

钟林, 周海渊. 2013. 测姿 GPS 系统在测量船上的应用. 科学技术与工程, 13(3): 641-644, 651.

周立, 张阳, 张一, 等. 2019. 无人海洋测绘技术体系构建. 测绘通报, (4): 130-133.

周天. 2002. 基于 SHARC 阵列的嵌入式声纳信号模拟器. 哈尔滨: 哈尔滨工程大学.

朱小辰, 刘雁春, 肖付民, 等. 2011. 海道测量多波束声速改正精确模型研究. 海洋测绘, 31(1): 1-3, 8.

Brown H, Jenkins L, Meadows G, et al. 2010. BathyBoat: An autonomous surface vessel for stand-alone survey and underwater vehicle network supervision. Marine Technology Society Journal, 44(4): 20-29.

Heidarsson H K, Sukhatme G S. 2011. Obstacle Detection and Avoidance for An Autonomous Surface Vehicle Using A Profiling Sonar. Shanghai: 2011 IEEE International Conference on Robotics and Automation.

Leedekerken J C, Fallon M F, Leonard J J. 2013. Mapping complex marine environments with autonomous surface craft. Springer Tracts in Advanced Robotics, 79: 525-539.

Li C, Weeks E. 2009. Measurements of a small scale eddy at a tidal inlet using an unmanned automated boat. Journal of Marine Systems, 75(1-2): 150-162.

Liu Y C. 2003. Space Structure and Data Processing in Marine Sounding. Peking: Surveying and Mapping Press.

Naeem W, Xu T, Sutton R, et al. 2008. The design of a navigation, guidance, and control system for an unmanned surface vehicle for environmental monitoring. Proceedings of the Institution of Mechanical Engineers, Part M: Journal of Engineering for the Maritime Environment, 222(2): 67-79.

Pan M, Sjöberg L E. 1998. Unification of vertical datums by GPS and gravimetric geoid models with application to Fennoscandia. Journal of Geodesy, 72(2): 64-70.

Pietrek H. 2008. IHO standards for hydrographic surveys. https: //www.docin.com/p-722164403.html [2021-5-30].

Thornhill G D, Mason D C, Dance S L, et al. 2012. Integration of a 3D variational data assimilation scheme with a coastal area morphodynamic model of morecambe bay. Coastal Engineering, 69: 82-96.

Yan R, Pang S, Sun H, et al. 2010. Development and missions of unmanned surface vehicle. Journal of Marine Science and Application, 9(4): 451-457.

Zhang C. 1998. Estimation of dynamic ocean topography in the Gulf Stream area using the Hotine formula and altimetry data. Journal of Geodesy, 72(9): 499-510.

第 6 章　港口航道声纹扫描安全监测技术

港口航道声纹扫描安全监测技术是一种对淤泥质港口航道区域海底航道边坡失稳滑塌声纹特征进行扫测，通过相似模型实验构建海底航道边坡失稳滑塌过程声纹特征数据库，将测量航道及边坡声纹信息与声纹特征数据库对比，搜索分析海底航道边坡失稳滑塌声纹测量数据，监测预报港口航道边坡失稳滑塌的技术。

6.1　海底航道边坡失稳声纹监测原理

6.1.1　航道边坡失稳机理

边坡失稳滑塌是海底陆坡最常见的沉积作用过程，早在 19 世纪后期，有些国外学者就意识到了海底滑坡的存在并进行了相关研究。1897 年 Milne 统计了 1616~1886 年一系列海底滑坡事件数据，推测海底地震、火山喷发是导致海底滑坡的主要因素。此后一个世纪以来，人类活动不断向深海发展，海上钻井平台、海洋油气管道、海底电缆等基础设施的建设和使用方面所遇到的问题让人们愈发重视对海底边坡的研究。1969 年，美国南部海域卡米尔飓风诱发了剧烈的大规模海底斜坡滑动，造成严重的地质问题。为研究这场灾害的起因，美国地质调查局开始对这一海域的水下边坡进行分析，成为水下边坡稳定性研究的开端。此后数十年来，以美国、加拿大、日本等为首的国家和国际组织开展了大量有关海底边坡失稳滑塌的研究项目，并取得了丰硕的成果。

淤泥质海底航道边坡的稳定性对于航道的安全运营至关重要。航道边坡一般由分布广泛的沉积物组成，水下沉积物中的滑动阻力与驱动力的相对大小决定了航道边坡的稳定性，当驱动力大于滑动阻力时，边坡就会发生失稳变形。影响驱动力的因素是多方面的，包括风暴潮、波浪力、人类活动等。对于淤泥质海底航道边坡来说，近岸波浪潮与大型船舶航行等是影响淤泥质海底航道边坡稳定性的主要因素。典型案例表明波浪荷载的存在以及边坡长期浸泡在水中会导致淤泥土体的抗剪切强度较弱，水流会使边坡局部发生滑动并最终导致泥流。

淤泥质海底航道边坡相较于其他道边坡而言，海底环境复杂多变，海底边坡在波浪荷载的反复作用下会累积边坡所受荷载，可能导致海底土体软化，海底边坡沉积速率快；海底的松软土层中存在超孔隙水压力，有时在坡度很缓的地区也可能发生滑动；海洋潮流对海底冲刷容易形成泥流，很大程度上影响海底土体重塑的过程。航道边坡失稳滑塌过程中最主要的研究指标就是在水体参与下，边坡自身的物理状态变化所引起的固体部分位移。如图 6-1 所示，航道边坡沉积物沉浸于海水中，饱和度大、压缩性高、渗透性低，应力场在波浪和潮流等周期性水动力因素影响下发生改变。通过极限平衡定义，水下边坡所承受的剪切应力与边坡本身的抗剪强度相当时，边坡难以维持稳定状态，航道边坡可能出现失稳或滑塌现象。航道边坡发生失稳滑塌的原因也许是外界所施加剪切应力的升高，或边坡本身抗剪强度的减小，或两种情况兼而有之。

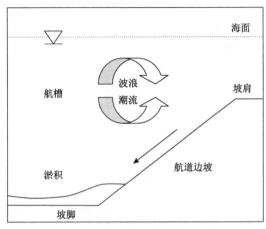

图 6-1　航道边坡失稳滑塌示意图

6.1.2　航道边坡声纹特征

根据水声学的基本原理，物质的机械运动产生声波并通过质点间的相互作用向远处传播。声波可以作为一种信号载体，在不同类型的介质中存在对应的传播特性，随着介质的组成、结构状态和自身密度的改变，其对声波的响应程度和频谱特征亦会发生相应变化，遭遇弹性存在差异的介质分界面时，会出现声波的反射和投射声纹现象，即海底声纹可以反映海底介质的物理性质。

由于水下环境复杂多变，通常把海底地形简化为一个水平堆积、层次分明的静态结构来分析声波在海水中的传递过程，如图 6-2 所示。海水是第一类介质，其密度是 ρ_1，声波于其中的传播速度是 v_1。海底存在 n 个界面，密度和速度分别是 ρ_2、v_2，ρ_3、v_3，…，ρ_n、v_n。

实验研究控制发射换能器按一定的时间间隔向海底发射声波，当声波在其传播路线上遭遇较强的声阻抗界面时，例如海底底质，一部分反射回接收换能器，形成可描述海底地形地貌结构特征的回波强度时序集；另一部分穿过阻抗界面 1 继续透射后向下传递，在下一个分界面 2 继续发生反射和透射，直到声能损耗殆尽。如式（6-1），换能器接收的回波强度与地层反射系数 R 有关：

$$R = \frac{Z_b - Z_a}{Z_b + Z_a} = \frac{\rho_b v_b - \rho_a v_a}{\rho_b v_b + \rho_a v_a} \tag{6-1}$$

式中，ρ_a、ρ_b 分别为图 6-2 中任意分界面上、下两端介质的密度；v_a、v_b 分别为声学信号在所属介质中的传播速度；$Z=\rho v$，代表介质的声阻抗。R 越大，声波的反射越强；反之，则声波的反射越弱。

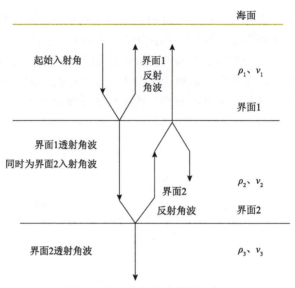

图 6-2　水下环境声波传播示意图

航道边坡失稳声纹特征可以通过如下试验分析研究：试验采用 SES-2000 参量阵浅地层剖面仪获取 RAW 格式的全波形声纹图像数据，如图 6-3 所示。为了便于对图像的判读和识别，利用后处理软件 ISE 裁剪模拟实验浅剖声纹图像数据，去除航道边坡以外的冗余部分，对于一幅尺寸大小为 $M \times N$ 的浅剖声纹图像，可将其视作同等规模的矩阵，矩阵中的元素与图像中的像素点相对应，元素值代表了浅地层剖面图像中的声强大小。

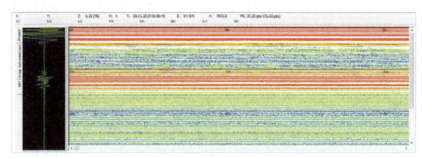

图 6-3　浅剖声纹图像数据

不同类型的海底航道边坡沉积物在颗粒成分、结构特征、含水量和密度等方面存在差异，导致它们对于声波的透射与反射的响应能力也各不相同。同时，处于航道边坡失稳滑塌不同发育周期中的同一海底沉积物，在上覆水体的动力作用下，自身的结构特征与颗粒间互相接触的力学耦合状态会发生改变，进而影响声波在其中的传播速度。这些特点反映在声纹图像上，表现为由不同规模和灰度的点状、线状和块状纹理所组成的浅剖声学图像，其中声纹随着时间的推移发生变化，能够在一定程度上描述航道边坡的内部结构特征。

根据浅剖声纹在航道边坡失稳滑塌过程中的变化规律，结合一般饱水土体的运动机理和受力应变程度，可以将航道边坡失稳滑塌的演变过程划分为孕育、蠕动、扩展、垮塌、泥流和回稳共计 6 个阶段。通过大量实验数据分析得知其 6 个阶段的淤泥质海底航道边坡声纹图像特征如下：

首先，图 6-4 为淤泥质海底航道边坡处于稳定阶段典型声纹图像，水平方向代表时间，竖直方向代表深度，不同颜色声纹反映了声波反射的强弱，其中红色线状区域声波反射强烈，浅黄色区域声波反射微弱。此时浅剖仪换能器所接受的回波信号比较规律，边坡整体保持平衡，声纹图像表现为连续平整、层状分布的水平纹理。

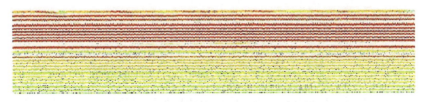

图 6-4　航道边坡稳定阶段典型声纹图像

（1）孕育阶段。图 6-5 为淤泥质海底航道边坡处于失稳孕育阶段的典型声纹图像。孕育阶段处于航道边坡失稳初期，边坡土体间的摩擦力和黏结力还比较强，能够抵御住一定荷载的冲击，此时边坡外部变形程度微弱，几乎难以察觉。整体声纹图像轮廓清晰，各声纹空间上近乎平行。与稳定阶段相比，声波反射强烈区域向下拓宽，边坡底部新出现了夹杂着点状信号的带状声纹，原因是边坡下方的淤泥密度受到外界应力的挤压逐渐增大，从而导致边坡内部组织结构发生失衡。

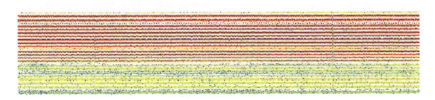

图 6-5　航道边坡失稳孕育阶段典型声纹图像

（2）蠕动阶段。图 6-6 为淤泥质海底航道边坡处于失稳蠕动阶段的典型声纹图像。淤泥质海底航道边坡在动力作用下，土体发生剪胀和剪缩，孔隙水压力升高导致有效应力降低，内部土颗粒随时间推移发生相对位移，边坡失稳进入蠕变阶段。即使处于荷载微弱的环境下，水下边坡也可能发生蠕动变形，这一过程持久、缓慢且不可逆转，是航道设施检测和维护的关键时期。可以观察到边坡上部声纹出现明显的扭曲变形，局部区域发生断裂，呈现撕裂状纹理，边坡底层声纹逐渐凝实。由于边坡上方所受荷载相对较强，所以变形幅度始终比底部变化剧烈。

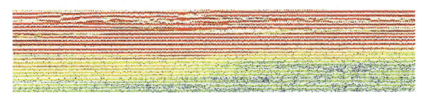

图 6-6　航道边坡失稳蠕动阶段典型声纹图像

（3）扩展阶段。图 6-7 为淤泥质海底航道边坡处于失稳扩展阶段的典型声纹图像。在外界荷载的持续作用下，边坡土体的变形呈均匀扩大的趋势，累积到一定程度后，边坡失稳进入扩展阶段。可以观察到声波反射强度明显下降，声纹由细转粗，松散分布，声纹边缘凹凸不平，毛刺数量较多，声纹间的裂隙大幅度扩张，几乎无法维持连续线型。

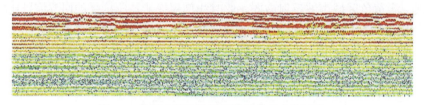

图 6-7　航道边坡失稳扩展阶段典型声纹图像

（4）垮塌阶段。图 6-8 为淤泥质海底航道边坡处于失稳垮塌阶段的典型声纹图像。随着水体不断通过淤泥孔隙入侵航道边坡内部，边坡上方饱和土结构愈发脆弱，边坡表面沉积搬运的规模逐渐增大，直到濒临边坡土体的某一强度临界值，边坡沿结构脆弱部位发生失稳滑塌。可以观察到左右两侧声纹粗细不一，并于交汇处断裂，裂隙左侧质地相对紧密，变化幅度较弱，裂隙右侧结构比较脆弱，在外力作用下淤泥层变形程度相对较大。这一现象与其他阶段相比经历的时间非常短暂，实际情况下几乎捕捉不到，可以将其视为边坡失稳扩展阶段和泥流阶段的分界线。

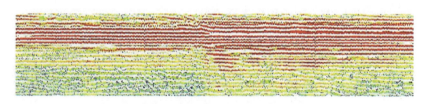

图 6-8　航道边坡失稳垮塌阶段典型声纹图像

（5）泥流阶段。图 6-9 为淤泥质海底航道边坡处于失稳泥流阶段的典型声纹图像。经历了失稳孕育、蠕动、扩展、垮塌阶段后，边坡整体结构已彻底失去平衡，航道边坡表层沉积物在外力作用下沿斜坡向下滑动，中途逐步崩解为细小颗粒，与水充分混合后演变为泥流，航道边坡失稳发展至泥流阶段。可以观察到此阶段边坡固结性差、含水量较高，声纹长短不一，断断续续，在动能和势能的驱使下呈蚯蚓状、波纹状向前流动。

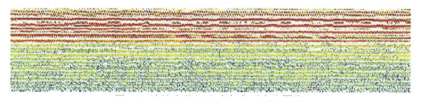

图 6-9　航道边坡失稳泥流阶段典型声纹图像

（6）回稳阶段。图 6-10 为淤泥质海底航道边坡处于失稳回稳阶段的典型声纹图像。随着泥流时间推移，能量损耗于克服前进阻力和土体变形当中，泥流慢慢沉积下来形成新的稳定结构,航道边坡失稳发展至末期,进入相对稳定的回稳状态。可以发现边坡高度明显降低,部分水体被排除,下层松散土体渐渐压密,声纹近似平行,但整体不如失稳前平滑流畅,表明在经历失稳滑塌后,航道边坡稳定性降低,内部组织结构处于相对稳定状态。

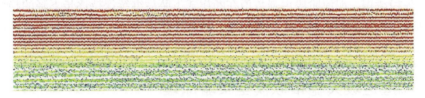

图 6-10　航道边坡失稳回稳阶段典型声纹图像

同时,研究航道边坡失稳试验声强特征及规律。在淤泥质海底航道边坡失稳滑塌演变过程中,分析其声强与声纹变化相关性主要从垂向深度序列和纵向时间序列两个方面进行。依据浅地层剖面仪试验所接受的回波信号强度,绘制航道边坡失稳滑塌期间内部声强随深度变化趋势图,如图 6-11 所示。可以发现各阶段声强在垂直方向上的特征极为相似,均存在多个波峰,震荡幅度较大,且主要集中在边坡表层,边坡中层和底层的声强较低。这表明在航道边坡失稳滑塌演变过程中,表层沉积物结构变化最为活跃。

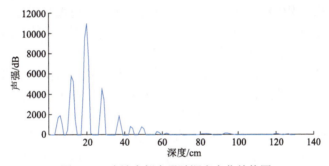

图 6-11　边坡内部声强随深度变化趋势图

沉积物在边坡失稳滑塌的不同阶段,其声速具有明显的随应力而变化的特征。图 6-12 为边坡内部声强随时间变化趋势图,可以发现其变化曲线在整体上保持一个先升后降的

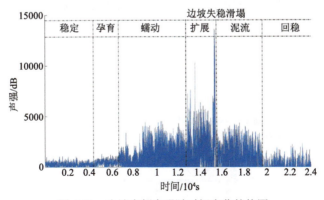

图 6-12　边坡内部声强随时间变化趋势图
由于垮塌阶段非常短暂,图中未标出此阶段,余同

趋势。稳定阶段，声强数值较小且比较接近。孕育阶段存在一个小幅度的上升趋势，随后声强继续保持平稳。蠕动阶段在整个失稳滑塌演变过程中历时最长，声强数值参差不一，且随着时间推移缓慢增大。扩展阶段声强的变化幅度迅速扩大，达到某一峰值后，边坡发生失稳滑塌。泥流阶段声强数值在断崖式下坠后继续保持逐步下降的趋势。回稳阶段声强逐步恢复平稳，但相比于失稳前，数值整体较大，且分布比较稀疏，这说明航道边坡虽然形成了相对稳定结构，但是整体稳定性还是有所降低。

6.1.3 航道边坡失稳相似模型实验原理

淤泥质海底航道边坡稳定性评价一直是港口航道安全建设的重要任务之一。但是，淤泥质海底航道边坡失稳滑塌的过程不是一蹴而就的，需要经历比较漫长的发育周期，是一个量变引发质变的时空过程。由于港口航道边坡的空间尺度大、地理位置特殊，人们直接监测海底航道边坡失稳滑塌或对航道边坡变形监测都具有一定困难。因此大多数海底边坡不稳定性研究都是在边坡发生失稳滑塌之后借助各种探测设备进行分析鉴别，无法对淤泥质海底航道边坡稳定性进行连续监测，不能对航道边坡失稳滑塌进行预测预警。针对航道边坡失稳滑塌的监测预报一直缺乏科学高效的手段，采用模拟实验的方式获取航道边坡失稳滑塌资料，通过数据分析研究边坡失稳滑塌演变过程的变化趋势，结合计算机图像处理和机器学习技术实现对航道边坡失稳滑塌不同阶段的声纹识别，相对于传统的人工判读，具有更强的科学性和准确性。

模拟实验是借助人力营造与客观现实环境共有核心特质的模拟事物，探索其规律的重要科研手段。模拟实验通常利用易于获取的材料对难以解决或无法对内容本身直接展开研究的事物进行重现的过程，不仅能够直观地反映现象本身，而且在短时间内获取数据源进行问题探讨还具有针对性，能够剔除干扰因素，针对某一问题设计具体的实验方案，展现出高效、便捷的优点。因此，针对淤泥质海底航道边坡失稳滑塌演变过程持续时间长、自然环境下难以记录一段完整的航道边坡失稳滑塌信息，以及监测技术不成熟、难以探究其自然变化规律的情况，可以展开室内模拟实验研究。

淤泥质海底航道边坡失稳滑塌模拟实验采用物理模型实验方式。实验针对连云港淤泥质海底航道边坡失稳滑塌过程进行模拟，首先，用在连云港淤泥质海底航道采集的沉积物在室内水槽中设计制作航道边坡模型，如图 6-13 所示。设计模型坡度倾角 45°，坡高

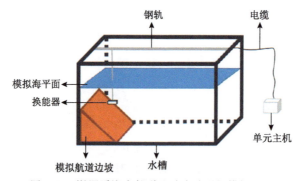

图 6-13 淤泥质海底航道边坡失稳滑塌模拟实验

130cm，航道边坡模型上方设计了一条安装有固定滑块装置的机械轨道。将浅地层剖面仪换能器固定在滑块上，置入水槽中航道边坡模型上方的水面下，并可自由控制换能器在机械轨道的移动速度和方向，便于主动观察试验期间航道边坡各段的失稳滑塌状态。利用模型模拟水动力作用下航道边坡失稳滑塌过程。

　　模拟淤泥质海底航道边坡在动力作用下的失稳滑塌过程，需要在水槽中注水至没过坡顶，方便后期换能器在水下移动遥测。将换能器固定在不锈钢支架上，在水槽上方安装钢轨并与支架连接，通信电缆通过轨道支架与单元主机连接，换能器置于水面以下坡体以上，图 6-14 为模拟航道模型实体图。实验设计航道边坡失稳滑塌模拟过程中采用潜水泵和造波板模拟水流与波浪，通过横向剪切力对航道边坡进行破坏，即航道边坡的滑动阻力与驱动力的相对大小决定了航道边坡的稳定性，调节配置一定的水流与波浪，当驱动力达到一定程度时就会发生失稳滑塌。

图 6-14　模拟航道模型实验装置

　　当驱动边坡模型失稳滑塌开始时，全程采用 SES-2000 参量阵浅地层剖面仪获取全波形声纹图像数据，声纹图像采集流程如下。

　　（1）将换能器固定在不锈钢支架上与钢轨连接，通信电缆与单元主机连接；换能器瞄准航道边坡肩部，确定换能器置于水下并与 SES-2000 发射接收单元正确连接。

　　（2）启动 SESWIN 软件，设置采样周期为 1s、低频 15kHz。点击 Transmit 激活发射按钮，换能器按照设定参数发射声波和接收回波。

　　（3）启动潜水泵与造波板模拟水流与波浪，点击 Record 按钮开始记录数据。

　　（4）观测航道边坡发生滑坡或滑塌后，使不锈钢支架上的换能器在钢轨上滑动，以便换能器沿边坡纵向观测整个剖面，记录滑坡过程中地层机理的变化。

　　（5）模拟观测试验结束，导出获取的全波形声纹图像数据，开展声纹特征分析研究。

6.2　航道边坡声纹信息数据扫描预测技术

　　航道边坡声纹信息数据扫描预测技术依据同质同性的航道边坡失稳相似模型实验，

获取反映航道边坡失稳孕育、蠕动、扩展、垮塌、泥流和回稳 6 个阶段的全周期浅地层剖面声纹特征图像数据库，对实际航道边坡扫描的声纹信息数据进行声纹特征比对，识别提取航道边坡坡失特征声纹信息数据，从而达到发现和动态预测航道边坡失稳发育过程以及对航道边坡失稳垮塌精确时空预警的目的。

6.2.1 航道边坡失稳扫描预测技术流程

航道边坡失稳扫描预测技术流程包括航道边坡失稳相似模型实验、航道边坡失稳滑塌全周期各失稳阶段声纹特征数据库构建、航道边坡失稳声纹数据跟踪监测扫描、航道边坡失稳声纹特征信息识别提取、航道边坡失稳垮塌过程预测预警。图 6-15 为以连云港地区典型的淤泥质海岸为例，利用 SES-2000 参量阵浅地层剖面仪对连云港港 30 万 t 级淤泥质海底航道进行海上连续观测，采集航道边坡横截面的声学纹理图像识别，预报航道边坡在失稳滑塌演变过程中所处的质变阶段，综合判断评价整体航道工程稳定性的技术流程。

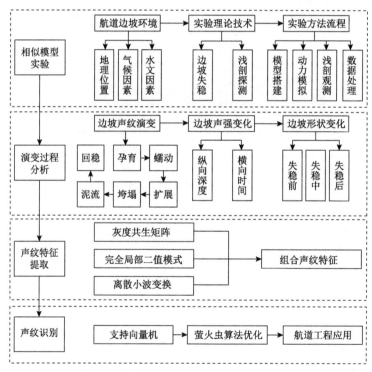

图 6-15　连云港港 30 万 t 级淤泥质海底航道边坡失稳扫描预测技术流程

航道边坡失稳相似模型实验采用造波板和潜水泵模拟波浪和海流引发的水动力，分别研究潮流作用和波浪与潮流共同作用下的航道边坡失稳滑塌过程。自然环境下的边坡失稳滑塌发展缓慢，为了促进这一过程的实现，实验设置的边坡角度和流速（0.5m/s）均大于野外典型情况。设置仪器参数，低频频率 15kHz，初始声速 1600m/s，对坡肩进行采样周期为 1s 的定点连续观测。通过模拟实验获取声学图像中的航道边坡形状变化来确定研究区间，观测期间换能器底部垂直于水面，注意保持探头的稳定性。

构建航道边坡失稳滑塌全周期各失稳阶段声纹特征数据库。按照相同时间间隔将研究区间内的全周期浅地层剖面仪声纹数据切割成尺寸为 128 像素×128 像素大小的声纹图像，存储为 tif 格式，每张图像描述了航道边坡在 128s 内的声纹特征变化。选择其中 300幅，依据边坡失稳滑塌声纹演变特征和声强变化曲线，结合航道边坡失稳滑塌划分的孕育、蠕动、扩展、垮塌、泥流和回稳 6 个阶段，按照时间顺序进行编号，其中 m1～m50为孕育阶段声纹特征数据，m51～m100 为蠕动阶段声纹特征数据，m101～m150 为扩展阶段声纹特征数据，m151～m200 为垮塌阶段声纹特征数据，m201～m250 为泥流阶段声纹特征数据，m251～m300 为回稳阶段声纹特征数据。以此分析结果作为航道边坡失稳滑塌演变过程声纹特征数据库的数据，建立涵盖各个阶段的边坡失稳声纹数据库。

航道边坡失稳声纹数据跟踪监测扫描。船侧安装 SES-2000 参量阵浅地层剖面仪换能器，换能器安装方向需与换能器上标注箭头指示方向一致，原则上与水面垂直安装，船艏向上偏差不大于 0.5°。对连云港 30 万 t 级淤泥质海底航道走航连续观测时，采集航道边坡横截面的声学纹理图像。数据预处理采用后处理软件 ISE 对采集到的航道边坡回波信号进行去噪、叠加、滤波等预处理，并导出如图 6-16 所示的 RAW 数据格式的浅剖声纹图像。

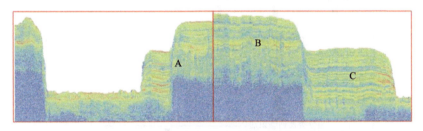

图 6-16　连云港港淤泥质海底航道边坡横截面声纹图像

航道边坡失稳声纹特征信息识别提取。采用灰度共生矩阵（GLCM）、完全局部二值模式（CLBP）和离散小波变换（DWT）算法，提取连云港港 30 万 t 级淤泥质海底航道边坡浅地层剖面仪声学纹理特征图像。结合支持向量机（SVM）实现航道边坡失稳滑塌声纹识别，最终每个边坡可得 46 维特征参数向量。

航道边坡失稳滑塌过程预测预警是将航道边坡失稳声纹特征信息识别提取所得参数向量作为测试集样本输入基于 SVM 建立的淤泥质海底航道声纹识别模型当中，输出结果即当前航道边坡在失稳滑塌演变过程中所处的阶段，即可依据各边坡的识别结果综合判断评价整体航道工程的稳定性，实现对航道边坡失稳垮塌过程的预测预警。

6.2.2　航道边坡失稳扫描预测预警系统

淤泥质海底航道边坡失稳滑塌预测预警系统结构设计由两部分构成，一部分是声纹特征模型库构建子系统，另一部分是航道边坡失稳滑塌预测预警子系统。声纹特征模型库构建子系统设计功能主要包括声纹特征提取、声纹特征筛选、声纹特征融合、分类器训练识别四部分。如图 6-17 所示，首先，设计灰度共生矩阵、Gabor 变换、二维变分模态分解算法（BVMD），对采集的航道边坡的声学纹理图像进行声纹特征提取；其次，对三种特征图像进行特征筛选，选择特征信息明显的特征分量进行主成分特征降维，将降维后的纹理特征、局部特征和频域特征进行数据融合；最后，通过分类器训练建立失稳滑塌预测预警模型。航道边坡失稳滑塌预测预警子系统对受检区域浅地层剖面仪声纹图像进行检测，通过与声纹特征模型库比较，识别出早期异常声纹图像，实现海底航道边坡失稳滑塌预测预警。

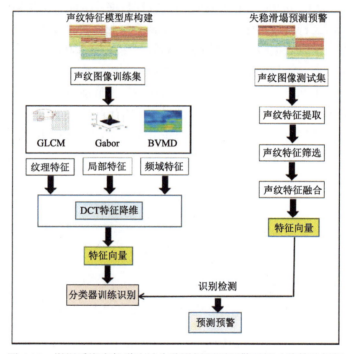

图 6-17　淤泥质海底航道边坡失稳滑塌预测预警系统功能算法框架

　　系统功能界面设计如图 6-18 所示。进入功能界面，首先对受检区域剖面声纹图像进行数据加载，由于声纹图像尺寸较大，设计通过窗口卷积方式对受检区域航道边坡声纹图像进行全方位识别。因此，需要选择滑动窗口对声纹图像进行分区检测。系统主要功能分为三大类：特征提取、特征融合、预测预警。依次操作相应三大类功能模块，最终将预测预警结果可视化显示，并对出现的预警区域进行标记与预警显示。

　　特征提取功能是对相似模型实验或试验航道浅地层剖面声纹图像进行处理获取声纹图像特征。在恶劣海况下采集的海底剖面声纹图像复杂多变，尤其是航道边坡早期异常声纹图像混合叠加在众多剖面图像中，单一声纹特征无法覆盖声纹图像全部信息，很容易出现错判漏判的情况。因此该功能提取了剖面声纹图像的纹理特征、局部特征和频域特征，包含了声纹图像在不同尺度、不同分量的所有特征，具体为 GLCM、Gabor、

BVMD 三种图像特征。在纹理特征中选择 GLCM 对比度作为纹理识别特征，通过 Gabor 变换增强纹理图像在不同方向、不同尺度的特征，选择最佳滤波核对声纹图像进行 Gabor 变换，获取剖面声纹图像局部识别特征，BVMD 频域特征中选择包含声纹图像主要信息的第一模态作为频域识别特征。三种图像特征都能有效表达淤泥质海底航道边坡失稳滑塌过程。

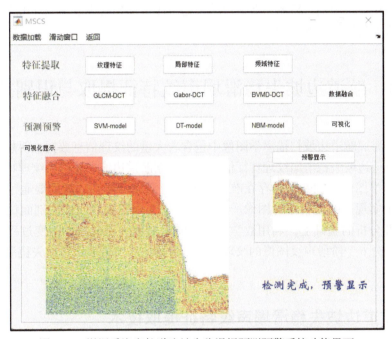

图 6-18　淤泥质海底航道边坡失稳滑塌预测预警系统功能界面

　　特征融合功能是对提取的三种特征图像进行主成分特征信息融合。GLCM 纹理特征、Gabor 局部特征和 BVMD 频域特征矢量维数过高、冗余信息掺杂，导致分类器工作时间长、识别精度低，因此要对特征图像做数据降维处理。数据降维可以将复杂、庞大的数据集变得简单好用，对特征图像进行特征降维后可以去掉数据量中的多余信息，用简单的特征向量来取代声纹图像特征，让复杂难辨的图像变得简单易懂。降维后的特征数据虽然不属于原特征图像中的任何数据，但依然适用于特征信息表达，新的数据量会让机器学习模型更优良，运行效果更好。系统选择离散余弦变换（DCT）的方法对三种特征图像进行降维处理，将图像数据主要特征信息集中在左上角，通过选择 $n \times n$ 的数据量完成特征图像的降维，最终将降维后的三种特征进行数据融合并作为预测预警的特征信息。

　　预测预警功能是对所选淤泥质海底航道边坡监测区域剖面声纹图像进行失稳滑塌检测识别，搜索被检声纹图像中可能存在的航道边坡失稳滑塌孕育、蠕动、扩展、垮塌、泥流和回稳 6 个阶段的声纹特征图像，并可视化显示预测预警声纹特征图像。预测预警功能需要利用声纹数据库中相似模型实验数据集进行模型训练，建立预测预警模型。由于声纹图像数据集繁多，机器学习方法在实际使用过程中识别精度不能达到百分之百，对于部分声纹图像识别会产生误差，出现误判现象，影响预测预警结果。为此，在预测预警功能中设计多种算法增加预测预警结果的准确性和可靠性，例如，采用 SVM、决策树法（DT）、朴素贝叶斯法（NBM）三种机器学习模型对声纹图像予以识别检测，当两种及以上模型识别结果一致时，则认定该区域航道边坡处于失稳滑塌某个阶段，为边坡失稳滑塌预测预警提供可靠的检测方案。选择不同检测模型对被检淤泥质海底航道边坡扫描声纹图像进行识别，检测出航道边坡失稳滑塌早期异常声纹图像并可视化标记，达到对航道边坡失稳滑塌预测预警的目的。

6.3 航道边坡失稳滑塌声纹特征提取与识别技术

淤泥质海底航道边坡扫描声学图像中包含着大量的纹理信息数据，要想从中提取图像隐藏的航道边坡失稳滑塌纹理特征信息，并依据航道边坡失稳滑塌纹理特征识别航道边坡扫描声学图像，判断是否存在航道边坡失稳滑塌可能性，就需要通过一定的图像处理技术来实现，并使机器对图像产生认知。下文介绍在对浅地层剖面仪声纹图像数据进行定性分析的基础上，利用数学方法对航道边坡失稳滑塌的演变过程进行定量表达，提取所分 6 个阶段声纹图像的纹理特征，再进一步实现航道边坡失稳滑塌声纹信息识别技术。

6.3.1 航道边坡失稳滑塌声纹特征提取技术

淤泥质海底航道边坡扫描声学图像对于航道边坡失稳滑塌信息数据具有优秀的承载能力，图像特征表现出较强的纹理性，是描述图像所涵盖航道边坡失稳滑塌内容的基本属性。浅地层剖面仪扫描声学图像丰富的航道边坡失稳滑塌纹理特征不仅描述了图像灰度的陈列规律，也体现了图像从表层穿透至底层与外部环境的关联信息，综合了宏观性质和微观结构两个方面的图像特征。海底航道边坡失稳滑塌扫描声学图像由声波经过不同类型的沉积物所反射的回波信号组成，包含大量的点状、线状和块状符号，纹理特征丰富。其声纹由许多相互接近的、互相编织的元素构成，在失稳滑塌演变过程的不同阶段差异性较大，整体上呈现一定的周期性，能很好地对其鉴别。因此，淤泥质海底航道边坡扫描声学图像纹理特征可作为航道边坡失稳滑塌图像分析的重要依据。

图像纹理存在于扫描声学图像中，是其图像特征中的一种，纹理特征反映物体表面的结构排列属性和变化规律。大多能够分解成一系列纹理基元，其中最小的基元代表图像的像素，而纹理特征就是对这些基元及其分布规则的定性或定量描述。纹理特征提取是指从像素出发，通过技术手段选择图像中一些辨识力度比较强的纹理特征作为纹理基元，为下一步图像分析处理做准备。在描述纹理过程中各学科所关注的重心不同，导致目前对于纹理并不存在一个统一的特征提取标准。在理想环境下，期望选择的纹理特征描述方法简单、易实现，具备维数不高、表现力强、鲁棒性好等特点。

显然，现阶段尚未实现仅用一种纹理特征提取方法就能较好地描述航道边坡失稳滑塌过程中的声学纹理特征。此外，目前越来越多的研究倾向于不同纹理特征的组合运用，通过多种纹理特征的信息交互提高图像纹理的分类精度。杨素妙等认为对于高分辨率的遥感影像分类，组合纹理特征比单一的纹理特征具有更高的分类准确率和更强的稳定性。杨静娴等发现在某些视觉图像的智能识别中，多特征融合所提取的图像信息更加完整，这说明不同算法提取的图像纹理特征存在一定的互补性，有助于指导分类器获得更好的识别效果。

1. 灰度共生矩阵声纹特征提取技术

海底航道边坡失稳滑塌是淤泥质物体缓慢变化过程，大多数情况下，淤泥质海底航道边坡并未发生失稳，悬浮物沉积在边坡表面，海底航道边坡淤泥质结构组织排列具有均质性规律。浅地层剖面仪扫描接收到的反射声波信号规律性比较强，其声纹图像表现为区域性层状条理清晰的水平层纹理。因此，选择提取整体图像纹理特征效果比较好的GLCM 技术。

GLCM 是一种通过研究灰度的空间相关特性来描述纹理的常用方法。由于纹理是由灰度分布在空间位置上反复出现形成的，因而在图像空间中相隔某距离的两像素之间会存在一定的灰度关系，即图像中灰度的空间相关特性。灰度共生矩阵描述的是存在一定关联的两像素点间的分布状况，能够统筹表达有关空间方位、相隔间距和灰度差异等图像特征。

基于影像 GLCM 的纹理特征提取算法分为提取灰度图像、灰度级量化、计算特征值、纹理特征影像的生成 4 部分。

提取灰度图像：计算纹理特征的第一步是提取灰度图像，即将多波段的影像（RGB影像）转换为灰度图像，求出分别代表 RGB 的单波段。选择其中的一个波段计算纹理特征。

灰度级量化：影像共生矩阵的计算量由影像的灰度等级和影像的大小来确定，在计算空间灰度共生矩阵时，在不影响纹理特征的前提下往往先将原影像的灰度级压缩到较小的范围，一般取 8 级或 16 级，以便减小共生矩阵的尺寸。在计算由 GLCM 推导出的纹理特征时，要求影像的灰度级远小于 256，以便减小共生矩阵的尺寸。

计算特征值：GLCM 函数通过计算具有特定值和特定空间关系的像素对在图像中出现的频率来表征图像的纹理。根据像素间的方向和距离创建 GLCM，然后从 GLCM 中提取统计测量值，获取声纹图像的纹理特征。Haralick 等用方程定义了这些特征，包括信息熵、相关性、能量、变化量、差异性、均值、对比度、同质性等。航道边坡失稳滑塌图像纹理特征分析选取常用的 4 种纹理特征量展开研究，包括能量（ASM）、信息熵（ENT）、对比度（CON）、相关性（COR）。

（1）能量：ASM 参数衡量的是图像像素在空间上的陈列规律和纹理自身状态。能量越大，则纹理越粗糙，元素分布越集中；反之，能量越小，则纹理越细致，元素分布越不规则。

$$\text{ASM} = \sum_{i=1}^{K}\sum_{j=1}^{K}P(i,j)^2 \quad\quad (6\text{-}2)$$

式中，K 为 GLCM $K \times K$ 的大小；$P(i,j)$ 为灰度共生矩阵归一化值。

（2）信息熵：ENT 参数表示的是图像所承载信息数量的多少。熵值越大，则图像越复杂；反之，熵值越小，则图像越简单。

$$\text{ENT} = \sum_{i=1}^{K}\sum_{j=1}^{K}P(i,j)\lg P(i,j) \quad\quad (6\text{-}3)$$

（3）对比度：CON 参数表示的是图像的清晰度，对比度值越大，图像纹理分辨率越高，表现在纹理图像上，即纹理沟纹越深，亮度反差越大；反之，则对比度值越低。

$$\text{CON} = \sum_{i=1}^{K}\sum_{j=1}^{K}P(i,j)(i-j)^2 \quad\quad (6\text{-}4)$$

（4）相关性：COR 参数体现的是图像灰度的区域性依赖关系。COR 值越大，共生矩阵中元素的空间排列越均匀；反之，COR 值越小，共生矩阵中元素的空间排列越杂乱。

$$\text{COR} = \left[\sum_{i=1}^{K}\sum_{j=1}^{K}ijP(i,j) - \mu_i\mu_j\right]\Bigg/\sigma_i\sigma_j \quad\quad (6\text{-}5)$$

式中，μ_i、μ_j、σ_i、σ_j 分别定义为

$$\mu_i = \sum_{i=1}^{K}\sum_{j=1}^{K}iP(i,j)$$

$$\mu_j = \sum_{i=1}^{K}\sum_{j=1}^{K}iP(i,j)$$

$$\sigma_i = \sum_{i=1}^{K}\sum_{j=1}^{K}(i-\mu_i)^2 P(i,j)$$

$$\sigma_j = \sum_{i=1}^{K}\sum_{j=1}^{K}(j-\mu_j)^2 P(i,j) \quad\quad (6\text{-}6)$$

特征值的计算需要对图像窗口、像元步距、GLCM 统计方向和灰度级等进行选择，任一参数都会对声纹特征值的计算产生影响，因此需要选择最能代表图像纹理特征的参数求取特征值。首先，GLCM 的纹理分析方法需要选择一定大小的滑动窗口，对于每一个特征都以 7×7 滑动窗口进行了计算。同时，选择步距 $d=4$，即将中心像元同与之直接相邻的像元做运算和比较。

为了保证 GLCM 特征的旋转不变性，分别计算声纹样本数据库内样本在 0°、45°、90°和 135°方向上的共生矩阵，统计不同方向上能量、信息熵、对比度和相关性的均值

和标准差，作为航道边坡失稳滑塌不同阶段的 GLCM 纹理特征，可构成一个 8 维的特征向量 $f_1 = (x_1, x_2, x_3, x_4, x_5, x_6, x_7, x_8)^T$，表 6-1 为每类样本仅列举 5 组数据的特征值计算结果。

表 6-1　航道边坡失稳滑塌 6 类样本 GLCM 纹理特征参数

样本序号	能量		信息熵		对比度		相关性	
	均值	标准差	均差	标准差	均差	标准差	均差	标准差
m10	0.1500	0.0381	2.7318	0.1702	20.5850	5.6745	0.0239	0.0086
m20	0.1552	0.0381	2.7326	0.1610	21.4131	5.9386	0.0225	0.0092
m30	0.1579	0.0376	2.7069	0.1636	21.3966	5.6062	0.0227	0.0085
m40	0.1514	0.0371	2.7206	0.1525	20.8142	4.9763	0.0231	0.0082
m50	0.1699	0.0414	2.6477	0.1784	19.2878	5.4400	0.0257	0.0088
m60	0.14250	0.0331	2.7850	0.1398	25.1231	5.6102	0.0185	0.0071
m70	0.1577	0.0408	2.6727	0.1616	27.9491	7.6575	0.0165	0.0080
m80	0.1585	0.0379	2.6564	0.1441	27.4613	7.1322	0.0168	0.0078
m90	0.1586	0.0413	2.6552	0.1618	25.2786	7.0711	0.0188	0.0083
m100	0.1578	0.0411	2.6979	0.1721	22.9323	6.3450	0.0212	0.0083
m110	0.1377	0.0286	2.8298	0.1185	27.5165	5.1016	0.0138	0.0063
m120	0.1390	0.0302	2.8810	0.1414	27.2865	5.2662	0.0137	0.0067
m130	0.1245	0.0221	2.9703	0.1076	24.5287	2.7690	0.0162	0.0049
m140	0.1329	0.0308	2.9027	0.1439	25.7249	4.3477	0.0162	0.0063
m150	0.1264	0.0264	2.9164	0.1302	27.9191	4.5480	0.0154	0.0055
m160	0.1439	0.0339	2.8209	0.1520	25.4993	5.2917	0.0173	0.0073
m170	0.1434	0.0383	2.7788	0.1778	25.6224	6.6255	0.0184	0.0077
m180	0.1345	0.0308	2.8366	0.1352	26.6297	5.4739	0.0170	0.0066
m190	0.1311	0.0371	2.8510	0.1696	25.4872	6.1269	0.0182	0.0077
m200	0.1329	0.0333	2.8664	0.1529	27.0828	5.6474	0.0161	0.0071
m210	0.1393	0.0278	2.8669	0.1171	26.1597	4.2415	0.0169	0.0056
m220	0.1436	0.0254	2.8390	0.1031	27.9608	3.8439	0.0153	0.0047
m230	0.1381	0.0254	2.8679	0.0991	28.4077	4.1467	0.0141	0.0054
m240	0.1475	0.0267	2.8342	0.1047	26.5472	3.6018	0.0152	0.0053
m250	0.1378	0.0241	2.8766	0.0899	27.5346	3.8897	0.0139	0.0056
m260	0.1462	0.0334	2.7816	0.1374	29.4481	6.4994	0.0149	0.0068
m270	0.1449	0.0301	2.7899	0.1181	29.7277	5.6722	0.0145	0.0060
m280	0.1447	0.0301	2.7847	0.1144	27.5581	5.4334	0.0162	0.0063
m290	0.1441	0.0306	2.7987	0.1187	25.5888	5.0553	0.0179	0.0064
m300	0.1448	0.0408	2.8001	0.1315	26.5209	5.3691	0.0168	0.0068

　　通过表 6-1 的数据可以观察到在淤泥质海底航道边坡失稳滑塌前后，航道边坡失稳

滑塌图像纹理特征量的变化和分析变化机理，能量的均值和标准差总体呈下降趋势，反映的是 GLCM 中各元素分布状态由集中转为离散；信息熵的均值总体呈上升趋势，熵的标准差总体呈下降趋势，反映的是边坡内部土体的错动位移导致声纹由细且密变化为粗且疏；对比度均值整体升高，对比度标准差整体下降，反映的是随着时间的推移，声纹的视觉反馈效果由模糊转为清晰，声纹沟壑逐步加深；相关性的均值和标准差总体下降，反映的是 GLCM 中元素差异逐渐放大。

将计算的边坡失稳声纹数据库中 6 类样本 GLCM 纹理特征值参数取平均值，得到如表 6-2 所示的航道边坡失稳滑塌图像 4 种 GLCM 纹理特征量平均值结果。可以发现不同参数的平均值具有良好的离散性，可以作为区分航道边坡失稳滑塌演变过程中各个阶段的判断依据。

表 6-2　航道边坡失稳滑塌 6 类样本 GLCM 纹理特征参数平均值

样本序号	能量		信息熵		对比度		相关性	
	均值	标准差	均值	标准差	均值	标准差	均值	标准差
稳定	0.1545	0.0377	2.7084	0.1620	20.8762	5.6048	0.0235	0.0085
孕育	0.1563	0.0396	2.76867	0.1612	24.9566	6.7023	0.0193	0.0080
蠕动	0.1346	0.0281	2.8737	0.1271	26.4613	4.5986	0.0163	0.0061
扩展	0.1394	0.0327	2.8322	0.1476	25.5965	5.2593	0.0176	0.0069
泥流	0.1422	0.0258	2.8537	0.1039	27.5115	3.9338	0.0151	0.0052
回稳	0.1455	0.0313	2.7864	0.1234	28.0017	5.6258	0.0159	0.0064

纹理特征值影像的生成：GLCM 是通过对图像上保持某距离的两像素分别具有某灰度的状况进行统计得到的。纹理特征影像生成的主要思想是用每一个小窗口形成的子影像，通过纹理特征计算程序计算小窗口影像 GLCM 和纹理特征值，然后将代表这个窗口的纹理特征值赋给窗口的中心点，这就完成了第一小窗口的纹理特征计算。然后窗口被移动一个像素形成另外一个小的窗口影像，再重复计算新 GLCM 和纹理特征值。依次类推，这样整个图像就会形成一个由纹理特征值构成的纹理特征值矩阵，然后将这个纹理特征值矩阵转换成纹理特征影像。

图 6-19 反映了淤泥质海底航道边坡失稳滑塌相似模型实验过程中浅地层剖面仪声纹图像对比度的特征矩阵变化过程，从对比度矩阵变化图中可以清晰地看出声纹图像的渐变过程。从图 6-19（a）中可以发现声纹图像灰度变化均匀，亮度反差小，对比度特征值相对较小。随着航道边坡失稳加剧，边坡稳定结构发生破坏，内部均质淤泥层发生紊乱，声波反射受到影响，声纹图像沟纹加深，亮度反差增大，对比度增大，图 6-19（d）时达到最大值。图 6-19 色带图更清楚地反映出随着航道边坡失稳滑塌的发生，对比度自上而下、由线到面逐渐增大，边坡滑塌后趋于回稳状态，对比度矩阵变化[图 6-19（e）]恢复至与图 6-19（a）相似。

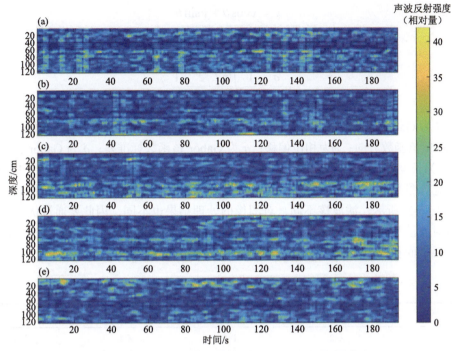

图 6-19 航道边坡从稳定到滑塌声纹图像对比度矩阵变化图

2. Gabor 变换声纹特征提取技术

海底航道边坡在海流、海浪和潮汐等周期荷载以及淤泥质海底航道边坡自身重力作用下，土体间的黏结力和摩擦力不断发生变化，土体颗粒间相对位置随之发生改变，导致部分淤泥质海底航道边坡内部结构发生变化，出现局部失稳航段波状层理特征。淤泥质海底航道边坡在应力加载过程中，边坡变化集中体现在沉积层内部颗粒之间相互挤压位移上，破坏持续时间长且不易察觉，声纹图像在失稳程度表达上并不明显，不同失稳时期航道边坡的破坏体现在声纹图像局部微小变化中，因此，选择提取局部失稳图像纹理特征效果比较好的 Gabor 变换进行滤波处理。

Gabor 变换是现今主要用于时频分析的标准模型算法。Gabor 变换基于局部时间窗口进行积分，所以又称为窗口傅里叶变换，Gabor 变换可以同时保留图像空间域和频率域信息，在图像局部特征增强和频域信息采集中都有良好的效果，Gabor 变换不仅可以增强纹理图像在不同方向、不同尺度的特征，而且 Gabor 滤波参考了心理学与生理学研究，在图像纹理特征描述方面与人的视觉神经感受高度相似。因此，Gabor 变换适用于提取航道边坡失稳滑塌全周期浅地层剖面扫描声纹图像特征，有利于航道边坡失稳变化过程分析。

在空间域中，Gabor 变换为带通滤波器，使用三角函数与高斯函数叠加便可得到一个 Gabor 滤波器，其表达式为

$$G(x,y,\lambda,\theta,\varphi,\sigma,\gamma)=\mathrm{e}^{\frac{x'^2+\gamma^2 y'^2}{2\delta^2}}\mathrm{e}^{i\left(2\prod\frac{x'}{\lambda}+\varphi\right)}$$

（6-7）

$$x' = x\cos\theta + y\sin\theta \quad\quad (6\text{-}8)$$

$$y' = -x\sin\theta + y\cos\theta \quad\quad (6\text{-}9)$$

$$\frac{\sigma}{\lambda} = \frac{1}{\Pi}\sqrt{\frac{\ln 2}{2}} \cdot \frac{2^b + 1}{2^b - 1} \quad\quad (6\text{-}10)$$

式中，G 为 Gabor 滤波器空间函数；(x, y) 为图像像素点位置；λ 为 Gabor 滤波波长；θ 为 Gabor 核函数方向；φ 为相位偏移；σ 为 Gabor 核函数标准差；δ 为 Gabor 核函数限差值；γ 为长宽比。γ 决定 Gabor 核函数的形状，σ 大小由波长 λ 与式（6-10）中宽带 b 共同决定。参数决定 Gabor 滤波核的形状、大小、方向等属性，不同参数下 Gabor 滤波核如表 6-3 所示，滤波核不同，对图像的处理结果也不同，因此要通过优化的方法向量机对滤波核进行适当调整，以此构造最优滤波器对提取的航道边坡失稳滑塌全周期浅地层剖面扫描声纹图像特征进行处理。

表 6-3　设置不同参数 Gabor 滤波核表

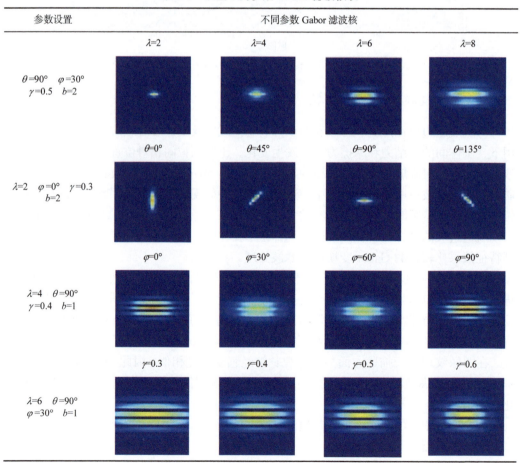

参数设置	不同参数 Gabor 滤波核			
	b=0.5	b=1	b=1.5	b=2
λ=6　θ=45° φ=0°　γ=0.3				

选择合适的滤波器，设计合理的滤波参数是 Gabor 特征准确反映边坡失稳过程的重要环节。从式（6-6）中可以知道，Gabor 滤波函数由实部和虚部两部分组成，在实际使用过程中，为简化计算流程，提高滤波效率，通常选择实部与虚部二者之一进行 Gabor 滤波。Gabor 滤波函数的实数部分作为一个偶对称滤波器，在特征提取实验中效果更好，因此选择 Gabor 函数实部对声纹图像进行滤波处理。

$$F\left(x,y,\lambda,\theta,\varphi,\sigma,\gamma\right)=\mathrm{e}^{\frac{x'^2+\gamma^2y'^2}{2\delta^2}}\cos\left(2\prod\frac{x'}{\lambda}+\varphi\right) \tag{6-11}$$

对于波长 λ、方向 θ、相位偏移 φ、长宽比 γ、宽带 b 等滤波器参数采用控制变量法择优选取。Gabor 幅值特征中包含图像的能量信息，根据各失稳阶段声纹图像能量信息不同，计算不同失稳等级中声纹图像 Gabor 特征幅值之和，找出各失稳等级层次清晰、阶梯变化明显的曲线，即可找到 Gabor 滤波器最优参数。通过不断调整某一参数值同时保证其余参数不变的情况下对声纹图像进行 Gabor 滤波处理，通过分析幅值之和变化曲线确定最优 Gabor 滤波参数。经过反复试验确定 Gabor 滤波参数取值范围，然后选择合理步长对声纹图像进行处理，Gabor 滤波器参数取值范围见表 6-4。

表 6-4　Gabor 滤波器参数取值范围

参数	取值范围	步长
波长 λ	$[2,\ 8]$	2
方向 θ	$\left[0,\ \dfrac{3\pi}{4}\right]$	$\dfrac{\pi}{4}$
相位偏移 φ	$\left[0,\ \dfrac{\pi}{2}\right]$	$\dfrac{\pi}{6}$
长宽比 γ	$[0.3,\ 0.6]$	0.1
宽带 b	$[0.5,\ 2]$	0.5

如图 6-20 所示，在确保其余 4 种参数不变的情况下，在估计的滤波器参数范围内设计合理步长，根据幅值之和变化曲线确定最终参数变量。最终确定波长 λ=4、方向 θ=90°、相位偏移 φ=0°、长宽比 γ=0.5、宽带 b=1.5 时，滤波图像幅值之和层次表达最清晰，对各

失稳等级声纹图像局部特征表达最明显，固定参数下最优变量滤波示例见表6-5。

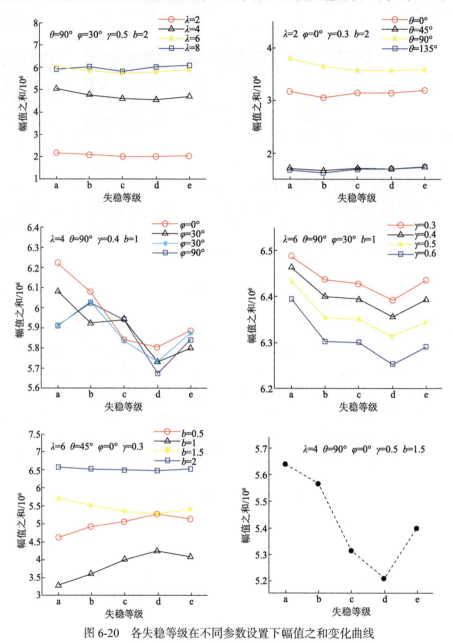

图6-20　各失稳等级在不同参数设置下幅值之和变化曲线

表6-5　固定参数下最优变量滤波示例

固定参数	变量	最优变量滤波示例		
$\theta=90°$　$\varphi=30°$　$\gamma=0.5$　$b=2$	λ	原始图像	$\lambda=4$	滤波图像

固定参数	变量	最优变量滤波示例		
$\lambda=2$ $\varphi=0°$ $\gamma=0.3$ $b=2$	θ	原始图像	$\theta=90°$	滤波图像
$\lambda=4$ $\theta=90°$ $\gamma=0.4$ $b=1$	φ	原始图像	$\varphi=0°$	滤波图像
$\lambda=6$ $\theta=90°$ $\varphi=30°$ $b=1$	γ	原始图像	$\gamma=0.5$	滤波图像
$\lambda=6$ $\theta=45°$ $\varphi=0°$ $\gamma=0.3$	b	原始图像	$b=1.5$	滤波图像

3. 变分模态分解声纹特征提取技术

变分模态分解（variational mode decomposition，VMD）是一种信号分解估计方法。在获取分解分量的过程中通过迭代搜寻变分模型最优解来确定每个分量的频率中心和带宽，从而能够自适应地实现信号的频域剖分及各分量的有效分离。因此，将变分模态分解理论应用于海底航道边坡失稳剖面扫描声纹图像特征提取中，对淤泥质海底航道边坡失稳滑塌过程展开研究，实现对早期异常声纹图像的精准识别。

变分模态分解通过迭代搜寻变分模态的最优解，不断更新各模态函数及中心频率得到 K 个具有一定宽带的模态函数。在一维变分模态分解中，通过对原始信号进行希尔伯特变换作为虚部得到解析信号。对于二维变分模态分解问题可以理解为寻找模态 u_k 的集合，每个模态限制在各自估计的中心频率 ω_k，并且可以最佳重构原始二维信号 $f(x)$。根据二维解析函数定义二维信号 VMD 分解模型：

$$\min_{\mu_k \to \omega_k} = \left\{ \sum_k \alpha_k \left\| \nabla \left[\mu_{AS,k}(x) \mathrm{e}^{-j(\omega_k,x)} \right] \right\|_2^2 \right\} \tag{6-12}$$

$$\mathrm{s.t.} \forall x : \sum_k \mu_k(x) = f(x)$$

式中，α_k 为二次惩罚因子；$\mu_{AS,k}$ 为寻找的 k 个模态集合；x 为二维信号序列；$\{\mu_k\}$ 为寻找的 k 个模态集合；$\{\omega_k\}$ 为各模态分量中心频率。

为解决约束性变分问题，引入拉格朗日乘子 λ 和二次惩罚因子 α，以此求得变分问题最优解。扩展的拉格朗日表达式如下：

$$L(\{\mu_k\},\{\omega_k\},\lambda):$$
$$= \sum_k \alpha_k \left\| \nabla \left[\mu_{AS,k}(x) \mathrm{e}^{-j(\omega_k,x)} \right] \right\|_2^2 + \left\| f(x) - \sum_k \mu_k(x) \right\|_2^2 + \left\langle \lambda(x) f(x) - \sum_k \mu_k(x) \right\rangle \tag{6-13}$$

通过迭代更新 $\mu_k^{n+1}, \omega_k^{n+1}, \lambda_k^{n+1}$，计算扩展拉格朗日表达式鞍点，寻求目标函数最优解。

采用 VMD 方法将相似模型实验各航道边坡失稳等级对应的浅地层剖面扫描声纹图像分解为 IMF1、IMF2，如图 6-21 所示。从 MF1 模态分量中可以看出，IMF1 包含图像空间信息主体结构，声纹图像整体信息被保留下来，图中不同失稳时期声纹图像频率域幅值变化情况差异较大，能够反映出航道边坡失稳过程中空间信息变化情况。

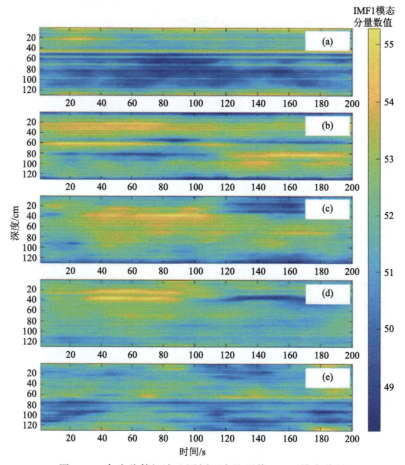

图 6-21　各失稳等级浅地层剖面声纹图像 IMF1 模态分量

（1）稳定或回稳阶段[图 6-21（a）和图 6-21（e）]：IMF1 幅值较小。验证边坡沉积物物理状态平稳，声强反射均衡，声纹图像波动平缓，航道边坡处于稳定状态。

（2）孕育、蠕动阶段[图 6-21（b）]：IMF1 幅值整体增大。验证随着应力加载，航道边坡稳定结构被破坏，在外力作用下整体物理状态被激化，淤泥表层与沉积物内部受冲击与挤压作用，颗粒运动开始活跃，航道边坡进入孕育状态。

（3）扩展、垮塌阶段[图 6-21（c）]：IMF1 声强波动加剧。验证在经历长期蠕动后，边坡进入扩展阶段，航道边坡脆弱部位被破坏，声强波动变化异常，幅值剧烈变化且聚集于坡体损坏部位，航道边坡进入扩展、垮塌状态。

（4）泥流阶段[图 6-21（d）]：IMF1 幅值整体均匀减小。验证随着坡体局部滑塌完成，航道边坡表层沉积物逐步崩解，与水充分混合后，演变为细小颗粒均匀的泥流。

由此可见，IMF1 模态分量反映了声纹图像整体信息变化情况和边坡空间结构破坏趋势，从应力加载到变形失稳，淤泥层内部颗粒相互挤压产生应力变化，声强波动剧烈，沉积物结构发生改变。IMF2 模态分量包含声纹图像细节信息，在空间信息表达上并不明显。

4. 离散小波变换声纹特征提取技术

海底航道边坡在海流、海浪和潮汐等周期荷载以及淤泥质海底航道边坡自身重力作用下，开始出现局部失稳航段后，随着时间的推移，在失稳末期可能的滑塌边坡脆弱部位土体间的黏结力达到极限出现断裂位移，出现局部失稳滑塌航段声纹图像交错层理。因此，选择提取复杂失稳图像纹理特征效果比较好的离散小波变换技术。

小波变换（wavelet transform，WT）是一种空间（时间）和频率的局部变换分析方法，通过伸缩、平移等运算功能可对函数或信号进行多尺度的细化分析，能有效地从变换信号中更好地"移近"观察获取信息，又称为"数学显微镜"。DWT 是对连续小波变换的尺度和位移参数进行离散化，能够有效表示图像的频谱信息和像素的空间信息。图像的小波分解通常将二进制作为小波变换函数，二维离散小波变换可不断将上一级的图像分解成 4 个低尺度分量，包括 1 条低频子带和 3 条高频子带。图 6-22 所示为二维离散小波变换的算法构架，其中 2↓ 和 ↓2 分别代表沿行和列方向进行两倍间隔抽样。通常将二维信号经历一次分解称为单层小波分解，第二层分解将获得的低频近似系数 $a_{j+1}(m, n)$ 作为输入信号继续执行上述过程，依次层层迭代。

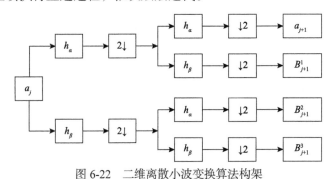

图 6-22　二维离散小波变换算法构架

一幅海底航道边坡的浅地层剖面仪扫描声纹图像在经历单层小波分解后，每层信息都被转换成低频分量 L 和高频分量 H。低频分量 L 涵盖了原声纹图像的主体内容；高频分量 H 则保留了声纹图像的边缘细节，且被进一步分解为水平高频细节 HL、垂直高频细节 LH 和对角高频细节 HH。图 6-23 所示为图像一次完整的单层小波分解过程，下标表示小波分解层数。

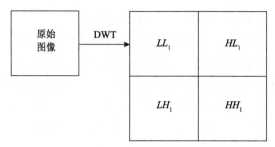

图 6-23　图像单层小波分解示意图

一般情况下，小波基的选择并不是独一无二的，对于相同的图像来说，采用不同的基函数作为工具，获得的分解结果不同。symlets小波系的支撑范围为 $2N-1$，消失矩为 N，具备优良的对称性和正则性，有助于提高信号能量的集中程度，适合应用于图像处理问题中。研究采用 sym4 小波分别对边坡失稳声纹数据库内共 6 类样本进行二维离散小波分解，如图 6-24 所示，仅从失稳滑塌不同阶段各选择一个代表样本展示该图像的小波分解结果。可以观察到海底航道边坡在失稳滑塌不同发育周期中，声纹图像分解后的结果具有不同的频域分布特征，离散化程度高，能够作为分类判别的依据。对每个样本分解后产生低频和高频分量，分别计算其灰度值的均值和标准差，并将其作为声纹图像多尺度的纹理特征，可构成一个 8 维的特征向量 $f3 = (z_1, z_2, \cdots, z_8)^T$。

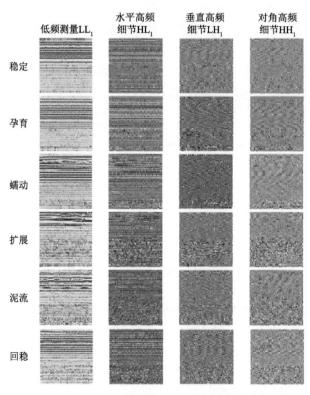

图 6-24　海底航道边坡失稳滑塌声纹图像小波分解结果

6.3.2　航道边坡失稳滑塌声纹特征识别技术

以计算机代替人眼识别的机器学习计算机视觉处理技术是利用计算机算法对图像目标进行自动识别。机器学习利用计算机算法模拟人类学习的过程，具有识别效率高、准确性强、使用灵活便捷等优点。机器学习主要包括非监督学习和监督学习两种方式，非监督学习主要针对难以进行类别标注的样本，此类样本由于缺乏先验知识无法找到特定信息特征或由于其他因素无法对样本进行类别标注，因此需要在类别未知的情况下对样本进行训练识别。监督学习是对已知类别的样本数据进行训练学习，训练完成后对未知类别样本进行识别标注。由于淤泥质海底航道边坡失稳滑塌全周期声纹图像在边坡失稳滑塌过程中呈现不同的特征信息，根据特征信息对不同失稳时期声纹图像进行类别标注，因此更符合监督分类中的问题。常用的监督分类方法包括支持向量机、决策树、贝叶斯、神经网络、最大似然等，以下选取支持向量机学习方法，以航道边坡失稳滑塌相似模型实验提取的不同阶段声学图像的纹理特征作为特征样本，对边坡不同失稳时期声纹图像特征数据进行分类识别。

SVM 是按监督学习方式对数据进行二元分类的广义线性分类器。如图 6-25 所示，SVM 的基本思想是在更高维的空间中寻找到一个可以将样本的正例和反例分隔开的最优决策面 H，保证该分隔超平面与两侧的平行超平面 H_1、H_2 具有最大的隔离边缘 γ。

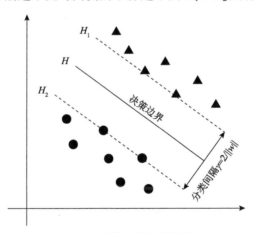

图 6-25　支持向量机分类原理

要想实现分类识别的目标，一般需要输入能够反映样本某种变化规律的特征参数矩阵，通过训练和测试的方法建立分类记忆模型，最后输出能够描述样本所属类别的未知向量。采用 GLCM、CLBP 和 DWT 算法分别对航道边坡声纹图像提取纹理特征，依次可得到 8 维、30 维和 8 维的特征参数，将组合后的共计 46 维特征代入支持向量机分类器中，识别相应声纹图像所隶属的失稳滑塌阶段，完整的声纹识别流程如图 6-26 所示。

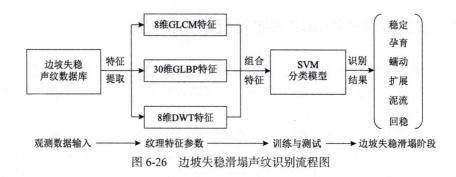

图 6-26　边坡失稳滑塌声纹识别流程图

在实际分类过程中，不同的核函数会得到不同的分类结果，核函数的选择会极大程度地影响 SVM 模型的分类性能。常用的核函数有 4 种：线性核函数、多项式核函数、Sigmoid 核函数和径向基核函数。其中，径向基核函数具备更广的映射维度、较少的优化参数和相对简单的运算，在解决问题时适应性更强，故边坡失稳滑塌声纹识别研究选择径向基核函数，综合考虑采用基于 3 折交叉验证的 SVM 分类器作为声纹识别的分类模型，将分类准确率（correct classification rate，CCR）作为最终模型分类效果的评价指标。交叉验证时可以先在一个比较大的范围内粗略寻找最优参数，根据结果逐步缩小范围进行精细的参数选择，参数优化结果如图 6-27 所示。

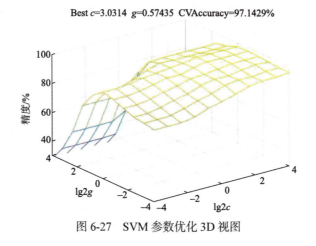

图 6-27　SVM 参数优化 3D 视图

为了便于训练及测试模型，对边坡失稳声纹数据库中的声纹图像进行分组，随机抽取 210 个样本作为训练集，其中边坡失稳滑塌的不同阶段各占 35 个；剩余的 90 个样本作为测试集，其中边坡失稳滑塌的不同阶段各占 15 个。计算各样本的组合纹理特征并归一化处理，对训练集进行学习和训练，建立支持向量机声纹识别模型，通过交叉验证法调优来提高分类器性能，对测试集进行测试的最终识别结果如图 6-28 所示，标签 1～6 分别代表航道边坡稳定阶段、孕育阶段、蠕动阶段、扩展阶段、泥流阶段和回稳阶段，据此可以准确地分辨测试集浅地层剖面仪扫描声纹样本的真实类别以及 SVM 模型的预测类别。

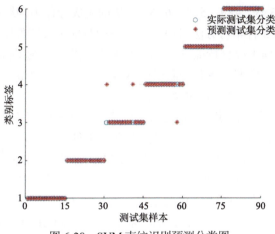

图 6-28　SVM 声纹识别预测分类图

为了进一步分析声纹识别结果以及模型对航道边坡失稳滑塌不同阶段的分类效果，使用混淆矩阵对测试集每一失稳阶段的错误分类进行统计。如图 6-29 所示，结合图 6-28 可以发现此次识别存在 3 处错误：蠕动阶段 2 处，扩展阶段 1 处，而稳定阶段、孕育阶段、泥流阶段和回稳阶段都得到了较好的训练效果。误差存在于淤泥质海底航道边坡失稳滑塌的蠕动阶段和扩展阶段，二者的误分主要是因为蠕动阶段末期航道内部变化逐渐加快，反映的声纹特征与扩展阶段比较相似，容易误分。评价指标识别准确率=（测试集样本数量−识别错误个数）/测试集样本数量，通过上述信息计算可得本次声纹识别准确率达到 96.67%。

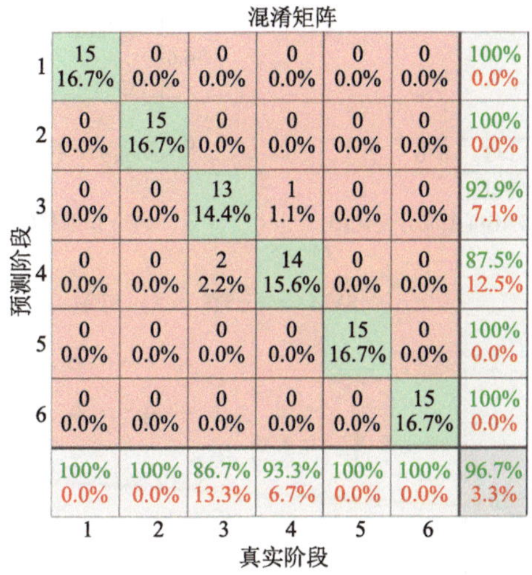

混淆矩阵

	1	2	3	4	5	6	
1	15 16.7%	0 0.0%	0 0.0%	0 0.0%	0 0.0%	0 0.0%	100% 0.0%
2	0 0.0%	15 16.7%	0 0.0%	0 0.0%	0 0.0%	0 0.0%	100% 0.0%
3	0 0.0%	0 0.0%	13 14.4%	1 1.1%	0 0.0%	0 0.0%	92.9% 7.1%
4	0 0.0%	0 0.0%	2 2.2%	14 15.6%	0 0.0%	0 0.0%	87.5% 12.5%
5	0 0.0%	0 0.0%	0 0.0%	0 0.0%	15 16.7%	0 0.0%	100% 0.0%
6	0 0.0%	0 0.0%	0 0.0%	0 0.0%	0 0.0%	15 16.7%	100% 0.0%
	100% 0.0%	100% 0.0%	86.7% 13.3%	93.3% 6.7%	100% 0.0%	100% 0.0%	96.7% 3.3%
	1	2	3	4	5	6	

（纵轴：预测阶段　横轴：真实阶段）

图 6-29　SVM 声纹识别混淆矩阵

由此可见，利用 SVM 模型声纹识别航道边坡失稳滑塌过程已基本上达到了预期的目的，但是寻优方法搜索时间长，计算量大，寻优精度仍然有上升的空间。

研究选择不同的 GLCM、Gabor、BVMD 特征成分对其识别能力进行验证。首先根据识别精度选择有效主成分特征，分别对 GLCM、Gabor、BVMD 特征图像进行离散余弦变换，选取 2×2、3×3、4×4、5×5、6×6、7×7 的主成分作为训练识别特征因子，利用 SVM、DT 以及 NBM 3 种学习方法对边坡不同失稳时期声纹图像特征数据进行识别，依据识别正确率选择最佳主成分特征。最后从 215 张声纹图像中随机抽选 60%作为训练集，通过训练得到预测预警模型，将剩余测试样本融合特征输入模型中进行识别检测，验证模型对航道边坡失稳滑塌预测预警的准确性。

从图 6-30 中可以看出，随着主成分选取的不同，机器学习方法识别准确率也不同。图 6-30（a）中，随着 GLCM 对比度主成分增加，3 种机器学习方法识别精度也不断提高，在 4×4 的主成分特征时 SVM、DT 以及 NBM 三种学习方法识别率达到 90%左右，在 6×6 的主成分特征时识别精度达到最佳。图 6-30（b）中，Gabor 局部特征值在 5×5 的主成分特征下识别精度也能达到 90%左右；图 6-30（c）中，BVMD 频域特征值识别精度相对较低，主成分达到 6×6 后，识别率基本维持在 90%以上。说明在 6×6 的降维特征中基本包含声纹图像各特征主成分信息，同时考虑到运算效率，减少计算量，根据不同机器学习模型选择 5×5 或 6×6 的主成分特征对航道边坡失稳滑塌进行预测预警。

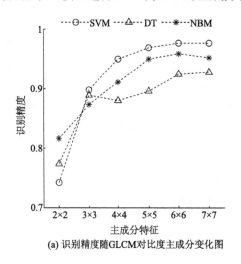

(a) 识别精度随GLCM对比度主成分变化图

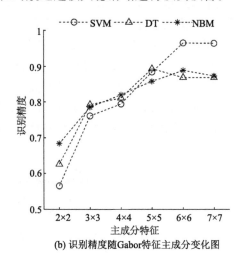

(b) 识别精度随Gabor特征主成分变化图

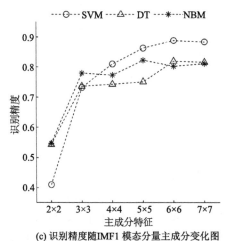

(c) 识别精度随IMF1 模态分量主成分变化图

图 6-30　不同主成分特征下识别精度变化曲线图

研究表明,GLCM 纹理特征中,对比度反映航道边坡失稳过程能力更强,对于不同失稳时期声纹图像的纹理表达更清晰,因此选择 GLCM 对比度作为纹理识别特征。Gabor 变换可以增强纹理图像在不同方向、不同尺度的特征,通过改变参数设置调整滤波核的大小方向,从而选择最佳滤波核对声纹图像进行 Gabor 变换,获取剖面声纹图像局部识别特征。BVMD 可以对剖面声纹图像进行模态分解,得到不同频率下的模态分量,删除无效分量,选择包含声纹图像主要信息的第一模态作为频域识别特征。

同时,研究选择不同的 GLCM、Gabor、BVMD 特征成分融合对其识别能力进行验证。从表 6-6 的实验对比结果可以看出,部分单一特征在识别精度上接近多特征融合算法,但始终低于多特征融合的识别精度。从单一精度的识别结果可知,采用不同的分类器,单一特征的贡献也不同,其中 GLCM 对比度在 3 种算法中贡献最高,识别精度都在 90% 以上,BVMD 主成分特征识别精度较低但也达到 80% 以上。特征融合后,识别精度远远优于单一特征识别精度,DT 算法识别精度达到 96.7%,NBM 算法识别精度达到 97.8%,SVM 算法识别精度最优,达到 98.9%。综上所述,SVM、DT 以及 NBM 三种学习算法对于随机选择的淤泥质海底航道边坡不同失稳阶段的声纹图像识别比较准确,多特征融合的识别达到最佳声纹识别效果,在航道边坡失稳滑塌预测预警中发挥重要作用。

表 6-6　单一特征与多特征融合的声纹图像识别精度对比

分类方法	GLCM	Gabor	BVMD	GLCM+Gabor+BVMD
SVM	0.967	0.967	0.889	0.989
DT	0.922	0.889	0.822	0.967
NBM	0.956	0.889	0.822	0.978

参 考 文 献

蔡鑫宇, 孙林云, 孙波, 等. 2021. 淤泥质海岸航道回淤预报研究综述. 中国港湾建设, 41(1): 1-5.

柴冠军, 杨强. 2017. Chirp 浅地层剖面仪在航道工程中的应用. 港口科技, (3): 15-20.

丁琦, 谢军, 应铭. 2018. 波浪动力对开敞淤泥质海岸深水航道边坡稳定性的影响. 水运工程, (1): 106-111, 128.

范宁, 年廷凯, 赵维, 等. 2018. 海底泥流的流变试验及强度模型. 岩土力学, 39(9): 3195-3202.

顾小芸. 1989. 海底边坡稳定分析方法综述. 力学进展, (1): 50-59.

郭航, 霍宏涛. 2010. 灰度共生矩阵在皮肤纹理检测中的应用研究. 中国图象图形学报, 15(7): 1074-1078.

胡光海, 刘忠臣, 孙永福, 等. 2004. 海底斜坡土体失稳的研究进展. 海岸工程, (1): 63-72.

胡光海, 仲德林. 2004. 海底土体失稳过程分类及其声学特征. 中国地质灾害与防治学报, (3): 95-99, 109.

胡光海. 2010. 东海陆坡海底滑坡识别及致滑因素影响研究. 青岛: 中国海洋大学.

胡梦涛, 李太春, 廖荣发, 等. 2019. 参量阵浅剖探测技术在海底管线探测中的应用. 海洋测绘, 39(5): 30-34.

胡樱. 2007. 基于多特征的图像分类决策树生成方法研究. 长沙: 中南大学.

贾永刚, 王振豪, 刘晓磊, 等. 2017. 海底滑坡现场调查及原位观测方法研究进展. 中国海洋大学学报

（自然科学版），47(10)：61-72.

交通部. 1999. 海港水文规范. 北京：人民交通出版社.

景路, 郭颂怡, 赵涛. 2019. 基于流体动力学-离散单元耦合算法的海底滑坡动力学分析. 岩土力学, 40(1)：388-394.

厉成阳, 张巍, 吴方东, 等. 2018. 海底滑坡运动全过程的物质点法模拟. 工程地质学报, 26(s1)：114-119.

刘涛, 陈国平. 2014. 波流共同作用下的航道边坡稳定性研究. 水运工程, (9)：103-108.

罗宇, 郑旭, 施剑, 等. 2020. 基于浅地层回波信号的底质分类技术研究. 海洋技术学报, 39(6)：42-47.

庞启秀, 孙连成. 2009. 淤泥质海岸航道建设期泥沙回淤特征监测研究. 水运工程, (12)：159-164.

阮久忠, 周晨波, 杨国华, 等. 2008. 基于灰度共生矩阵的非平面表面粗糙度的图像纹理研究. 光学与光电技术, (6)：36-40.

单凤安. 2011. 天津港十五万吨级深水航道粉土边坡稳定性研究. 科技信息, (34)：471-472.

史劲. 2021. 人工智能领域的机器学习算法研究. 中国新通信, 23(24)：48-49.

孙立宁, 于福江, 王培涛. 2020. 南海北部滑坡海啸数值模拟与危险性分析. 海洋预报, 37(6)：9-19.

王小川. 2013. MATLAB 神经网络 43 个案例分析. 北京：北京航空航天大学出版社.

王晓庆. 2020. 基于极限平衡法对淤泥质航道边坡稳定性分析. 珠江水运, (22)：76-77.

温智婕. 2008. 图像纹理特征表示方法研究与应用. 大连：大连理工大学.

谢军, 丁琦. 2011. 连云港港 30 万吨级航道一期工程二维潮流泥沙数值模拟研究. 西安：第二十三届全国水动力学研讨会暨第十届全国水动力学学术会议.

严冰. 2009. 粉沙质海岸泥沙运动及航道淤积机理研究. 天津：天津大学.

严鑫. 2020. 海底浅层气体运动诱发坡体变形破坏研究. 杭州：浙江大学.

杨国明, 朱俊江, 赵冬冬, 等. 2021. 浅地层剖面探测技术及应用. 海洋科学, 45(6)：147-162.

杨林青. 2012. 海底斜坡稳定性及滑移影响因素分析. 大连：大连理工大学.

杨淑莹. 2014. 图像识别与项目实践：VC++、MATLAB 技术实现. 北京：电子工业出版社.

尹则高, 曹先伟. 2010. 航道工程中的浮泥研究综述. 水资源与水工程学报, 21(3)：92-94.

曾建梅. 2016. 改进的支持向量机用于脉搏信号的情感识别研究. 重庆：重庆理工大学.

张传伟, 崔万豪. 2018. 基于 Gabor 特征提取和 SVM 交通标志识别方法研究. 现代电子技术, 41(17)：136-140.

张聪伟. 2018. 曹妃甸近海人工岛海床边坡稳定性分析. 天津：河北工业大学.

张存勇. 2019a. 淤泥质海底航道边坡稳定性模糊综合评价. 安全与环境学报, 19(6)：1892-1897.

张存勇. 2019b. 淤泥质海底航道浅地层声图分析. 中国水运(下半月), 19(7)：166-168.

张存勇. 2021c. 淤泥质海底航道边坡失稳滑塌声纹特征分析. 海洋通报, 40(4)：455-464.

张林海, 陈巍博. 2020. 波浪作用下淤泥质浅滩航道边坡稳定性初探. 港工技术, 57(6)：8-11.

张勋. 2008. 浅海航道淤积位置和高度实时监测技术研究. 哈尔滨：哈尔滨工业大学.

赵冲久. 2003. 近海动力环境中粉砂质泥沙运动规律的研究. 天津：天津大学.

朱超祁, 贾永刚, 刘晓磊, 等. 2015. 海底滑坡分类及成因机制研究进展. 海洋地质与第四纪地质, 35(6)：11.

左书华, 杨华, 张娜, 等. 2013. 连云港徐圩港区航道大风天强淤可能性分析. 水道港口, 34(1)：26-32.

Nixon M S, Aguado A S. 2014. 计算机视觉特征提取与图像处理. 杨高波, 李实英, 译. 北京：电子工业出版社.

Canals M, Lastras G, Urgeles R, et al. 2004. Slope failure dynamics and impacts from seafloor and shallow sub-seafloor geophysical data: Case studies from the COSTA project. Marine Geology, 213(1-4)：9-72.

Coleman J M, Garrison L E. 1977. Geological aspects of marine slope stability, northwestern Gulf of Mexico. Marine Geotechnology, 2(1-4)：9-44.

Jin Z M, Tan X C, Tang H, et al. 2020. Sedimentary environment and petrological features of organic-rich fine sediments in shallow water overlapping deposits: A case study of Cambrian Yuertus Formation in northwestern Tarim Basin, NW China. Petroleum Exploration and Development, 47 (3): 513-526.

Liu L, Fieguth P, Guo Y, et al. 2017. Local binary features for texture classification: Taxonomy and experimental study. Pattern Recognition, 62: 135-160.

Lloyd K, Rosin P L, Marshall D, et al. 2017. Detecting violent and abnormal crowd activity using temporal analysis of grey level co-occurrence matrix (GLCM)-based texture measures. Machine Vision and Applications, 28 (3): 361-371.

Locat J, Lee H J. 2002. Submarine landslides: Advances and challenges. Canadian Geotechnical Journal, 39 (1): 193-212.

Mosquera R, Groposo V, Pedocchi F. 2014. Acoustic measurements of a liquefied cohesive sediment bed under waves. Advances in Geosciences, 39: 1-7.

Naveen S, Moni R S. 2015. Multimodal face recognition system using spectral transformation of 2D texture feature and statistical processing of face range images. Procedia Computer Science, 46: 1537-1545.

Saxov S. 1982. Marine Slides—Some Introductory Remarks. Marine Slides and Other Mass Movements. Boston, MA: Springer.

Shi Y, Liang Q, Yang J, et al. 2019. Stability analysis of submarine slopes in the area of the test production of gas hydrate in the South China Sea. China Geology, 2 (3): 276-286.

Silva A J, Baxter C, Larosa P T, et al. 2004. Investigation of mass wasting on the continental slope and rise. Marine Geology, 203 (3): 355-366.

Urlaub M, Villinger H. 2019. Combining in situ monitoring using seabed instruments and numerical modelling to assess the transient stability of underwater slopes. Geological Society, London, Special Publications, 477 (1): 511-521.

第7章 港口航道全流程安全预警技术

7.1 港口航道全流程安全预警需求分析

港口航道安全监测预警主要是对航道及敏感影响区域或物体（简称变形体）进行建设和营运全周期监测信息，包括港口航道区域地质结构稳定性监测信息和港口航道水下安全监测信息，以确定其回淤、边坡形变等航道空间位置参数是否满足航道设计指标及内部形态随时间的变化特征，为港口航道安全营运提供决策支持信息。

7.1.1 航道安全监测数据处理需求分析

研究港口深水航道全流程安全监测的目的是分析和评价航道等重要生产基础设施（建筑物）的安全状态、验证设计参数、反馈设计施工质量，研究正常的变形规律和预报变形方法。

水下变形监测是一项新兴的研究领域，借鉴水下测量技术，主要是基于多传感器的多波束测深技术开展相关研究。多波束测深技术在与航迹垂直的平面内一次能够给出几十个甚至上百个深度，获得一条一定宽度的全覆盖水深条带，所以它能够精确、快速地测出沿航线一定宽度范围内水下航道的大小、形状和高低变化，从而比较可靠地描绘出航道精细特征。但是如何提高现有测深精度，满足航道安全监测指标需求有待研究。其中，除了开发应用高精度集成化的传感器以外，在数据处理方面还需要研究各类误差修正和抗差模型。主要需求为：

（1）声速及其声线跟踪。声速的确定及其对声线的影响是多波束测深系统研究和关注的重点。目前，寻求一种适合多波束的最优声速经验模型已成为多波束研究的首要课题。

国内外一些学者正致力于建立海洋声速时空场的研究。为了有效地消除声速剖面站以"点"代"面"反映局域海洋声速空间变化对多波束声线改正的影响，许多学者希望基于已有的、实测的离散声速剖面资料，在特定水域建立一个与时间和空间相关的函数模型，即时空声速场，来较真实地反映该水域的声速变化，从而提高多波束的最终成果精度（赵建虎，2008）。因而，局域精密时空声速场的建立是目前和未来多波束数据处理研究的又一个热点问题。

无论采用何种方法获得声速断面，最终目的是用于波束脚印位置的计算。海水的介质特性决定了声波在海水中的传播为折线而非直线，为了得到波束脚印的准确位置，就需沿着波束的传播路径追踪声线,计算波束脚印相对于船体的水平位移和深度,即声线跟踪。声线跟踪法严格依赖声速剖面,又对声速在传播层内的变化特征进行了比较好的假设,因此,计算精度远远高于简单的三角法(即简单地认为声波在海水中为直线传播)。由于多波束原始观测数据量十分庞大,声线跟踪法虽然保证了声线跟踪的高精度,但耗时量也比较大,因此,在保证计算精度的情况下,需要致力于如何提高声线跟踪快速简洁算法的研究。

(2)多波束辅助参数的测定和滤波。多波束是一个由多传感器组成的复杂系统,最终测量成果的质量不但取决于多波束自身的测量数据质量,还取决于辅助传感器测量参数的精度,因此,开展诸如姿态测量技术、潮汐改正技术以及换能器吃水改正技术等与多波束测深相关的专项技术研究,也是多波束数据处理未来面临的主要任务(黄谟涛等,2000)。

在 GNSS 测姿方面,需要研究如何确定高精度的姿态参数,涉及航向角、横摇和纵摇方面。特别是开展多波束换能器阵实时姿态参数计算模型研究,为 GNSS 高精度姿态测量奠定理论基础。

在 GNSS 验潮方面,利用载波相位测量技术确定潮位的瞬时变化,再对其进行卡尔曼滤波,便可获得最终的潮位。一般情况下,GPS 架设在岸边的验潮井上,距离基准站较近,可获得理想的潮位测量精度,但对于不能架设验潮站和测量水域超出验潮站作用范围的情况,还未发现解决问题的相关文献,因此,它也成为 GPS 验潮的一个研究方向。需要研究基于 CORS 验潮站的航道监测实时水位改正新模型。

(3)深度数据滤波。测量过程中白噪声和海况的影响以及参数设置的不合理等都将会导致测量数据中出现假信号,形成虚假水深值,从而使监测的航道回淤变形与实际存在差异。为了提高测量成果的可靠性,必须消除这些假信号,因此,测深异常数据的定位研究也是监测预报的关键技术。深度测量误差不仅包含粗差和随机误差,还包含系统误差,在某些情况下,系统误差的影响还相当显著。这主要是由实际测量中声速断面的测量误差和代表性误差、姿态测量误差等在深度测量中的系统性表现和传感器自身的系统性影响造成的。

目前,系统误差多通过提高声速断面的测量精度和减少声速断面的代表性误差来削弱,但由于海况复杂多变,系统误差还是被带进了测深数据中。非参数(半参数)法消除系统误差的方法已经得到了很大的发展,它为从机理上消除系统误差提供了可能。非参数(半参数)法数据处理的难点在于确定系统误差的组成以及各组成成分在总系统误差中所占的份额,因此,对多波束系统中各误差源进行全面分析,利用半参数(非参数)法彻底消除系统误差对深度的影响,将成为深度数据滤波研究的热门课题。

多波束测深系统集成多元传感器网络阵列,伴随着网络技术的高速发展,海洋背景下的复杂电磁信号干扰、网络拥塞和电子对抗等现象显著增多,在工程应用中发现,由于传感器网络信号通道异质、相对有限的传感器(声呐、激光等)探测能力和各种复杂电磁环境等干扰因素的影响,同时存在着数据信息传送丢失、量子化量测和通信延迟等量测粗糙现象，从实时测量和控制角度看，较大的延迟等效于数据丢失。系统集成需要故障诊断评估。

7.1.2 航道安全监测预警需求分析

航道监测预警是针对航道管理周期性长、业务处理效率不高、基础数据管理复杂、航道全流程安全监测和预警困难等现状提出来的，在这方面，GIS 具有海量数据管理能力、空间分析能力、图形可视化表达能力等优点。

本节航道监测预警系统是以服务连云港港口航道管理和安全预警为目的，在充分分析和评价港口深水航道等重要生产基础设施（建筑物）的安全状态、验证设计参数、反馈设计施工质量，研究正常的变形规律和预报变形方法上，利用 GIS 技术、通信技术以及计算机技术开发的一种专业化信息系统。实现了航道管理预警的信息化和自动化，同时也提高了业务处理的效率，为航道安全提供了科学的保障。

航道水深数据的测量都是为后期应用做基础服务的，本节后期的主要应用就是对航道内部情况（包括地形、水深、泥沙淤积高度等）进行可视化和预警。预警（early warning）就是在危险发生前进行预先的提醒警告，以防止危险的发生。航道预警就是为了防止航道的动态变化影响船舶通航安全。航道预警的方法有很多种，本节主要以空间分析的方法对航道的危险进行判断，以回淤和适航水深的模型来确定航道危险的临界值。

（1）海事方面，海事部门需要全天候通报航道的实时水位，以控制进出港船只的类型、吨位和实载货量，保证船舶的通航安全。

（2）疏浚部门需要及时了解航道的开挖量和回淤量。合理地安排好疏浚的线路和时间，保证疏浚工程的进度和质量。

（3）港口生产可以根据水深的变化，合理设计好船只出行的航线，控制好船舶吃水。

航道监测预警系统主要包括以下内容：

（1）系统功能应涵盖航道管理和预警的日常业务，包括航道的平面位置、基础地理信息数据的查询、港口地形的三维显示、水深数据的读取显示、航道的统计分析、航道的 DEM 构建、空间分析以及预警效果的展示，并且能对数据库进行动态更新，以了解不同时期的航道水深，从而掌握航道水深的变化规律和回淤厚度。

（2）由于相关表间的数据有密切的联系，要充分利用数据库强大的管理功能和计算机高效的计算能力，实现水深相关数据的读取、分析和计算，避免数据重复输入，同时对这些数据进行检查。

（3）为保障系统安全，对不同身份的用户设置不同的角色和对应的权限。每个用户只能进入各自权限内的功能模块，只能对有权限的数据进行相应级别的数据操作，如浏览、修改、更新和删除。

（4）由于最后的成果被用作其他相关部门的基础数据，因此在系统设计时应留有数据接口，以方便调用这些基础地理信息数据，同时也要为这些部门输出常用格式的数据，以满足不同工作需要。

7.2　港口航道全流程安全预警模型研究

7.2.1　航道预警模型

1. 适航水深模型

适航水深指的是当地理论最低潮面至适航淤泥重度界面之间的垂直距离。淤泥重度是指单位体积淤泥土粒和孔隙水的重力，而适航淤泥重度是能够满足船舶航行和靠离泊作业安全的最大淤泥重度，如图 7-1 所示。

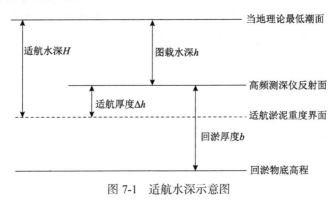

图 7-1　适航水深示意图

适航淤泥重度是通过淤泥流变特性试验和船模阻力试验综合确定的。重度单位为 kN/m³，适航水深测量是通过低频水深测量测出海底淤泥层厚度，并通过音叉密度计进行淤泥层连续密度划分，划分出适航淤泥重度的淤泥厚度，此淤泥厚度加上高频测量水深即为适航水深值。连云港港区一期航道工程是以 25 万 t 级来设计的，其适航水深为 19.8m，徐圩港区一期航道工程是以 10 万 t 级来设计的，其适航水深为 13.3m。

2. 航道回淤模型

泥沙回淤促使港口的水域部分（码头前沿、港池、航道）水深变浅，严重威胁着船只进出的安全以及港口的经济效益，有的甚至危及其存在的价值。因此，航道建设时必须考虑当地水洗的泥沙回淤状况，而已经建设完成的必须对航道回淤状况进行调查和分析，掌握回淤规律，采取相应的政治措施。港池、航道整治应以提高和稳定航道尺度、改善通航水流条件、扩大通航能力、满足船舶和船队安全通航的需要为目的。

港口泥沙回淤主要是海岸泥沙运动的结果。泥沙运动是在水动力条件制约下，遵循所在地地貌系统自然演变规律进行，单港口以及防沙坡堤的建立、河流携带泥沙量的变化等因素也可能改变以前的港口泥沙回淤规律。其他因素也影响着泥沙运动，不同地方影响因素不一样，需要不断地深入调查和研究。

连云港港区航道常年回淤规律。常年回淤是由于黏性细颗粒的悬沙随潮流运动，在跨越航槽时由于挟沙能力不足，发生落淤形成淤积，回淤强度分布与破波带位置、航道滩槽高差、航道走向与水流的夹角密切相关。回淤峰值区段主要在 W 弯段，向外及向内回淤强度逐渐降低。随航道增深、滩槽高差加大，航道回淤强度逐渐增大，但不呈线形关系，回淤强度的增幅趋缓。针对连云港港航道回淤的情况，目前应用比较多同时也得到大家一致认同的回淤模型是南京水利科学研究院的刘家驹推导出的公式：

$$P = \frac{\omega st}{\gamma_0}\left\{K_1\left[1-\left(\frac{d_1}{d_2}\right)^3\right]\sin\theta + K_2\left[1-\frac{d_1}{2d_2}\left(1+\frac{d_1}{d_2}\right)\right]\cos\theta\right\} \tag{7-1}$$

式中，P 为航道底面的淤积厚度（m）；ω 为细颗粒泥沙的絮凝沉降速度（m/s）；s 为相应于平均水深 d_1 的浅滩水域的平均含沙量（kg/m³）；t 为淤积历时（s）；γ_0 为淤积物的干密度（kg/m³）；K_1、K_2 分别为横流和顺流淤积系数，在缺少现场资料的情况下，可取 K_1=0.35，K_2=0.13（根据连云港港区现场资料确定）；d_1、d_2 分别为浅滩平均水深和航道开挖水深（m）；θ 为航道走向与平均潮流流向的夹角（°）。

平均含沙量可以用下列公式计算：

$$s = 0.0273\gamma_s\frac{\left(|V_1|+|V_2|\right)^2}{gd_1} \tag{7-2}$$

当 $0.02 \leqslant \dfrac{\left(|V_1|+|V_2|\right)}{\sqrt{gd_1}} \leqslant 0.25$ 时，

$$\vec{V_1} = \vec{V_T} + \vec{V_U} \tag{7-3}$$

$$\vec{V_U} = 0.02\vec{U} \tag{7-4}$$

$$V_2 = 0.2\frac{H}{d_1}C \tag{7-5}$$

式中，s 为平均含沙量（km/m³）；γ_s 为泥沙颗粒的密度（km/m³）；V_1 为潮流和风吹流的时段合成流速（m/s）；V_2 为波浪水质点的平均水平速度（m/s）；g 为重力加速度（m/s²）；$\vec{V_1}$ 为潮流和风吹流的时段平均合成流速（m/s）；$\vec{V_T}$ 为潮流的时段平均流速（m/s）；$\vec{V_U}$ 为风吹流的时段平均流速（m/s）；$\vec{U}$ 为时段平均风速（m/s）；H 为波高（m）；C 为波速（m/s）。

淤积物的干密度可按下列公式计算：

$$\gamma_0 = 1750D_{50}^{0.183} \tag{7-6}$$

式中，γ_0 为干密度（kg/m³），对淤泥质海岸可取 600～900 kg/m³；D_{50} 为淤积物颗粒的中值粒径（mm），连云港港区淤积物质的中值粒径为 0.005～0.007mm。

连云港港区 30 万 t 主航道最大年回淤强度为 1.5m/a，徐圩港区 10 万 t 级航道最大年回淤强度为 1.4m/a，连云港港航道分段常年回淤强度和回淤量统计见表 7-1。

表 7-1　航道回淤统计表

连云港港区航道（30 万 t 级）				徐圩港区航道（10 万 t 级）			
航道分段	标段	常年回淤强度/（m/a）	常年回淤量/$10^6 m^2$	航道分段	标段	常年回淤强度/（m/a）	常年回淤量/$10^4 m^2$
港内航道	W 弯段 1	0.96	1093.2，其中小风天、中风天、大风天分别为659.5，334.4，9.3	港内航道	—	0.83	1397.3，其中小风天、中风天、大风天分别为788，718.1，191.2
	W 弯段 2	1.37		–5m 以浅	破波带	2.92	
–8m 以浅	外 1 段	2.05		–5～–10m	徐 1 段	2.47	
	外 2 段	2.29			徐 2 段	2.08	
	外 3 段	2.04		–8～–10m	徐 3 段	1.89	
–8～–10m	外 4 段	1.50			徐 4 段	1.71	
	外 5 段	1.07		–10m 以外	徐 5 段	1.40	
–10m以外	外 6 段	0.75			徐 6 段	1.20	
	外 7 段	0.60					
	外8～15段	0.46～0.12					

3. 边坡稳定性预警模型

边坡（图 7-2）的坡度反映斜坡的倾斜程度，边坡的坡度 $i=H/L=1:m$，m 是边坡坡度的系数。m 越大，坡度越小，边坡稳定但是不经济；m 越小，坡度越大，经济但是边坡不稳定。因此在航道开挖过程中也需要对航道的坡度进行监测和预警。

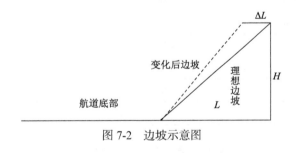

图 7-2　边坡示意图

根据江苏省地质工程勘察院 2007 年 1 月《连云港港 30 万吨级航道地质钻探》成果，连云港港区航道沿线地质情况如下。

自然水深 12.5m 以浅航道沿线范围，表层覆盖层为淤泥，灰色、流塑、质均、高压缩性、有光泽，厚度为 3.7～15.8m，其下 22.0m 以上范围内主要为粉质黏土和砂质粉土。自然水深 12.5～21m 航道沿线范围，表层覆盖层为粉质黏土（局部区域表层覆盖淤泥），灰绿—灰黄色、湿、可塑、含氧化物、局部夹粉性土、中等韧性、中等干强度、中等压缩性，厚度为 1.00～10.90m。22.0m 水深以下航道主要为砂质粉土、粉砂、黏质粉土。根据连云港航道地质物理力学指标，结合航道边坡坡度设计规范（表 7-2），设计出连云港航道边坡的稳定结构。具体航道工程疏浚设计尺度要求见表 7-3。

表 7-2 航道边坡坡度设计规范

岩土类别	岩土名	状态	岩土有关指标				边坡坡度
			标准贯入击数 N	天然重度 γ/（kN/m³）	天然含水量 W/%	孔隙比 e	
淤泥土类	流泥	流态		<14.9	85<W≤150	e>2.4	1：25～1：50
	淤泥	很软	<2	<16.6	55<W≤85	1.5<e≤2.4	1：8～1：25
	淤泥质土	软	≤4	≤17.6	36<W≤55	1.0<e≤1.5	1：3～1：8
黏性土类	黏土	中等	≤8	≤18.7			1：2～1：3
	粉质黏土	硬	≤15	≤19.5			
		坚硬	>15	>19.5			
	黏质粉土	软	≤4	≤17.6			1：3～1：8
		中等	≤8	≤18.7			
		硬	≤15	≤19.5			1：1.5～1：3
		坚硬	>15	>19.5			
砂土类	砂质粉土	极松	≤4	≤17.6			1：5～1：10
		松散	≤10	≤18.7			
		中实	≤30	≤19.5			1：2～1：5
		密实	>30	>19.5			
	粉砂、细砂、中砂、粗砂、砾砂	极松	≤4	≤18.3			1：5～1：10
		松散	≤10	≤18.6			
		中实	≤30	≤19.6			1：2～1：5
		密实	>30	>19.6			
岩土类	软质岩土		Rc<30MPa				1：1.5～1：2.5
	硬质岩土		Rc≥30MPa				1：0.75～1：1

表 7-3 连云港航道疏浚尺度表

区段	设计底宽/m	设计底标高/m	设计边坡	疏浚段长度/km	规模/万 t
A-W-Y 段	286 284.4 264.4 262	−19.8	上层：1：10 下层 1：5 上层：1：10 下层 1：7	17.3	25

续表

区段	设计底宽/m	设计底标高/m	设计边坡	疏浚段长度/km	规模/万 t
Y-E 段	264.4	−20.3	1 : 7	21.4	
N-M-S 段	156	−11.5	1 : 10	4.6	5
S-Y 段	156	−11.5	1 : 10	20.1	

根据连云港边坡设计标准可以得出边坡坡度 $i = H/(L-\Delta L)$ 要满足各航段的要求。当 ΔL 不满足要求时需要做出预警。

7.2.2　空间分析模型

空间分析基于地理对象的位置和形态的空间分析技术，其目的在于提取和传输空间信息。在航道方面应用比较多的是剖面分析和叠加分析。

1. 航道剖面分析

航道剖面分析是一种分析航道剖面形态变化的空间分析。剖面形态是航道的重要特征，是决定航道的输水输沙能力、航道内部通畅、稳定程度的重要因素。剖面形态的变化从一定程度上反映了剖面附近航道内泥沙的淤积情况和变化过程。剖面分析对于分析航道的泥沙淤积以及变化过程具有十分重要的作用。

航道剖面包括航道的横剖面和纵剖面。航道横剖面是垂直于航道中心线方向的河床剖面，航道纵剖面是沿航道中心线剖切的航道剖面。

剖面曲率反映地表剖面的变动状况。剖面分析需要获取航道中相应剖面上的水深点数据，水深点数据包含测点的 X、Y、Z 坐标值。计算每个测点的起点距，然后以测点起点距为横坐标、测点 Z 高程值为纵坐标绘制剖面图。

航道剖面分析一方面主要应用于航道冲淤工程，提供工程量估算支持；另一方面是预测航道的通航能力变化情况，预警航道航行安全风险，并且为通航应急处理提供决策支持。连云港港航道剖面如图 7-3 所示。

2. 航道叠置分析

叠置分析是地理信息系统中常用的提取空间隐含信息的方法之一，叠置分析是将相关的各个数据层面进行叠置，生成一个新的数据层，被叠加的要素必须是基于相同坐标系统、相同基准面、同一区域的数据。

对航道空间数据进行叠加分析是把与航道有关的地理对象按专题分层提取，同一地区的整个数据层表达了该地区的地理对象。每个对象就是一个航道数据层，这些数据层既可以用矢量结构的点、线、面等图层文件方式来表达，也可以用栅格结构的图层文件方式来表达。利用叠加分析可以计算出航道的宽度、长度及相关的航道参数，从而计算出航道的交通流量，查询进入和离开各个航段的交通量。这种分析还可以查询和显示航道水位的动

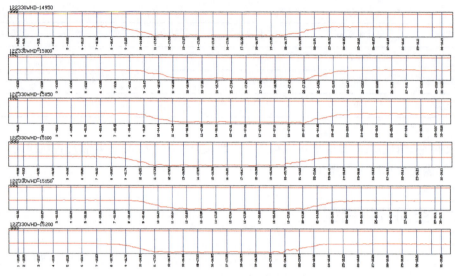

图 7-3　连云港港航道剖面

122330WHD-14950、122330WHD-15000、……、122330WHD-15200 为剖面编号；每一剖面图下方竖排数值序列为航道剖面观测点号和观测点标高，例如，1-10.09 中 1 为航道剖面观测点号，10.09 为航道剖面观测点标高（单位：m）

态变化、航道基础设施建设情况以及航道线路的变化等。通过栅格图层叠加可以检查与航道地理属性相关的特征位置和信息，判断特征之间是否存在一定空间关系以支持航道规划决策。将各专题信息与基础信息进行叠加可以制作出各种类型的专题地图。

7.3　港口航道监测预警数据中心设计与构建

7.3.1　数据中心架构

数据中心是基于新一代 GIS 架构技术及新一代开发模式的集成开发平台，是集基础与应用于一体的综合开发与应用集成平台。数据中心既是一个资源管理器也是一个系统开发器。资源管理器管理数据资源和功能资源两大资源。数据资源通过数据仓库管理，功能资源通过功能仓库管理（吴信才，2009）。系统开发器采用柔性设计理念，使系统能够被快捷地搭建出来，并且能适应需求的变化，迅速做出调整，真正实现了"零编程、巧组合、易搭建"的可视化开发。

面向服务的体系架构（service-oriented architecture，SOA）是一种粗粒度、松耦合服务架构，服务之间通过简单、精确定义的接口进行通信，不涉及底层编程接口和通信模型。SOA 是一种架构模式，其将应用程序的不同功能单元（服务）通过这些服务之间定义良好的接口和契约联系起来；这使得构建在各种此类系统中的服务可以以一种统一和通用的方式进行交互。在这种架构下，无数软件制造者可将其研制的软件功能以"服务"形式提供出来，各功能之间是相互独立的，以一种称为"松耦合"的协议机制来组合。

因此，在 SOA 架构下系统易于扩展，能够适应不断变化的客户与市场需求，使开发者可将更多的精力转移到专业服务提供上。SOA 架构优点如下：

（1）编码具有灵活性。可基于模块化的低层服务、采用不同组合方式创建高层服务，从而实现重用，这些都体现了编码的灵活性。此外，由于服务使用者不直接访问服务提供者，这种服务实现方式本身也可以灵活使用。

（2）明确开发人员角色。例如，熟悉面向.NET 开发工具集（BES）的开发人员可以集中精力于重用访问层；协调层开发人员则无须特别了解 BES 的实现，而将精力放在解决高价值的业务问题上。

（3）支持多种客户类型。借助精确定义的服务接口和对 XML、Web 服务标准的支持，可以支持多种客户类型，包括 PDA、手机等新型访问渠道。

（4）更易于集成和管理。在面向服务的体系架构中，集成重点是规范而不是实现；这提供了实现的透明性，并将由基础设施和实现发生的改变所带来的影响降到最低。通过提供基于完全不同的系统构建的服务规范，使应用集成变得更加易于管理，特别是当多个企业一起协作时，这会变得更加重要。

（5）更易于维护。服务提供者和服务使用者的松散耦合关系及对外开放标准的采用确保了该特性的实现。

（6）更好的伸缩性。依靠服务设计、开发和部署所采用的架构模型实现伸缩性。服务提供者可以彼此独立调整，以满足服务需求。

（7）降低风险。利用现有的组件和服务可以缩短软件开发生命周期（包括收集需求，进行设计、开发和测试）。重用现有的组件降低了在创建新的业务服务过程中带来的风险，同时也可以减轻维护和管理支持服务的基础架构的负担。

（8）更高的可用性。该特性在服务提供者和服务使用者的松耦合关系上得以体现。使用者无须了解提供者的实现细节，服务提供者可以在 WebLogic 集群环境中灵活部署，使用者可以被转接到可用的例程上。

SOA 可以看作是 B/S 模型、XML/Web Service 技术之后的自然延伸。SOA 将帮助我们站在一个新的高度理解企业级架构中的各种组件的开发、部署形式，它将帮助企业系统架构者更迅速、更可靠、更具有重用性架构整个业务系统。较之以往，SOA 架构的系统能够更加从容地面对业务的急剧变化。

在 SOA 时代，任何一个大的应用软件系统都不再由一个软件开发商独立完成，而是由不同厂商生产的基于基础标准和接口的中间件相互协作完成。

数据中心的体系架构是一个悬浮倒挂式支撑的平台架构，是一种松耦合的面向服务的体系架构，它与传统的奠基式向上支撑的平台架构有本质的区别；能够形成系统建设统一的技术框架和运行环境，在面向服务的开发模式下，动态建立应用模型，实现应用系统的快速搭建和灵活调整，可以把精力最大限度地投入到业务系统的业务需求分析中，在最短时间内建立符合自身管理特点的应用系统。在这种体系架构下开发的系统牢固可靠，真正做到数据、功能全共享。

数据中心由悬浮倒挂式平台架构、数据仓库、功能仓库和搭建及运行平台 4 部分组成，如图 7-4 所示。

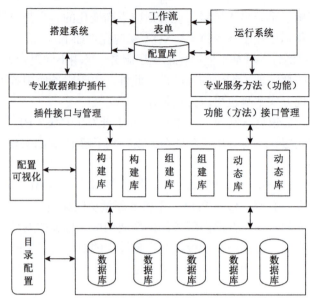

图 7-4　数据中心的组成

　　按照多层体系结构建立数据中心的总体架构，具体可以分为用户层、MapGIS70 框架层、功能插件层、仓库管理层。在实际应用中，随着开发项目领域的扩展，功能插件层不断被丰富，并在仓库管理层的构件仓库中被统一管理、统一维护；仓库管理层除了利用构件仓库管理维护用户开发的插件资源和功能资源外，还利用数据仓库管理技术访问存放于各分布的服务器、工作站、主机上的数据资源；在框架层，用户基于框架层进行搭建、配置式二次开发，得到具体业务的解决方案，并运行；表示层直接面向客户，提供异构数据表现和信息可视化功能。数据中心的分层结构如图 7-5 所示。

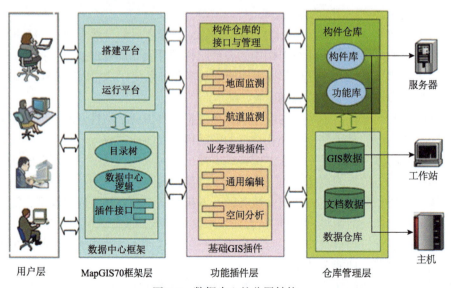

图 7-5　数据中心的分层结构

多层结构提供了灵活的系统伸缩性，在框架层、功能插件层、仓库管理层以及表示层之间建立符合国际标准的访问接口，在实际应用部署时，可根据需求扩展系统的某个层面。数据中心采用"框架+可聚合的插件+功能仓库+数据仓库"的模式：数据中心的框架负责提供数据中心逻辑，并装载/卸载插件；插件是针对不同业务系统的特性而言，插件可以集成到框架中。通过专题激活便可以使用插件功能。框架看上去没有多大变化；插件应该遵循框架的接口协议。针对已经存在的功能，用户可通过功能仓库进行配置，形成新的插件，所以数据中心的插件是可聚合的。

7.3.2 监测预警数据中心关键技术

1. 时空数据管理

基态修正法是监测预警时空数据管理的有效方法之一，其不存储航道监测预警中每个状态的全部信息，只存储某个时刻的数据状态（称为基态），以及相对于基态的变化量。"基态修正法"可使时态数据量大大减小。

监测预警历史数据管理建立在元组级，一般把历史上某次初始航道监测后的航道空间信息状态作为"基态"，把用户最关注的"现在"变化信息状态，即系统最后一次监测预警更新的数据状态，作为航道监测信息"现状"，将不同时期的航道监测信息进行有效管理，在能够充分反映监测航道变化的同时，既能够有效控制和减少历史数据的冗余，又不会使历史航道监测数据管理太难。

2. 工作流技术

基于网络控制的工作流模型实现了业务的灵活调整和定制，解决了 GIS 和监测预警自动化的无缝集成。通过拓扑关系能够自动实现条件判断、循环、预警等功能。

在这一模型中，"结点"代表了工作流中的与监测相关的航道使用管理的业务部门，"网线"代表了工作流中不同部门之间的联系，如港口集团航道疏浚公司与海事管理部门的联系，这样工作流中的监测预警发送就转化为了网络中的信息资源流动，工作流控制也就变成了网络控制，可视化了各个部门的业务逻辑，使各个部门业务逻辑的控制更加简便、快捷和准确。

3. 异构数据集成管理

航道监测预警信息管理系统异构数据主要包括 GIS 航道矢量数据、多源影像数据、多源传感器数据、航道 DEM 数据等。通过使用数据中心的 GIS 中间技术来管理这些数据仓库，不改变原有的空间数据模型标准和数据的表示方法，通过 URL 协议或 GUID 协议动态的访问数据，以及异构数据的视图来表现，即异构数据集成技术。它主要通过异构数据中间件实现，常用 GIS 中间件包括 MapGIS 中间件、ArcGIS 中间件、SDO 中间件。数据中心提供的 GIS 中间件具有以下特点：

（1）中间件服务考虑了跨平台型，并不关心客户端服务器的交互；

（2）中间件扩展管理器提供日志功能；

（3）服务可以通过数据源定义中的服务名称访问，也可以通过制定 GDSN 字符串访问，而无须事先定义；

（4）提供一套界面构架来实现异构数据的特殊处理。

7.3.3　监测预警数据中心总体设计

航道监测预警信息管理系统设计基于 MapGIS 数据中心集成开发平台进行构建，采用 SOA 五层结构体系进行设计开发，如图 7-6 所示。第一层是管理运营基础层——软硬件平台。其中硬件包括网络设备、服务器、存储备份设备等，网络包括政府专网、Internet、互联网、GPRS 网络等；软件涉及操作系统、数据库管理系统、镜像及备份工具、GIS 基础平台、安全防护软件等。第二层是数据中心集成开发平台，其是航道监测预警信息管理系统搭建、配置和系统运行的环境。第三层是应用服务平台，即航道监测预警信息管理应用与航道监测预警服务系统层，为航道安全监管部门的业务管理与网络化交易流转服务。

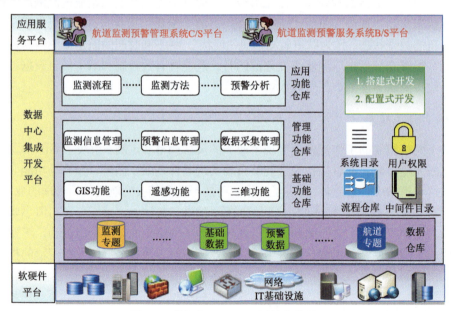

图 7-6　数据中心 SOA 五层结构体系

数据中心集成开发平台根据航道监测预警信息化管理要求提取共性需求与功能，采用面向服务的架构思想，在数据中心集成开发平台中设计开发出相应的抽象功能模块，而每个功能模块又由若干基本功能单元构成，从下到上可分为三层，如图 7-6 所示，第一层提供基础和通用的功能，如基础的异构数据的视图、GIS 功能、遥感功能、三维功能、处理数据的工作空间、保障数据安全性的权限管理模块等；第二层提供航道监测预警信息管理基础和通用的功能，如航道监测数据管理、航道预警管理、航道安全管理等功能；第三层提供针对具体航道的专业功能，如航道通航辅助分析、回淤分析等。另外，对特定业务需求提供标准的功能模块扩展接口，支持特定业务逻辑的集成。特定业务的功能开发完成后，也可以纳入功能仓库中，成为功能仓库的有机部分，从而实现特定业务功能的可重用性。

数据中心集成开发平台各功能模块之间的连接采用"松耦合"方式。"松耦合"方式是互联网的最佳耦合方式，它结构灵活、可扩展性强，受网络环境影响最小。操作采取面向"服务"方式进行，就是把"进行数据存取操作"变为"请求数据存取服务"，"数据存取服务"是所有"服务"的特例，充分体现"面向服务"的最新设计思想。

数据中心的这种架构设计目的是实现支持分布式数据存储，提供集成化开发；提供统一数据管理平台，支持子系统相对独立运行；开发的应用系统适用且稳定，能够充分满足业务需求；采用基于 GUID 资源转换和元数据过滤规则形成安全的数据仓库和安全的功能仓库的模式，保障数据的安全性；提供当前最新的搭建式、配置式、插件式二次开发技术，以最快的方式构建应用系统。

数据中心由三个主要的功能集群组成，即仓库系统、工作空间系统、设计管理与部署系统。仓库系统包括元数据仓库、目录系统、功能仓库、数据仓库、资源注册与发现系统、权限系统、数据资源与功能资源、驱动体系；工作空间系统包括地图文档及工程管理、图层及其扩展体系、集成视图、交互体系；设计管理与部署系统包括设计器、工作流、框架界面、帮助系统、查询检索系统、插件体系。

数据中心首先应是一个数据仓库，按照一定的主题域进行数据组织，可以存放和管理各种类型的数据（信息）资源和系统自身的信息；其次是一个服务中心，可以向外提供各种服务。数据中心采用可定制的目录树结构管理数据，实现层次化的管理。在实际应用中，可根据系统的实际应用主题域进行配置。

7.3.4　监测预警系统搭建详细设计

1. 监测预警基础功能设计和专业功能设计

航道监测预警信息管理系统的基础功能包含航道监测预警数据模型、元数据管理、航道监测预警基础功能仓库、航道监测预警基础方法仓库、数据交换组件等。如图 7-7 所示，基础功能库包含数据管理基础功能库、数据更新基础功能库、数据分析基础功能库、三维模型、航道监测预警数据编码引擎等。

构建系统的专业应用功能包含专业应用功能库、业务流程库等。其中，权属应用功能库包含分析功能库、流转业务功能库及专题图功能库等。分析功能库包括海域使用权价值评估、宗海生态价值评估、宗海价格分析、分等定级指标分析、基准价对比分析等。流转业务功能库包括流转海籍调查工程管理、流转权属管理、交易方式过程管理等。

基础和专业功能均可利用 Visual Studio 2005，按照插件开发的相关接口标准规范进行插件开发，当插件功能完成后，找到相应的注册文件（＊. rgs），并按照插件注册标准进行编辑注册。

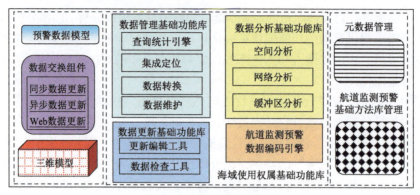

图 7-7　基础功能库结构

2. 数据仓库目录设计

数据中心的目录系统是数据组织和操作的方式，它是基于插件与类型驱动的可扩展的层次化管理多源异构数据系统。目录系统通过维护隐藏在界面下的完整基于层次数据结构存储的逻辑数据组织信息，提供一个一致的、稳定的层次数据库管理器。目录系统中的一个条目对应数据中心层次数据管理结构中的一个资源节点。其中，按资源节点是否为扩展节点，可以把目录条目分为数据中心内部条目、数据中心叶条目和数据中心扩展条目。数据中心内部条目和数据中心叶条目由内部驱动进行统一管理，数据中心扩展条目由扩展驱动进行管理，两者没有本质区别。

随着 GIS 应用领域的不断扩大，GIS 相关信息的数据量也越来越大，传统的管理和维护这些多源异构数据的方法是建立各种类型且数量庞大的数据库，并对数据统一进行格式转换，这种方法最终形成了难以管理和维护的数据堆场。数据仓库系统的提出解决了这一问题，数据中心的数据仓库技术以统一的方式集成管理二维、三维空间信息、文档信息、元数据信息，弥补了房产测绘成果中文档数据与图件数据不能一起存储和操作的不足，将多源异构数据分门别类地组织起来，且通过提供对异构数据的访问机制，能够使用户方便地访问需要的数据。

通用 GIS 软件平台并不能解决实际应用问题，而面向专业领域的空间信息应用系统模型构建复杂；用户希望应用系统在需求调研阶段能够快速构建，在维护阶段能够敏捷适应用户需求的变更；对于软件开发系统，则希望所开发的空间信息应用系统框架及业务功能模型能够实现快速搭建和复用。从这个角度出发，数据中心通过功能仓库系统的插件技术、异构功能管理、功能入库管理、功能目录管理、功能查询和获取、功能重构与聚合、功能的扩展等技术，基于功能仓库和插件思想实现在目录系统上对功能的仓库式管理和灵活快速地搭建应用系统。

在数据中心数据仓库选项卡下，首先需要添加分组，然后为每组添加类型，在添加类型时需要关联插件，如图 7-8 所示，选择需要关联的插件，完成后就可以为每种类型添加数据了，可以从目录选择数据或从磁盘选择数据，然后点击鼠标右键选择调阅数据就可以实现数据的显示，数据目录如图 7-9 所示。

图 7-8　选择关联插件　　　　图 7-9　添加数据

7.3.5　港口航道监测预警数据中心构建

基于 MapGIS K9 平台的数据中心是管理和组织各种 GIS 数据（如 MapGIS6x，MapGIS7x，ArcGIS 数据等）和各种文档数据（如 Word，PDF，Excel，Access，图像等）的集成框架。元数据管理系统就是基于 MapGIS 数据中心二次开发的应用系统。这种结构的特点是：①灵活性。菜单、工具条、视图、目录树等都可以很容易地实现按用户的需求定制。②可扩展性。可以自定义功能插件插入系统中，成为数据中心系统的有机组成部分。

1. 航道监测预警数据中心构建方式

针对大型应用系统的开发，当前主要存在两种可行的做法。一种是按照 MapGIS K9 平台的插件标准来实现；另一种是基于 MapGIS K9 的数据中心开发规范进行开发。MapGIS 数据中心综合采用插件式、配置式和搭建式开发模式来开发应用系统，应用系统不再需要直接基于数据或特定的数据组织模式构建，而是基于 MapGIS 平台来搭建，对已存在的功能不需要编码，通过配置或者通过工作流实现功能组合。因此，用户的工作重点只需关注实现自己特有的业务逻辑。元数据管理系统则是基于 MapGIS 的数据中心通过插入式、配置式和搭建式开发的。MapGIS 数据中心管理数据的基本思想是通过广播传递消息，各个组件接收消息并根据传递的 URL 进行匹配，获得相应的数据指针并读取数据。因此，在 MapGIS 企业管理器元数据管理系统已经实现的基础上，要通过数据中心实现搭建式、插入式开发元数据管理系统，还需实现以下内容：①添加响应消息组件的处理元数据库、元数据集的组件，并在组件中添加了对获取指针、释放指针、枚举数据、获取数据 ID、获取数据信息、获取数据类型等的处理。②将元数据管理系统原有的功能封装为支持数据中心插件接口的函数，并添加到数据中心功能库中，在元数据管理系统中可通过 iip、nip 等协议或插件接口定位处理各种类型的数据；数据中心基类提供了调用接口函数 MainActive、SubActive、CancelActive 等。

搭建式、配置式开发模型采用柔性设计理念，使系统能够被快捷地搭建出来，并且能根据需求的变化迅速做出调整。系统构建流程首先采用配置工具，如数据中心设计器、工作流设计器及用户权限设计器，按照航道监测预警管理的业务需求设计系统，形成XML 文件存储的系统解决方案，系统运行时通过运行环境将解决方案加载到可伸缩的框架中，即可搭建成航道监测预警管理信息系统，如图 7-10 所示。

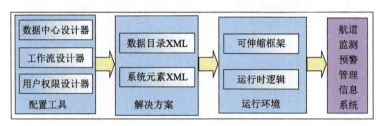

图 7-10　航道监测预警管理信息系统构建流程

系统功能搭建利用集成设计器完成系统界面设计（如系统的右键菜单、系统菜单、工具条、状态栏、热键、交互等）和数据的层次化数据目录配置；通过工作流设计器可以灵活地定义海域使用权流转行政审批流程；用权限配置工具可定义系统用户、用户角色、用户权限、用户部门、区域、用海类型，根据角色加载相关权限的菜单、工具条，为用户搭建应用系统提供权限的分配，实现权限与业务应用融合。

2. 数据仓库构建

数据仓库是数据中心配置的一个系统数据目录，根据常用多源异构数据类型和操作定义出目录系统的整体框架，满足用户较为通用的数据管理需求。数据仓库的资源信息保存于"MapGIS 安装目录\Program\DcMetaData.mdb" Access 数据库文件中。该数据库中的常用表如图 7-11、图 7-12、图 7-13 所示。其中，元数据仓库表的主要属性有"URL、Title、Type"，分别用于存储数据资源的物理路径或调用插件、名称和数据类型。元数据

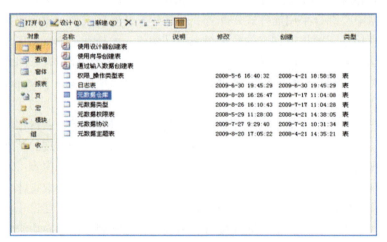

图 7-11　DcMetaData 数据库列表

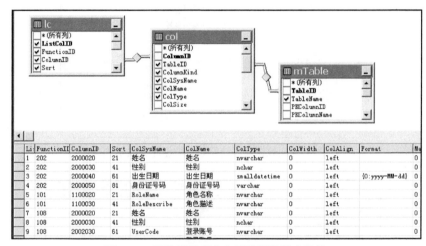

FunctionID	FunctionTitle	TableID_List	ForeignColumn	SQLKin	PKColumnID	ShowCo	OrderColumns	PageSi	QueryAlways	Que	NaviC	TableIDs	TableIDs_Update	TableID	TableID	DelKi	ModKi	Repe	Repeat
101	角色管理	1100	1012020	0	1100010	*	sort	20		10	1100	1100	1100	1100	1	2	1	4
102	添加账户（先选）	2000	0	1	2002020	*	PersonID	10		10	2002	2002	2002	2002	1	2	1	4
104	查看登录日志	2004	0	0	2004010	*	LogID desc	20		10	2004	2004	2004	2004	1	2	1	4
107	账户管理	11035	0	0	2002010	*	UserID	20		10	2002	2002	11035	2002	1	2	1	4
108	角色里的账户	11030	1106020	3	1105010	*	UserID	20		10	0	0	0	1105	1	2	1	4
109	给角色添加账户	11025	0	3	2002010	*	UserID	20		10	1106	0	0	1106	1	2	1	4
202	人员档案管理	2000	0	0	2000010	*	PersonID	20		10	2000	2000	2000	2000	1	2	1	3
203	添加人员信息	2000	0	0	2000010	*	PersonID	20		10	2000	2000	2000	2000	1	2	1	3
204	修改人员信息	2000	0	0	2000010	*	PersonID	20		10	2000	2000	2000	2000	1	2	1	3
205	人员的联系方式	2060	0	1	2000010	*	PersonID desc	20		10	2060	2060	2060	2060	1	2	1	3
206	学习经历	2064	2064020	1	2064010	*	StudentID desc	20		10	2064	2064	2064	2064	1	2	1	3
207	工作经历	2068	2068020	1	2068010	*	WorkID desc	20		10	2068	2068	2068	2068	1	2	1	3
301	新闻维护	12015	0	0	4000010	*	NewsID desc	20		10	4000	4000	4000	4000	1	2	1	4
310	记录客服的S	12010	0	0	4100010	*	网推ID desc	20		10	4100	4100	4100	4100	1	2	1	3
311	测试用的Demo	4200	0	0	4200010	*	TestID desc	20		10	4200	4200	4200	4200	1	2	1	3
312	演用的一个小框	4100	0	3	4100010	*	网推ID desc	20		10	4100	4100	4100	4100	1	2	1	3
313	日期格式化演示	4203	0	1	4203010	*	DateTestID desc	20		10	4203	4203	4203	4203	1	2	1	3
314	数字格式化演示	4206	0	1	4206010	*	DateTestID desc	20		10	4206	4206	4206	4206	1	2	1	3
318	查看浏览日志	2008	0	1	2008010	*	LogID desc	20		10	2008	2008	2008	2008	1	2	1	3

图 7-12　元数据仓库表结构

图 7-13　元数据类型表和元数据协议表结构

类型表的主要属性有"Type、Type_Name、Head、Target"，分别用于存储数据资源的数据类型、类型中文名、协议标识和调用插件。

　　数据仓库根据"协议层→类型层→数据层"的结构对目录树体系进行划分和定义，一般情况下，不对其进行删减。同时，由于数据仓库数据与 DcMetaData.mdb 数据库关联，如图 7-14 所示，只通过数据仓库进行数据管理，而不要直接对数据库文件进行操作。

　　如图 7-14 所示，数据仓库根节点右键菜单"添加分组"实现协议层节点的添加，在元数据协议表中实现数据同步；这种方法常用在数据目录正确入库后无显示情况。如图 7-15 所示，数据仓库协议层节点右键菜单"添加类型"实现该协议下数据类型的添加，与元数据协议表关联同步，协议层定义数据访问的协议名称，且需要手动添加连接符"://"或"://"，并作为数据的 URL 的协议部分；在数据转移时（移动到其他类型或入库等操作），协议名称会匹配目的目录的协议类型，因此在数据移动时，注意数据是否具备相同协议类型，否则会导致数据定位失败。"编辑"实现对该协议的属性进行更新；"删除"实现该协议的删除，系统定义节点不建议该操作；"刷新"实现该层数据的刷新操作。

图 7-14　数据仓库与元数据数据库关联示例

图 7-15　协议层节点右键菜单项

注：未分组节点说明，该目录存储元数据仓库表中数据类型缺省或值为"NULL"的数据，而不是除已定义外的所有数据。除上述三种情况以外的数据将不会在数据仓库中被显示出来。

如图 7-16 所示，数据仓库类型层节点右键菜单"从目录添加数据"实现从数据目录中获取数据；"从磁盘添加数据"实现从硬盘或地理数据库获取数据；"编辑类型"对当前节点的类型进行变更；"删除数据"实现从对话框中勾选节点下有关数据的删除操作；"删除类型"直接删除整个节点；"刷新"实现节点的刷新操作。

图 7-16　类型层节点右键菜单项

　　如图 7-17 和图 7-18 所示。数据仓库数据层节点右键菜单"调阅"实现将选中目录节点的空间数据导入到新的工作空间;"追加调阅"实现将选中目录节点的空间数据添加到当前的工作空间选中节点下;"属性"实现对节点属性的查看和变更;"添加到数据目录"实现将选中节点添加到数据目录指定节点下;"移动到其他类型"实现将选中节点在数据仓库下移动到其他类型节点。"删除"实现节点删除。

图 7-17　数据层节点右键菜单"属性"项

图 7-18　数据层节点右键菜单"添加到数据目录"和"移动到其他类型"项

　　在 MapGISLocal 数据源节点单击右键选择"创建数据库",如图 7-19 所示。例如,此时 MapGISLocal 数据源目录中添加了名称为"连云港海域权属信息"的数据库。

图 7-19　创建数据库

7.4　连云港港 30 万吨深水航道全流程安全监测预警系统设计与开发

航道监测预警系统是针对航道管理周期性长、业务处理效率不高、基础数据管理复杂、航道全流程安全监测和预警困难等现状提出来的。本节航道监测预警系统是以服务连云港港口航道管理和预警为目的，在充分分析和评价港口深水航道等重要生产基础设施（建筑物）的安全状态、验证设计参数、反馈设计施工质量并研究正常的变形规律和预报变形方法上，充分利用 GIS 具有的海量数据管理能力、空间分析能力、图形可视化表达能力等优势以及通信技术和计算机技术，实现了航道管理预警的信息化和自动化，同时也提高了业务处理效率，为航道安全提供了科学的保障。

7.4.1　示范系统需求分析

航道监测预警系统功能方面的要求主要包括以下内容：

（1）系统功能应涵盖航道管理和预警的日常业务，包括航道的平面位置、基础地理信息数据的查询、港口地形的三维显示、水深数据的读取显示、航道的统计分析、航道的 DEM 构建、空间分析以及预警效果的展示，并且能对数据库进行动态更新，以了解不同时期的航道水深，从而掌握航道水深的变化规律和回淤厚度。

（2）由于相关表间的数据有着密切的联系，要充分利用数据库强大的管理功能和计算机高效的计算能力，实现水深相关数据的读取、分析和计算，避免数据重复输入，同时对这些数据进行检查。

（3）为保障系统安全，对不同身份的用户设置不同的角色和对应的权限。每个用户只能进入各自权限内的功能模块，只能对有权限的数据进行相应级别的数据操作，如浏览、修改、更新和删除。

（4）由于最后的成果要被用作其他相关部门的基础数据，因此在系统设计时应留有数据接口，以方便调用这些基础地理信息数据，同时也要为这些部门输出常用格式的数据，以满足不同工作的需要。

7.4.2　系统总体设计

本系统的实现涉及多个方面，即水深数据采集、数据处理、数据传输、查询分析和最后图形表达，所以整个系统的设计原则也需要从多个方面展开。

（1）可靠性。为了提供科学的预警信息，在数据采集和处理过程中要尽量保持数据的准确和可靠，并且及时更新数据，以保证数据的时效性。

（2）实用性。采用成熟的设计方案和技术标准，实现对多源数据和多时空数据的管理，保证系统的稳定、可靠运行。

（3）完整性。整套系统包含数据传输、数据入库、数据更新输出，各项功能都比较齐全、完整。

（4）兼容性。系统软件能够打开目前常用的数据格式，可以在不同的数据之间转换，实现数据的共享。

总体设计主要任务是确定系统总体结构与软硬件配置，根据系统需求分析结果进行系统功能模块的划分，设计接口，并设计数据库总体结构（图 7-20）。

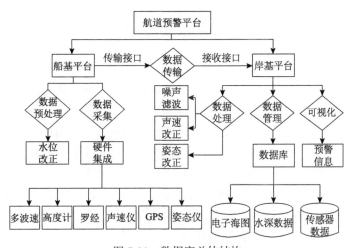

图 7-20　数据库总体结构

系统架构设计采用 Delphi XE3 结合 TatukGIS Developer Kernel 组件以及 InterBase 数据库来进行开发集成，并采用了比较成熟的 C/S 架构。海事部门以及航道工程单位通过 C/S 架构在局域网系统的客户端上运行航道监测预警系统（图 7-21）、查询和办理业务。系统使用了三层模型，即数据层、应用层、服务层。

（1）数据层主要包括基础地理信息数据、姿态数据、声速数据、GPS数据、水深数据以及预警模型。

（2）应用层主要集成了该系统的应用模块，包括系统管理、航道信息、数据传输、监测信息等子系统。这些模块实现了地理数据和特征数据的操作及管理与维护。

（3）服务层主要是根据应用层中所得到的数据对危险信息进行识别、分析，对通航安全和灾害信息进行可视化表达，最后发布这些预警信息至相关的管理部门。

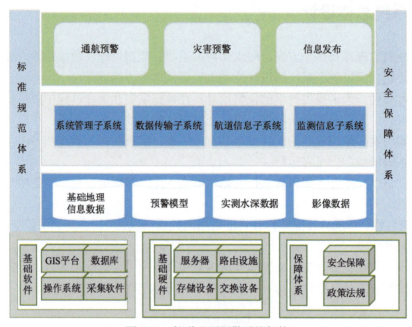

图 7-21　航道监测预警系统架构

在航道监测预警系统的功能设计中，结合实际划分不同的模块结构，以业务活动内容和性质为中心来组织数据和实现其相应的信息化管理模式。从 GIS 系统的基本功能来看，该系统应该具备基础地理信息数据的存储、分析、查询、输入和输出（矢量数据、栅格数据）等功能；对图形、属性数据可以修改和更新入库；对图形进行浏览（缩放、漫游、全图、是否可见）；对空间信息进行空间查询和空间分析；根据日常业务的需要进行专题图、地图的制作，输出相关的地图、文档和电子数据。

在模块设计过程中，对系统的模块进行逐步细分，每个子系统按照不同的功能又划分出了若干个模块，每个模块执行一系列相互关联的具体功能，图7-22为本系统的功能模块。

（1）系统管理模块。系统管理模块主要实现对工程文件的新建、删除和修改等操作。

（2）航道信息管理模块。航道信息管理模块对航道监测预警系统中需要的基础地理信息数据进行输入、输出、图层管理、图形操作、编辑等。图形数据包括矢量数据和栅格数据两种格式。

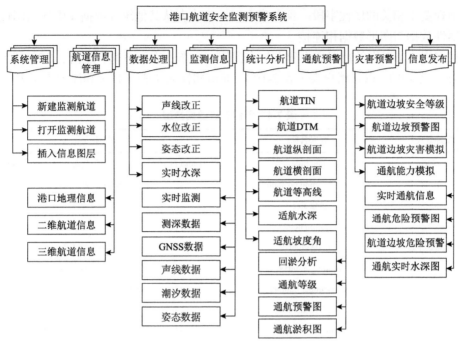

图 7-22　系统功能模块

（3）数据处理模块。该模块主要对实时采集的水深数据进行一系列改正，包括声线改正、水位改正、姿态改正等，以获得高精度的水深数据。

（4）监测信息模块。该模块主要是将实时采集传输回来的测深数据、GNSS 数据、声线数据、姿态数据等从数据库中读取出来，添加到系统中。

（5）统计分析模块。该模块是指应用统计方法对描述地形特征的各种可量化的因子或参数进行统计分析，找出该因子或参数的变化规律和内在联系，并选择合适因子或参数建立地学模型，从更深层次了解航道的空间信息。该模块的主要功能是利用采集的离散的测深数据以及港口地形数据构建航道的 TIN 模型、航道表面 DTM 模型、航道等高线，分析航道的剖面、适航水深以及航道的坡度。

（6）通航预警模块。该模块主要对影响船舶通航安全的因素进行分析，例如，适航水深、回淤厚度是否满足安全通航，最后用专题图的形式表达出航道中的水深值范围。

（7）灾害预警模块。该模块主要对航道安全等级分级，并且根据现有的回淤规律模拟出航道发生灾害的水深临界值。

（8）信息发布模块。将实时航道水深、潮位信息、危险预警等信息发送至相关部门，提供科学的数据和图形支撑。

数据库设计是建立在结构化数据基础上的。系统中数据分为空间数据和属性数据。空间数据主要是一些与地理要素特征相关的数据集合，包括港口设施、航槽、航道水域等深线、地形等高线、水文监测站等地理数据。根据空间数据结构的组织方式将其分类，建立航道电子底图，通过数据分层、图层管理、属性编码等建立空间数据库。属性数据是与地理要素相关的属性字段。预先建立属性表或者从其他统计数据库中导入属性，然后将属性数据与图形数据相连接。

根据表 7-4 提供的数据类型建立与水深值、姿态、表面声速、航向、GPS 相关的表（表 7-5～表 7-9），以及用户表（表 7-10）、航道属性表（表 7-11）和注记表（表 7-12）。

表 7-4　多传感器数据类型

数据类型	数据名称	备注
double	ping time	ping 时间戳自 1970 年 1 月 1 日午夜起经过的秒数（00:00:00）
int	previous ping position	上一次 ping 的文件位置
int	ping size	ping 的大小（字节）
unsigned char	navigation number	ping 中的导航样本数
unsigned char	attitude number	ping 中的姿态样本数
unsigned char	heading number	ping 中的航向样本数
unsigned char	echosounder number	ping 中的回声样本数
unsigned char	miniSVS number	ping 中的声速剖面样本数
unsigned char	aux1 number	ping 中的辅助信息 aux1 字符串样本数
unsigned char	aux2 number	ping 中的辅助信息 aux2 字符串样本数
short	ping length	ping 长度（m）
unsigned char	pulse length	发射脉冲长度（1～7）
unsigned char	power	发射功率（0～9）
unsigned char	sidescan gain	边缘扫测增益（0～3）
unsigned char	side	侧面，左舷=0，右舷=1
short	navigation strings size	导航字符串的总大小（字节）
short	attitude strings size	姿态字符串的总大小（字节）
short	heading strings size	航向字符串的总大小（字节）
short	echosounder strings size	回声字符串的总大小（字节）
short	miniSVS strings size	声速剖面的总大小（字节）
short	aux1 strings size	辅助信息 aux1 字符串的总大小（字节）
short	aux2 strings size	辅助信息 aux2 字符串的总大小（字节）

表 7-5　水深值数据表

字段名称	字段类型	字段长度
采集时间	TIMESTAMP	
X 坐标	NUMERIC	（11，8）
Y 坐标	NUMERIC	（11，8）
水深值	NUMERIC	（11，8）

表 7-6 姿态数据库

字段名称	字段类型	字段长度
采集时间	TIMESTAMP	
X坐标	NUMERIC	（11，8）
Y坐标	NUMERIC	（11，8）
角度	NUMERIC	（6，2）

表 7-7 表面声速数据表

字段名称	字段类型	字段长度
采集时间	TIMESTAMP	
X坐标	NUMERIC	（11，8）
Y坐标	NUMERIC	（11，8）
表面声速	NUMERIC	（11，8）

表 7-8 航向数据表

字段名称	字段类型	字段长度
采集时间	TIMESTAMP	
X坐标	NUMERIC	（11，8）
Y坐标	NUMERIC	（11，8）
航向角度	NUMERIC	（6，2）

表 7-9 GPS 数据表

字段名称	字段类型	字段长度
采集时间	TIMESTAMP	
经度	NUMERIC	（11，8）
纬度	NUMERIC	（11，8）

表 7-10 用户表

字段名称	字段类型	字段长度
用户姓名	VARCHAR	10
密码	VARCHAR	10
用户等级	INTEGER	1

表 7-11 航道属性表

字段名称	字段类型	字段长度
航道编号	VARCHAR	10

续表

字段名称	字段类型	字段长度
长度	NUMERIC	（6，4）
最大深度	NUMERIC	（6，4）
最小深度	NUMERIC	（6，4）

表 7-12　注记表

字段名称	字段类型	字段长度
名称	VARCHAR	10
经度	NUMERIC	（11，8）
纬度	NUMERIC	（11，8）
高程	NUMERIC	（11，8）

7.4.3　功能模块开发与实现

利用组件 GIS 技术，结合 TatukGIS Developer Kernel 组件和 Delphi XE3 来开发连云港港 30 万 t 航道监测预警系统，Pascal 语言是成熟的面向对象语言，既具有 C++的强大性又具有 C#的易用性，开发效率高。

TatukGIS 是用于开发地理信息系统应用程序以及解决方案的综合性软件开发工具包（GIS）的工具包，是 GIS 二次开发的一种控件。具备以下特征：

◆　良好的兼容性。提供（NET、VCL 和 Activex & COM）三个版本，但各版本均使用相同或相似的开发框架和应用程序编程接口（API）技术。

◆　良好的协同性。可打开大多数的 GIS 软件项目，当然还有 TatukGIS 项目。

◆　支持基于结构化查询语言的向量层。

◆　支持从 GPS 设备导入导出数据，使用 GPX 格式。

◆　占用资源少、运行速度快；支持 R 树空间索引、基于外型几何关系的查询。

◆　可以无限制地使用动态链接库及第三方类库，使应用程序安装、卸载更方便。

其相关组件见表 7-13。

表 7-13　组件名称

控件名	备注
TGIS_ViewerWnd	视图控件
TGIS_ControlLegend	图层管理控件
TGIS_DataSet	数据库连接控件
TGIS_ContolAttributes	属性数据控件
TGIS_ControlNorthArrow	指北针控件

续表

控件名	备注
TGIS_ContolPreview	打印预览控件
TGIS_Control3D	3D 操作控件
TGIS_GpsNmea	GPS 控件
TGIS_ControlScale	比例尺控件

　　数据库使用的是 InterBase，它是一种关系数据库管理系统（relational database management system，RDBMS），提供了在单机或多用户环境中的快速数据处理及共享工具。InterBase 的核心是提供透明的多机种支持的网络运行服务器技术。

　　系统主要菜单见表 7-14，系统主界面如图 7-23 所示，包括功能菜单的按钮以及地图视图控件、图层控制控件、3D 控制控件、工具栏、状态栏等通用的 GIS 视窗组件。界面简洁、交互性强、操作简单。

表 7-14　系统主要菜单

主菜单项	子菜单项
文件管理	打开项目、添加图层、坐标系统设置、关闭、退出
航道信息	空间查询、属性查询、二三维转换
监测信息	GPS 连接、读取数据、实时采集显示
数据处理	水位改正、姿态改正、声线改正
统计分析	构建 TIN、构建 DEM、叠加分析、剖面分析、边坡坡度分析
灾害预警	坡度预警、搁浅模拟
通航预警	回淤分析、适航水深分析
信息发布	数据输出、打印
系统管理	用户权限、用户管理

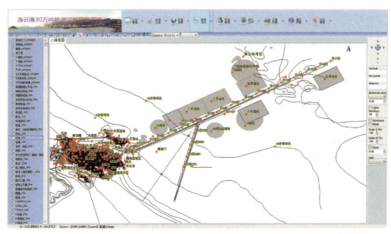

图 7-23　系统主界面

实现基于图形管理的地图操作功能如下：①涉及 GIS 最基本的功能，如地图的缩放、移动、漫游、全屏、图层的添加、对数据的抗锯齿处理、图片输出和打印预览等功能。②图层参数设置如图 7-24 所示。

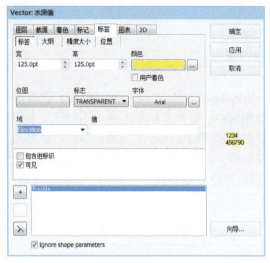

图 7-24　图层参数设置

在图层参数设置界面可以对点、线、面的各种属性进行设置，选择图层、截面、着色、标记、标签、图表、3D 等一级菜单，分别对相应属性特征值进行设置，例如，标签菜单中的宽、高、颜色，标记菜单中的点型、线型、面域类型，以及 3D 菜单中的可见比例等属性特征。

GPS 数据接收模块与船台上的 GPS 接收机相连，为测线的布置以及船舶的航线提供位置服务，如图 7-25 所示。

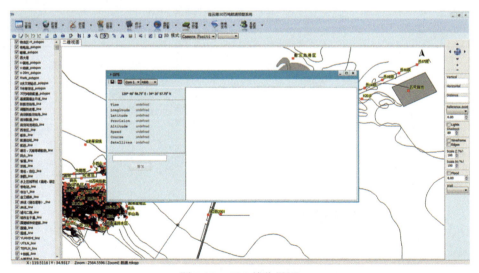

图 7-25　GPS 接收界面

　　监测数据转发模块功能将采集到的多波束数据通过 3G 移动通信的方式，从船台上发送至监测中心。如图 7-26 所示，首先要保证网络的通畅，能够与服务器端保持连接状态，浏览分析航道扫测数据。

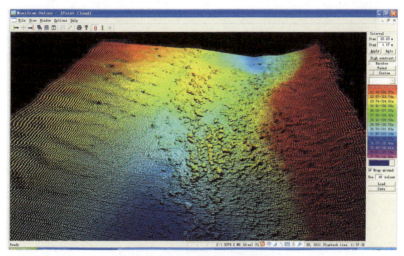

图 7-26　航道扫测数据

　　港口航道信息查询模块的功能是将航道相关的信息以一种真实的图形化表示出来，直观、动态、形象地表现、解释航道空间信息，并且提供空间和属性查询。空间查询和属性查询如图 7-27、图 7-28 所示，空间查询时通过鼠标选择要查询的要素，然后显示要素有哪些属性，属性查询是通过属性查找要素的空间位置。

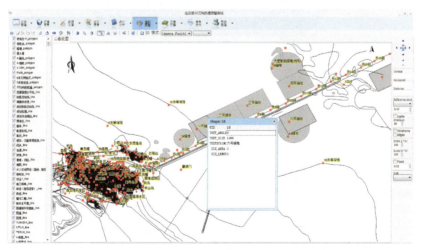

图 7-27　空间查询

　　监测信息可视化模块的功能是将实时回传的水深数据和 GPS 数据导入数据库中，然后利用本系统逐行读取数据库中的数据，图 7-29 为实时的显示船体在三维航道模型上行驶的轨迹，同时也可以防止航行出现偏差，并且在图上显示当前的水深值。如图 7-30 所示，红色的点为测量船的位置，蓝色的点为多波束所扫测的数据。

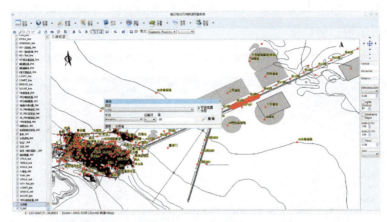

图 7-28　属性查询

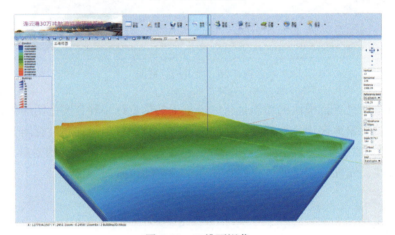

图 7-29　三维可视化

图 7-30　航道实时采集可视化

　　系统统计分析模块的功能主要包括：①构建 TIN；②构建 DEM；③查看航道的剖面深度；④通过将最新采集的数据和以前的数据进行叠加分析，查看航道水深的变化情况。

　　如图 7-31 所示，首先构建 TIN 模型，配合航道的地形数据，建立一个真实的港口航道环境。

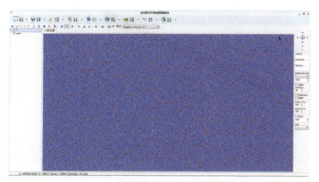

图 7-31　构建 TIN

　　利用 TIN 结构数据建立水深的 DEM，再利用图层参数设置对生成的 DEM 进行色彩分级，以达到最佳的、真实直观的效果，如图 7-32 所示。

图 7-32　层次分级

　　从图 7-33 中可以清晰地看到港口内段的航道、码头以及航道附近的地形地貌等信息。利用 DEM 生成的数据对航道的剖面进行分析，还可对利用水深点生成的等深线进行剖面分析，如图 7-34 所示。

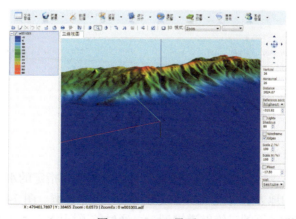

图 7-33　DEM 界面

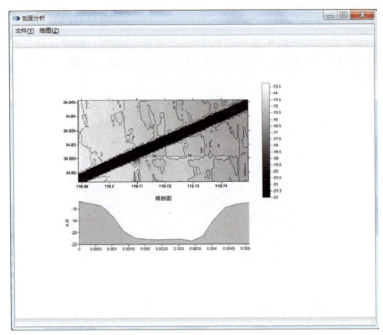

（a）横剖面

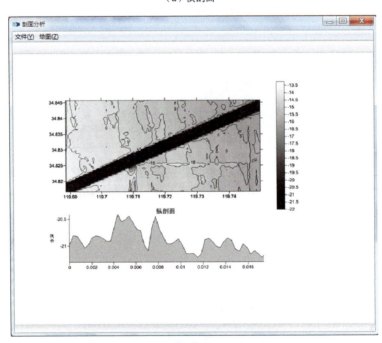

（b）纵剖面

图7-34　横剖面和纵剖面

　　如图7-35所示，监测预警模块功能通过叠加分析或者指定的水深临界值适航预警，对出现不符合要求的地方进行直观显示或者用红色斑点提醒。图7-36（a）、图7-36（b）为同一位置不同时间计算的三维航道模型，可通过航道回淤厚度进行定量统计分析等。

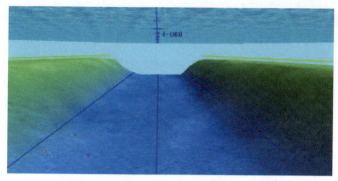

图 7-35　适航预警

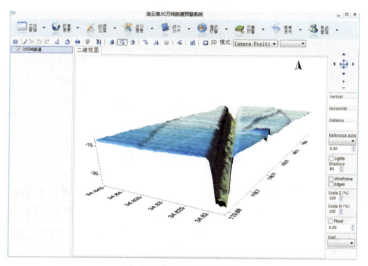

（a）A 时间三维航道模型

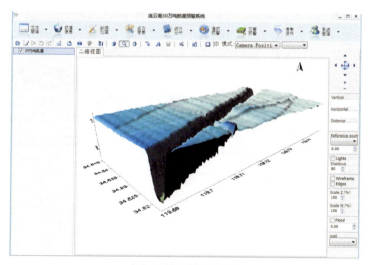

（b）B 时间三维航道模型

图 7-36　不同时间计算的三维航道模型

图 7-37 中航道底部显示的破碎地形地貌即为航道的淤积，在三维航道模型中可进行航道任意位置的回淤厚度或长度等几何量测，提供适航条件分析和清淤工程设计。

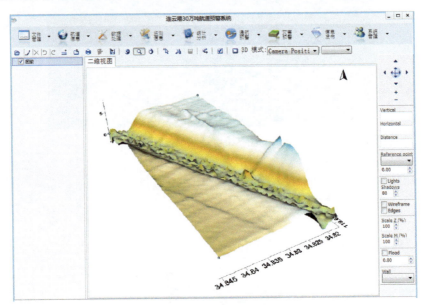

图 7-37　回淤厚度分析

信息发布模块的功能具有兼容性和简洁性特点，将系统处理后的数据输出成常用的 GIS 格式数据或者专题图，使客户端可通过网络实现信息共享服务支持。如图 7-38 所示，将数据处理模块编辑好的新水深数据以 ArcGIS 矢量数据.shape 文件在系统中发布。

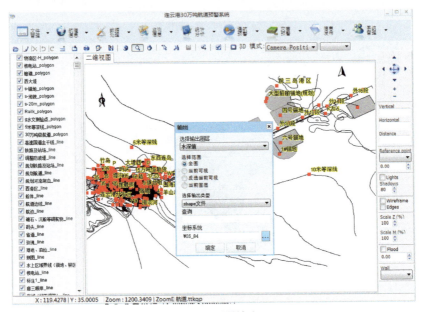

图 7-38　图层输出

　　系统主要利用 Delphi 和 TatukGIS 开发工具，通过二次开发，对航道监测模块、航道信息模块、统计分析模块、通航预警模块等进行开发和实现，并且对几个主要功能的界面和实现进行展示，根据需求完善界面的设计，使操作界面更加人性化和美观。系统功能是系统应用的价值所在，也是整个系统实现的核心。通过最后的功能实现，满足了港口航道全流程安全预警系统设计和具体应用的需求。

参 考 文 献

白广斌, 袁永博, 宿振东. 2006. GIS 在港口全寿命周期管理中的研究. 交通节能与环保, (3): 2-3, 13.

柴贺军, 黄地龙, 黄润秋, 等. 2001. 岩体结构三维可视化及其工程应用研究. 岩土工程学报, (2): 217-220.

贺怀建, 白世伟, 赵新华, 等. 2002. 三维地层模型中地层划分的探讨. 岩土力学, (5): 637-639.

黄谟涛, 翟国君, 谢锡君, 等. 2000. 多波束和机载激光测深位置归算及载体姿态影响研究. 测绘学报, 29(2): 82-87.

江晓明. 2006. 数字港口基础地理信息平台框架及关键技术研究. 上海: 上海海事大学.

李清泉. 2003. 三维空间数据的实时获取、建模与可视化. 武汉: 武汉大学出版社.

刘晨. 2003. IHO 数字海道测量数据传输标准(S～57). 海洋测绘, (5): 67.

刘军旗, 毛小平, 孙秀萍. 2006. 基于 GeoView 三维地质建模的一般过程. 工程地质计算机应用, (4): 4.

刘新, 刘文宝, 李成名. 2010. 三维空间关系的描述及其定性推理. 北京: 测绘出版社.

马建林, 金菁, 来向华. 2007. 基于面向对象和 MapX 技术开发测深数据管理软件. 海洋测绘, (5): 55-57.

潘懋, 方裕, 屈红刚. 2007. 三维地质建模若干基本问题探讨. 地理与地理信息科学, (3): 1-5.

史文中. 2007. 三维空间信息系统模型与算法. 北京: 电子工业出版社.

王纯祥, 白世伟, 贺怀建. 2003. 三维地层可视化中地质建模研究. 岩石力学与工程学报, (10): 1722-1726.

吴信才, 刘福江. 2011. 数据中心应用集成开发平台标准体系. 武汉大学学报(信息科学版), 36(5): 519-522.

吴信才. 2009. 数据中心集成开发技术: 新一代 GIS 架构技术与开发模式. 地球科学(中国地质大学学报), 34(3): 540-546.

武强, 徐华. 2004. 三维地质建模与可视化方法研究. 中国科学(D 辑: 地球科学), (1): 54-60.

于丽娜. 2012. 三维空间分析技术在数字航道中的应用研究. 南京: 南京理工大学.

张菊明, 张启锐. 1988. 三维趋势分析的图形显示. 地质科学, (2): 178-187.

赵建虎, 刘经南. 2003. 多波束测深系统的归位问题研究. 海洋测绘, 23(1): 6-9.

赵建虎. 2008. 多波束深度及图像数据处理方法研究. 武汉: 武汉大学出版社.

朱发华. 2010. 基于 GIS 的多源工程地质信息管理和三维建模研究. 武汉: 中国科学院研究生院(武汉岩土力学研究所).

朱良峰, 潘信, 吴信才. 2006. 三维地质建模及可视化系统的设计与开发. 岩土力学, (5): 828-832.

左大伟. 2007. 基于 GIS 的港口航道、港池及泊位水深动态管理系统研究. 天津: 天津大学.

Harfoushi O, Alfawwaz B, Ghatasheh N A, et al. 2014. Data security issues and challenges in cloud computing: A conceptual analysis and review. Communications and Network, 6: 15-21.

Naghavi M. 2012. Cloud computing as an innovation in GIS & SDI: methodologies, services, issues and deployment techniques. Journal of Geographic Information System, 4(6): 597-607.